U NOJ A'ALMAJT'AANIL U NOJ MÉEKTÁANLU'UMIL

ESTADOS UNIDOS MEXICANOS

KU K'EXIK LE BEETA'AB

5 TI' FEBRERO TI' U JA'ABIL 1857

U NOJ A'ALMAJT'AANIL U NOJ MÉEKTÁANLU'UMIL

ESTADOS UNIDOS MEXICANOS

KU K'EXIK LE BEETA'AB

5 TI' FEBRERO TI' U JA'ABIL 1857

Traducción al maya
FELICIANO SÁNCHEZ CHAN

siglo veintiuno editores

siglo xxi editores, s.a. de c.v.
CERRO DEL AGUA 248, ROMERO DE TERREROS, 04310, MÉXICO, D.F.

siglo xxi editores, s.a.
GUATEMALA 4824, C1425BUP, BUENOS AIRES, ARGENTINA

Primera edición, diciembre 2010

Cuidado editorial: Juan Manuel Ramírez Vélez, Elizabeth Díaz y Arturo Cosme Valadez
Diseño de portada: Diana Chagoya González e Ivar Hernández
Formación: *Atril, excelencia editorial* por Elías Cruz y Tania Navarro

ISBN: 978-607-03-0266-4
Impreso en México • Printed in Mexico

U TSÓOLTS'ÍIBIL

Presentación,
Senador Melquiades Morales Flores

Yáax junjaats

Capítulo I. Tu yóok'lal u najmal wíinik 11
Capítulo II. Tu yóok'lal u kajnáalilo'ob México 57
Capítulo III. Tu yóok'lal aj táanxel kaajilo'ob 58
Capítulo IV. Tu yóok'lal máaxo'ob chíimpolta'an bey mexicanoe' 59

Ka'a jaats

Capítulo I. Tu yóok'lal soberanía nacional yéetel bix u jala'achil 63
Capítulo II. Tu yóok'lal petenlu'umo' ob yéetel u noj méek'táanlu'umil 72

Yóox jaats

Capítulo I. Tu yóok'lal bix u jatsaljatsta'al jala'achil 74
Capítulo II. Tu yóok'lal u mola'ayil u pa'ajo'olta'al u meyaj jala'ach 74
Yáax junxóot'. Tu yóok'lal bix u yéeya'al yéetel u kulkiinsa'al congreso 75
Ka'axóot'. Tu yóok'lal u yáax ts'íibilo'ob yéetel bix u beeta'al a'almajt'aan. 85
Yóox xóot'. Tu yóok'lal ba'ax u meyaj Congreso 88
Kanxóot'. Tu yóok'lal Comisión Permanente 104
Jo'oxóot'. Tu yóok'lal Fiscalización Superior ti' Federación 105

Capítulo III. Tu yóok'lal Poder Ejecutivo 111
Capítulo IV. Tu yóok'lal Judicial 119

TÍTULO CUARTO

Tu yóok'lal ba'ax kúuchil yaan ti' servidores públicos yéetel u ba'alubáa Estado 146

TÍTULO QUINTO

Tu yóok'lal petenlu'umilo'ob yéetel Distrito Federal 152

TÍTULO SEXTO

Tu yóok'lal meyajil yéetel previsión social 180

TÍTULO SÉPTIMO

Tuláakal u láak' ba'ax najmal u kalaanta'al 193

TÍTULO OCTAVO

Tu yóok'lal ba'axo'ob ku k'e'exel ti' noj a'almajt'aan 200

TÍTULO NOVENO

Tu yóok'lal u nojbe'enil yéetel mixmáak najmal u nuumsik le noj a'almajt'aana' 201

TRANSITORIOS 201

PRESENTACIÓN

El Senado de la República, comprometido con el reconocimiento de los pueblos indígenas y con la composición pluricultural de la nación mexicana, ofrece a los lectores la Constitución Política de los Estados Unidos Mexicanos traducida al maya, con el propósito de hacer llegar a las comunidades hablantes de esta lengua el texto constitucional que da forma a la convivencia de todos los mexicanos.

A través de la Comisión Especial Encargada de los Festejos del Bicentenario de la Independencia y del Centenario de la Revolución Mexicana, el Senado se propuso como una actividad sustantiva para la conmemoración de nuestras gestas históricas contribuir al fortalecimiento de la cultura cívica y jurídica con la publicación de diversas obras. La traducción de la Constitución de 1917, hoy vigente, al maya, se inscribe en este propósito de fomentar y consolidar una cultura cívica democrática e igualitaria, que al mismo tiempo coadyuve a la preservación de este inestimable patrimonio cultural de la humanidad como factor determinante de la identidad de nuestras comunidades y pueblos originarios.

Con obras como esta el Senado de la República refrenda su compromiso con nuestros pueblos indígenas y con el fortalecimiento de su identidad, en el marco de los festejos de conmemoración de los hitos fundacionales que nos han dado sentido como la nación pluriétnica y pluricultural que somos hoy en día.

SENADOR MELQUIADES MORALES FLORES
Presidente de la Comisión Especial Encargada
de los Festejos del Bicentenario de la Independencia y
del Centenario de la Revolución Mexicana
del Senado de la República

U NOJ A'ALMAJT'AANIL MÉXICO U NOJ A'ALMAJT'AANIL U NOJ MÉEKTÁANLU'UMIL ESTADOS UNIDOS MEXICANOS KU K'EXIK LE BEETA'AB

5 ti' febrero ti' u ja'abil 1857

Yáax junjaats
Capítulo I: Tu yóok'lal u najmal wíinik

Artículo 1. Tu Noj Lu'umil Estados Unidos Mexicanose' tuláakal wíinike' najmal u ts'o'okbesa'al tu yóok'lal tuláakal ba'ax jets'a'an ti' le Noj A'almaj t'aana', lelo'oba' ma'atan u béeytal u tse'elel mix u we'etel ti' mixmáak, wa ma' bey je'ex yéetel bix u jetsike'.

Wey tu Noj Lu'umil Estados Unidos Mexicanose' weta'an palitsilil. Juntúul máak j-táanxel lu'umil palitsilta'an ku yok'ol wey ti' le Noj Lu'uma', chen p'el u yokole' ku chíimpolta'al u najmalil yéetel ku bo'oybesa'al tumeen le noj a'almaj t'aano'oba'.

Ku we'et'el tuláakal u jejelasil bix u máan ichta'al máak chen tu yóok'lal tu'ux sijnal, u ch'i'ibal wa tu'ux kaajil u taal, wa tumeen xiib wa x-ch'uup, u ja'abil, wa tumeen ch'óop, móoch, toot wa ma' no'oja'an u tuukul, u wíinklal wa tia'al meyaji', wa tumeen ayik'al wa óotsil, tu yóok'lal tooj yóol wa k'oja'an, u k'ujil, bix u t'aan, ba'ax ku táanjo'oltik, wa ts'oka'an wa ma' tsok'a'an u beeli', wa je'eba'alak u láak' ka' u loobit u najmal wíinikil, beeyxan wa chen ku kaxtik u ma' u chíimpoltik wa u tselik u najmal yéetel u páajtalil wíinik u kuxtal x-ma' palitsilil.

Artículo 2. U nojlu'umil Méxicoe' chen jump'éel yéetel ma'atan u béeytaal u táanjatsta'al.

Le Noj lu'umila' ma' jump'éelili' u ch'i'ibali' tumeen yáax kajkuunsa'an tumeen junjaats máako'ob u ch'iibal le máaxo'ob kajkuuntmajil tak tu k'iinilo'ob ma'ayli' k'uchuk sak wíiniko'ob u kulkiint u jala'achilo'ob weya'a, yéetel tak bejla'e chika'an bix u tsolik u kuxtalo'ob ich jets'óolal, u meyajtik u ba'aluba'ob, u chíik'ul u ch'i'ibal, u jala'achil wa je'e ba'alak yaan u yil yéetel le je'elo'oba'.

Le a'almajt'aan chen yaan u ts'o'okbesa'al ti' máaxo'ob ku chíimpoltiko'ob yéetel ku káantikuba máasewáalil.

Jump'éel kaaj máasewale' leti' le lik'nalo'ob yéetel múul kaja'ano'ob ti' jump'éel súutkab lu'umo', kuxa'ano'ob ich jets'óolal, yaan bix u náajaltik u kuxtalo'ob, juntakáalili' u ch'i'ibalo'ob yéetel ku yéeyik u jala'achilo'ob je'ebix suukti'ob tak ma'ayli' k'uchuk sak wíinik.

U páajtalil máasewal kaajo'ob u jets'iko'ob bix u k'áat u jo'olbes u kuxtalo'obe' yaan u béeytal ichil u noj páajtalilo'ob, ba'ax kun áantaj tia'al u mu'uk'a'antal u no'oja'an kuxtal México. Lela' páajtalila' yaan u chíimpolta'al ichil u Noj A'almajt'aanil u péepet noj lu'umilo'ob México, tu'ux unaj u ch'a'abal u yóol le ba'axo'ob jets'a'an ichil le Noj A'almajt'aano'ob ts'o'ok k a'alika', ba'ale' beeyxan tu yóok'lal u t'aano'ob yéetel tu'ux kaja'ano'ob.

A. Le Noj A'almajt'aana' ku chíimpoltik yéetel ku jets'ik u najmal kaajo'ob yéetel u kajnáalilo'ob u páajtalil u jets'ik tu juunalo'o bix unaj u:

I. U jets'ik tu juunalo'ob bix unaj u bisik u kuxtalo'ob, u múul kuxtalo'ob, u ayik'alilo'ob, u jala'achilo'ob yéetel u chíikul u miatsilo'ob.

II. U jo'olbesik tu juunalo'ob bix unaj u bisikuba'ob ich jets'óolal wa bix unaj u yutskiinsik k'éexóolalo'ob tu baatambalo'ob, ka'alikil u chíimpoltiko'ob tuláakal ba'ax ku ya'alik le Noj A'almajt'aana', ka'alikil u ts'o'okbesa'al u najmal tuláakal wíinik, Derechos Humanos, tu'ux ka'a táanilkuunsa'ak u najmal yéetel u kuxtal ko'olelo'ob. Yéetel A'almajt'aano'ob kun jets'bil ba'axk'in yéetel bix kun a'albil tumeen jueces o tribunales wa nu'uka'an u bin u meyaj.

III. U yéeyik je'e bix suuka'anil, yéetel le bix u tukultiko'ob unaje', u jala'achilo'ob wa le máaxo'ob kun t'aan tu yóok'lalo'obo' ka'alikil u ts'o'okbesik u jo'olbesik u kuxtalo'obo', tu'ux najmal u ts'o'okbesa'al u páajtalil ko'olelo'ob je'e bix le xiibo'obo', u táakpajalo'ob ichil le yéeytáambalo', tu'ux ka'a kalaanta'ak u ts'o'ok'besa'al u Noj A'almajt'aanil yéetel u páajtalil u Noj peten lu'umilo'ob México.

IV. U kalaantik yéetel u mu'uk'a'ankuunsik u t'aano'ob, u k'ajóolalo'ob yéetel tuláakal u chíikul u miatsil yéetel u kuxtalo'ob.

V. Ma' u to'okolti'ob yéetel u no'oja'ankuunsik le súutpach yóok'ol kaabil tu'ux kajano'obo', je'e bix u jets'ik la Noj A'almajt'aana'.

VI. U tia'alintik u lu'umo'ob yéetel u béeytal u k'a'abetkuunisk, je'ebix u tia'alinta'al lu'um jets'a'an ichil le Noj A'almajt'aano'ob yéetel A'almajt'aano'ob kalaantik bix u yúuchulo', ba'ale' beeyxan wa ku ma'anal tumeen wa máax, beeyxan wa máax sijnal ichil jump'éel máasewal kaaj, tuláakal u ba'aluba yóok'ol kaab yaan ti' le lu'umo'ob tu'ux kaja'ano' yéetel suuk u meyajtiko'obo', mae', chen ja'alil wa kúuchilo'ob jets'a'an u kaalanta'an tumeen Noj A'almajt'aana'. jala'acho'ob. U tia'al u ts'o'okbespajal le je'ela', le mejen kaajo'ob wa u kajnáalilo'obo' je'e u béeytal u beetik mokt'aano'ob yéetel u láak' máako'ob je'e bix u ya'ala'al te'ej A'almajt'aanilo'obo'.

VII. Te'ej méek'tankaajo'ob tu'ux yaan máasewal máako'ob kaja'ano'o, najmal u páaykuntiko'ob máax tia'al t'aan tu yóok'lalo'ob ichil le jala'acho'obo'.

U Noj A'almajt'aanil yéetel u A'almajt'aanil u Noj Petenlu'umilo'ob Méxicoe' yaan u chíimpoltiko'ob yéetel u kaalantiko'ob u ts'o'okbesa'al le je'el ichil le méek'tankaajo'obo', tia'al u bin u mu'uk'a'ankuunsa'al u táakbesa'al yéetel u t'aan máasewal ichil u meyaj, je'e bix suuka'an tio'obe'.

VIII. U táakpajal yáanal u bo'oy u meyaj jala'acho'ob. U tia'al u ts'o'okbesa'al le najmalila', ichil tuláakal takpoolil wa u je'ets'el bo'ol si'ipilil tu'ux ku júupul juntúul wíinik tu juunal wa múuch'kab yéetel u baatsilo'obe', unaj u beeta'al tu sáasailil u miatsilo'ob yéetel u ch'i'ibal, ka'alikil u chíimpolta'al ba'ax ku ya'alik le Noj A'almajt'aana'. Je'e ba'alak k'iine' le máasowalo'obo' jach najmal u yáanta'alo'ob tumeen juntúul máak u yet ch'i'ibalil, u k'ajóol u kuxtal u ch'i'ibal yéetel u yojel u t'an u máasewal t'aan.

U Noj A'almajt'aanil yéetel u A'almajt'aanil u Noj Petenlu'umilo'ob Méxicoe', tumeen leti'ob u k'ajóolo'ob u kuxtal yéetel ba'ax ku naak' ti' le máasewalo'ob yaan tu lu'umilo'obo', leti'ob kun jets'ik u nu'uktajil bix ken u ts'o'okbes máasewal kaajo'ob u paajtalil tia'al u jetsik bix u k'aato'ob kuxtal yéetel bix kun chíimpoltbil le kaajo'ob bey jump'éel ba'al unaj u táakmuk'ta'alo'obe'.

B. K-noj jala'achil, u Noj Petenlu'umio'ob México yéetel u méek'tankaajilo'obe', tia'al u kaalantik ka'a táakpajak máasewalo'ob yéetel u xu'ulul u máan ichta'alo'obe', yaan u beetik u kúuchil meyajo'ob yéetel u jets'ik tuláakal le meyaj k'a'abet u beeta'al tia'al u ts'o'okbesa'al u najmal máasewal kaajo'ob tia'al u mu'uk'a'ankuunsik u kuxtalo'obo', ba'ale' leti' le máasewal kaajo'ob unaj u jets'iko'ob bix kun beetbilo' yéetel leti'ob unaj u jo'olbesiko'ob.

Tia'al u xu'ulsa'al le óotsilil yéetel jach p'aatlil paachil le kaajo'ob yéetel u kajnáalilo'obo', le jalacho'obo' k'a'anan u:

I. U táakmuk'tik le súutpetenlu'umil tu'ux kaja'an le máasewalo'obo' tia'al u jóok'ol táanil yéetel u kuxtalo'ob, u ma'alobtal bix kuxliko'ob, lela' yaan u múul meyajta'al tumeen tu yóoxjaatsil u meyaj jala'ach, tu'ux ka'a táakpajak xan le kaajo'obo'o. U jala'achil méektankaajo'obe' yaan u keet t'oxiko'ob u taak'inil u meyaj, tia'al beyo' leti' le máasewal kaajo'ob kun xupik tu yóok'ol el meyajo'ob k'a'abet tu kaajalo'obo'.

II. U chúukbesa'al u meyjul yéetel u kalaanta'al u ka'antal u xooko'ob, ka'alikil u kalaanta'al u k'ajóoltiko'ob u k'ajlayil u ch'i'ibalo'ob yéetel u kuxtal beeyxan u t'aan sak wíinik u ka'ansa'al xook máax ma' u yojeli', u xokik tak chen secundaria tuláakal máak, u kaambalo'ob tia'al meyaj, beeyxan u ts'o'oksik u xooko'ob. U je'ets'el u yaanta'al yéetel taak'in tuláakal máasewal ku xooko'ob je'e tu'uxake'. U táakbesa'al u k'ajlayil yéetel ba'ax u yojel máasewal kaaj ichil le ka'ansa'ajil ku beeta'al tu jejelas petenlu'umilo'ob México, bey je'ex u jets'ik u A'almajt'aanilo'ob ka'ansaje', ba'ale' k'a'ana'an u t'aakbesa'al le máasewal kaajo'ob ichil u meyajil u je'ets'el ba'ax kun táakbesbilo'o.

III. U k'ujsa'al tak tu kaajal u najilo'ob ts'aak tia'al u ts'o'okbesa'al u páajtalil u táakpajal máasewal kaaj tia'al u kaalanta'al u tojóolal, ba'ale' ichile' ka'a táakbesa'ak xan le ts'aakankil u yojelo'obo', beeyxan yaan u kalaanta'al ka'a t'a'ajako'ob yéetel u ts'a'abalti'ob ba'axo'ob ma'alob tia'al u jaanto'ob. Ichile' k'a'abet u jach kalaanta'al u t'a'ajtal mejen paalal.

IV. U ma'alobkuunsa'al u kaajal le máasewal kaajo'obo' beeyxan la kúuchilo'ob tu'ux ku náaysik u yóolo'obo' wa le tu'ux ku much'ikuba'obo', tia'al lelo' yaan u ts'a'abal taak'in tia'al u beeta'al le kúuchilo'oba', beeyxan tia'al u beeta'al u ma'alob taanajo'ob yéetel yaan u ya'abkuunsa'al tuláakal meyajo'ob ku beeta'al tia'al u táakmuk'ta'al.

V. Yaan u kaalanta'al ka'a táakpajak x-máasewal ko'olelo'ob ichil tuláakal u meyajil u táakmuk'ta'al u kuxtal kaaj le ken áanta'ako'ob tia'al u meyajtiko'ob ba'alob tia'al u náajaltiko'ob taak'in, u kaalanta'al u tojóolalo'ob, ka'a áanta'ako'ob xook yéetel ka'a táakpajako'ob ichil u meyajil u je'ets'el ba'ax k'a'abet tia'al u mu'uk'a'antal u kuxtal u kaajal.

VI. Yaan u k'ujsa'al tak tu kaajal máasewalo'ob tuláakal u nu'ukulil tia'al u k'uchul máak je'e tu'uxake', u yojéeltik ba'ax ku yuuchul táanxel lu'umil wa u béeytal u t'aan máak yéetel u láak' kex bajun náachi yaan. Ku beeta'al tuláakal meyaj k'a'abéet tia'al ka' beeyak u manik, u meyajtik yéetel tak u kalaantik u taak'inil u nu'ukulil julubcha'an wa jobonpaax, lela' je'ebix jets'a'an tumeen A'almajt'aano'obo'.

VII. Yaan u yáanta'al u meyajta'al ba'alo'ob tia'al kombil yéetel le ma'atech u k'aaskuunsik yóok'ol kaab ichil le máasewal kaajobo', tia'al u yila'al wa ku béeytal u náajaltiko'ob nonoj taak'in tia'al u ma'alob kuxtalo'ob, yaan u yáanta'al máak tia'al ka' u ts'áa u taak'in meyaj tia'al u ts'a'abal meyaj ti' kaaj, u taasa'al u túumben nu'ukulilo'ob meyaj tia'al u séeb ya'abtal ba'ax ku meyajta'al beeyxan tia'al u béeytal u bisa'al kombil tuláakal ba'ax ku meyajta'al.

VIII. U je'ets'el ichil u meyaj jala'ach bix kun kaalantbil u tojóolal máaxo'ob ku bino'ob táanxel náanach lu'umil meyaj, bey le ku bino'ob táanxel petenlu'umil México wa táanxel noj lu'umilo', lela' yaan u beeta'al tia'al u ts'o'okbesa'al u najmal máak ku lu'um u páajtalil u meyaj ma'alob; u meyajta'al u páajtalil ko'olel y ma'alob u toojil yóol; u yáanta'al ka' xooknak yéetel ka'a u ts'éentuba ma'alob u paalal yéetel u táankelem paalal máak ku bin meyaj táanxelil; u kalaanta'al u ts'o'okbesa'al u najmal wíinik yéetel xan ka'a ts'a'abak k'ajóoltbil u ch'i'ibal.

IX. U k'áatchi'ita'al máasewal kaajo'ob tia'al u beeta'al u noj tsoolil bix kun meyajbil u mu'uk'a'antal u noj lu'umil México, u noj petenlu'umil yéetel u méek'tankaajilo'ob, yéetel, wa bixe' ku táakbesa'al ichil le ba'ax ku ya'aliko'obo'.

Tia'al u ts'o'okbesa'al tuláakal ba'ax jests'a'an te'e junxóot' ts'íiba', u noj najil tu'ux ku je'ets'el u tuukulil bix kun meyaj jala'acho'ob México, u najil tu'ux ku je'ets'el u tuukulil bix kun meyaj jala'acho'ob tu petenlu'umilo'ob México yéetel u méek'tankaajilo'ob Méxicoe', tak tu xúul tu'ux ku náakal u meyaje', yaan u jets'iko'ob beyka'aj taak'in ken u ts'áa u tia'al, le k'iin ken u jets'o'o beyka'aj ken u xupo'ob tia'al tuláakal u meyajo'ob, ba'ale' beeyxan bix kun táakpajal kaaj tia'al u k'a'abetkuunsa'al le taak'ino' yéetel bix ken u kalaanto'ob u xu'upul je'ex unaje'.

Ka'alikil u kaalanta'al ma' u loobita'al le máasewal kaajo'obo', tuláakal kaaj ku kuxtal bey je'exo'obe' najmal xan u beeta'al tuláakal ba'ax k'a'abet tia'al u ts'o'okbesa'al tu yóok'lalo'ob le ba'axo'ob yéetel le bix jets'a'anil ti' le a'almajt'aana'.

Artículo 3. Tuláakal máak najmal u kanik xook. Jala'acho'ob tu Noj Lu'umil México, tu petenlu'umilo'ob México yéetel u méek'tankaajilo'obe' najmal u ts'aako'ob u xookil preescolar, primaria yéetel secundaria. Le xookil preescolar, primaria yéetel secundariao', leti' le xookil jach najmal u xokik tuláakal máako'.

Le ka'ansajil kun u ts'áa u jala'achilo'ob Méxicoo' yaan u kaxantik u táakmuk'tik nu'uka'an tuláakal u páajtalil wíinik yéetel yaan xan u yáantaj tia'al u kanik u yaabilt k-noj lu'umil yéetel u yóolil u yáanta'al je'e máaxak yóok'ol kaabe', u kalaantik ma' u palitsilta'al mixmáak yéetel u ts'o'okbesa'al u najmal tuláakal máak.

I. Jets'a'an tumeen artículo 24 u páajtalil máak u k'uultik je'e ba'ax u k'áate', ti' le xookil kun ts'aabilo' ma'atan u táakbesa'al k'ujili', beytúuno', yaan u meyaj jach jumpáayil ti' je'e máakalmáak k'ujnajile'.

II. Chen ba'ax kun nu'uktik le xookilo' u kaxanta'al u bin u jach ya'abtal u miatsil yéetel u k'ajóolal kaaj, yaan tun u kaxantik u xu'ulsik u j-ma'a na'atil kaaj yéetel le loobil ku beetik ti' kaajo', u xulik palitsilil, k'éex óolal yéetel u p'a'asta'al máak.

Beeyxane'.

a) Yaan u kaxantik u táakpajal tuláakal máak tu t'aan yóolaji', tumeen u táakpajal tuláakal máak tu t'aan yóolaje' ma' unaj u ch'a'abal chen tia'al yéeytambal wa jets'óolali', k'a'abet u ch'a'abal bey jump'éel ba'al chen ku béeytal wa ku bin u ma'alobtal u kuxtal kaaje';

b) Yaan u búuktik tuláakal u Noj Lu'umil México, ka'alikil u kalaantik ma'atan u x-chukul chok'ik mix tu p'atik paachil mixmáake'- yaan u táanaltik ba'ax k'a'abéet, beeyxan bix k-k'a'abetkuunsik ba'alo'ob yaan yóok'ol kaab, u kalaanta'al k-jo'olintik k-kuxtal, u táanilkuunsik u mu'uk'antal k-ayik'alil yéetel ma' u sa'atal yéetel u mu'uk'a'antal k-ch'i'ibal.

c) Yaan u yáantaj tia'al k-kuxtal ich jets'óolal, tu yóok'lal ba'ax ken u ka'ans ti' xookil paalal, beeyxan ikil u ka'ansik máak u chíimpolt u kuxtal u láak' máak, kúuchkabal, beeyxan u na'at yéetel u chíimpolt ba'ax k'a'ana'an ti' tuláakal kaaj, yéetel xan u ka'ansik tuláakal wíinik múul meyaj, keet baatambail yéetel u na'atik máak keet u najmal, tu'ux ka'a p'aatak paachil u nojba'alil jump´éel ch'i'ibal, kujil, wa ba'ax múuchkabil.

III. Tia'al ka'a béeyak u ts'o'okbesa'al tuláakal le ba'ax jets'a'an ti' le u ka'ajaats le ts'íiba' Fracción II, u noj jala'achil Méxicoe' yaan u jets'ik xan tuláakal u nu'uktajil le ka'ansajil kun ts'aabil preescolar, primaria, secundaria yéetel normal tuláakal u noj lu'umil México'. U tia'al u ts'o'okbesa'ale', Noj ja'alache' yaan u yu'ubik u t'aan u jala'achilo'ob u petenlu'umil México yéetel Distrito Federal, beeyxan u jejelas múuch'máakilo'ob táakpaja'an ichil le ka'ansajilo', bey je'ex u ya'alik le noj a'almajtaano'obo'.

IV. Tuláakal le ka'ansajil ken u ts'áa u jala'achil México ma'atan u tojoltik.

V. Jumpáay ti' u ts'áak xook ti' preescolar, primaria yéetel secundaria je'ex jets'a'anil tu yáax junxóot' le ts'iiba', jala'ache' yaan u ts'aatáantik u jejelasil xook k'a'abet –je'e bix u xookil inicial yéetel superior (ka'anal xook) k'a'abet tia'al u mu'uk'a'antal u noj lu'umil México, yéetel xan yaan u yáantikuba yéetel u xak'al kaxta'al túumben na'ato'ob beeyxan u táakbesa'al túumben nu'ukulo'ob yéetel yaan xan u kaxantik u mu'uk'a'ankuunsa'al beeyxan u ts'a'abal k'ajóoltbil u chíikul k-miatsil

VI. Chen máako'obe' úuchak u ts'aako'ob xan jejelas xookil. Je'e bix jets'a'anil tumeen A'almajt'aano'obe', jalache' úuchak u chíimpoltik ba'ale' beeyxan u luk'sik u chíimpolal ti' le ka'ansaj ku ts'a'abal tumeen najil xooko'ob yaan u yuumilo'. Tia'al wa yaan u ts'áako'ob xook ti' preescolar, primaria yéetel secundariae', le u yuumil le najil xooka' unaj u:

a) U ka'ansik xook tia'al le ba'ax jets'a'anil tu ka'axóot' yéetel Fracción II ti' le ts'íiba'.

b) Tia'al u béeytale', yáax táanil k'a'abet u ts'a'abal u páajtalil tumeen jala'acho'ob bey je'ex jets'a'anil te'ej A'almajt'aano'obo';

VII. Ti' le u najilo'ob ka'anal xook kun ts'aabil u páajtalil u jets'iko'ob tu juunalo'ob bix kun meyajo'obo', yaan u béeytal u meyajo'ob tu juunalo'ob tu t'aan yóolajo'ob; yaan u ts'o'okbesik u beelalo'ob tia'al ka'ansaj, u beeetiko'ob xak'al kaambal yéetel u ts'aako'ob k'ajóoltbil u chíikul kuxtal bey je'ex u jets'ik le junxóot' ts'íiba', ka'alikil u chíimpoltik u páajtalil máak tia'al u ka'ambes yéetel u xak'alt le bix u k'áate', beeytunxan u beetik p'iskaambalo'ob yéetel u tsikbal le bix u tuukule'; leti' kun jets'ik tuláakal u tsolnu'ukil u meyaj; yaan u jets'ik bix kun okol, bix kun bin u ka'antal u náajal beeyxan wa ku p'áatal wa ma' u j-ka'ansajo'ob; u ka'aka'aj xan yéetel bix ken u meyajt u ba'alubáa. Le bix kun bo'otbil tuláakal máak kun okol meyaje' yaan u je'ets'el je'e bix u ya'alik apartado a ti' le artículo 123 ti' le Noj a'almajt'aana', beeyxan je'ex u jets'ik u Noj A'almajt'aanil meyaj yéetel xan je'ebix u na'ata'al tumeen táan u beetiko'ob jump'éel noj meyaje', yéetel ka'a chíimpolta'an u páajtalil u jets'ik tu juunal u meyaj yéetel u ka'ansaj je'e bix jets'a'anil ti' le A'almajt'aana'.

VIII. U Noj Najil u Pa'ajo'olta'al u Meyaj Jala'ache' tia'al u p'éelili'kuunsik yéetel u páajtal u jo'olbesik le ka'ansajil ku beeta'al tuláakal México', yaan u ts'áak k'ajóoltbil tuláakal le A'almajt'aano'ob k'a'abet tia'al u t'o'oxol ma'alob le ka'ansajil ichil u Noj jala'achil México, u petenlu'umilo'ob México yéetel u méek'tankaajilo'ob, tia'al u jets'ik beyka'aj taak'in kun u ts'aa tu yóoxjaatsil tia'al le noj meyajo' beeyxan u jets' ba'ax si'ipilil yaan ti' máax ma'atan u ts'o'okbesik wa ma'atan u beetik u ts'o'okbesa'al tuláakal ba'ax yéetel bix jets'a'anil ti' u a'almajt'aanilo'ob ka'ansaj.

Artículo 4. Luksa'an.

Xiib yéetel ko'olele' keeto'ob tu táan a'almajt'aan. Lela' yaan u kalaantik u much'ikubáa yéetel u mu'uk'a'antal u kúuchkabalo'ob.

Tuláakal máake' sijnal yéetel u najmalil u jets'ik tu juunal, le bix u p'iis u muuk' yéetel ikil u yóojéeltik ba'ax u kuch, jaytúul yéetel ba'abaxk'in kun yantal u paalal.

Tuláakal máak sijnal yéetel u najmalmajil u kaalanta'al u tojóolal. A'almajt'aano'ob kun jets'ik ba'ax yéetel bix kun táakpajal u yáantuba yéetel u meeyjul u kaalanta'al u tojóolal máak yéetel yaan u jets'ik bix kun táakpajal u Noj Jala'achil México yéetel u jalaachilo'ob u petenlu'umil México tia'al u kaalanta'al u tojóolal kaaj, je'ebix jets'a'anil Fracción XVI ti' artículo 73 ti' le Noj A'almajt'aana'.

Tuláakal máak sijnal yéetel u najmalmaj jump'éel no'oja'an kúuchil tia'al u ch'íijsikuba ma'alob ichil jump'éel ma'alob kuxtalil.

Tuláakal kúuchkabal najmal u yantal ti' jump'éel ma'alob naj tia'al u ki'iki' kuxtal. A'almajt'aane' yaan u jets'ik ba'ax áantajil yéetel bix kun ts'aabil tia'al u béeykujsa'al.

Mejen paalal, xiib wa x-ch'úupe' sijnal u najmalmilo'ob u tséenta'alo'ob, u ts'a'akal, u ka'ansa'al xook beeyxan u náaysik u yóol u tojóolal tia'al u nojochtal yéetel uts.

Tuláakal máak ku p'áatal tu k'ab u ch'íijsik juntúul paal, u yuum wa chen u j-kalano'obe' yaan u kaalantiko'ob u ts'o'okbespajal le najmalila'. Jala'acho'obe' yaan u ts'áak tuláakal ba'ax k'a'abet tia'al u yáantajo'ob ka'a tso'okbesa'ak u najmal paalal beeyxan ma' u luk'sa'alti'ob mixba'al ti' le je'elo'ba'.

Jala'acho'obe' yaan u yáantik chen máako'ob u k'áato'ob táakpajal tia'al u ts'o'ok besa'al le u najmal paalalo'.

Tuláakal máak u najmalmaj u táakpajal ichil jump'éel mia'atsil beeyxan u náaybesik u yóol yéetel tuláakal meyaj ku beetik jala'acho'ob ikil u ts'a'abal k'ajóoltbil u chíikul u ch'i'ibal. Jala'acho'obe' yaan u je'eko'ob kúuchilo'ob tia'al u mu'uk'a'ankuunsa'al yéetel u ts'a'abal k'ajóoltbil u chíikul u ch'i'ibal, tu'ux ka'a táakpajak tuláakal u jejelasil u ch'i'ibal kaajo'ob yéetel ka'a chíimpolta'ak u jejelasil bix u ye'esik u ch'i'ibal. A'almajt'aane' yaan u jets'ik bix kun táakpajal máak ichil u chíik'ul je'e' máakalmáak miatsile'.

Artículo 5. Ma'atan u béeytal we'et'el ti' mixmáak u kanik je'e ba'alak ka'anal xookile', meyaj k'aab, maan yéetel koonol wa je'e ba'alak meyajil u k'áat u beet wa mina'an u si'ipilile'. Le najmalila' chen ku béeytal u luk'sa'al ti' máak tumeen juntúul jala'ach judicial, wa tumeen le meyaj ku beetik máako' ku loobitik u najmalil u láak' máak, ba'ale' beeyxan wa ma'atan u cha'ak u kuxtal kaaj ich jets'óolal. Mixmáak unaj u to'okol wa u luk'sa'al ti' u yich u meyaj wa ma' jala'ach a'aliki'.

A'almajt'aano'ob kun jets'ik máakalmáak meyajil tia'al ka béeyak u meyajta'ale' k'a'abet yaan u ju'unil ti' máak tu'ux u xokmaj, chen bix úuchak u béeytal u ts'a'abal ti' máak yéetel máax úuchak u béeytal u ts'áak.

Mixmáak ku béeytal u ts'a'abal meyaj wa ma' u bo'ota'al le beyka'aj unaj u náajaltik tu' yóok'lal le beyka'aj meyaj ku beetiko', beeyxan wa ma' u k'áat u beet le meyajo'o, chen ja'alil le meyaj kun ts'aabil ti' máak u beet tumeen jala'ach tia'al u bo'otik wa ba'ax si'ipilil je'e bix u ya'ala'al te'e fracciones I y II del artículo 123.

Le meyajo'ob unaj u beetik máak tumeen ku k'áata'al tumeen jala'acho', chen unaj u beeta'al je'e bix jets'a'anil tu a'almajt'aanilo'obe', lela' leti' le ku t'aan tu yóok'lal ts'oon, jurados, beey je'ex u juntaats' yéeya'al máak tia'al u beet u jala'achile'. Tuláakal máak unaj yáantaj tia'al u yéeya'al jalacho'ob yéetel u táakpajal ti' u xookil jaytúul máak yaan wey t-lu'umile', lela' x-ma'a bo'olil, ba'ale' yaan u bo'ota'al je'ex jets'a'anil tumeen le a'almajt'aana', tuláakal le kun beetbil jach je'ex unaje'. Tuláakal unaj u beetik no'oja'an meyajo'ob tu yóok'lal u kaajal, ba'ale' yaan u bo'ota'al je'ex jets'a'anil tumeen a'almajt'aane', chen ja'alil wa xan leti' la a'almajt'aan wet'iko'.

Jala'ache' ma'atan u béeytal u cha'ak u beeta'al mix jump'éel mokt'aan wa lela' táan u luks'ik u najmal wíinik wa u páajtalil u kuxal jáalk'ab, tu yóok'lal mixba'al.

Mix xan unaj u k'a'amal utsil mix jump'éel mokt'aan tu'ux juntúul máak tu juunale' ku éejentik u bisa'al táanxel lu'umil, wa ka' u xul jumpakili' wa chen tia'al wa jayp'éel k'iin u beetik jump'éel no'oja'an meyaj, meyajk'ab wa máan yéetel koonol.

Jump'éel u mokt'aanil meyaje' chen ku jets'ik u k'a'abetil u ts'o'okbesik máak jump'éel meyaj tu éejentaj tumeen ku bo'ota'al u beet tia'al wa jayp'éel k'iin yéetel bey je'ex u je'ets'el ichil le a'almajt'aano'obo', lela' ma'a unaj u máan ti' junja'ab tia'al ka' u beet k'aas ti' máax ku meyaji', yéetel ma'atan u béeytal u xáantal, ba'ale' mix juntéen wa tumeen táan u nuumsik máak tia'al u ts'o'okbesa'al u najmal bey wíinike'.

Wa le máax ku k'amik jump'éel mokt'aan tia'al u beetik jump'éel meyaj ma'atan u ts'o'okbesiko', chen yaan u beeta'al u ts'o'okbesik wa u sutik le taak'in tu k'amo', ba'ale' ma'atan u béeytal u k'a'alal chen tu yóok'lal.

Artículo 6. Mixmáak unaj u luk'sa'al u paajtalil ti' u ya'alik ba'ax ku tukultik wa bix u tuukul, mix tumeen judicial wa u bo'otik taak'in tu y'óok'lal, chen ja'alil wa ka' u loobilt u kuxtal kaaj wa u tsikbe'enil máak je'e bix jets'a'anil tumeen a'almajt'aano'obe', wa ka' u beet u wo'okin kaaj yéetel u t'aane'; a'almajt'aane' u jets'maj xan bix úuchak u béeytal u núuka'al u t'aan juntúul máak. Jala'ache' ku jets'ik u najmalil kaaj u ts'a'abal u yojéelt tuláakal ba'ax ku yúuchul yóok'ol kaab.

Tia'al u ts'o'okbesa'al u najmalil tuláakal máak u yojéeltik ba'ax ku yúuchul yóok'ol kaabe', u noj jala'achilo'ob México, u petenlu'umilo'ob México, yéetel u méek'tankaajilo'ob tak tu'ux ku náakal u meyajo'obe' yaan u bisikuba'ob ti' ba'ax jets'a'an ti' le ba'aloba':

I. tuláakal ba'ax ku meyajtik u najilo'ob jala'ache' unaj u ts'a'abal k'ajóoltbil, beytuno' chen ku béeyta'al u ta'akal wa jayp'éel k'iin bey je'ex jets'a'anil te'ej a'almajt'aano'obo'. Tia'al u ts'o'okbesa'al le a'almajt'aana' k'a'abet ma' u tu'ubul u k'a'abetil u ts'a'abal ojéeltbil tuláakal.

II. Tuláakal u ba'al yaan u yil yéetel u kuxtal máake', wa tu'ux kaja'an wa u láak' ba'ale' yaan u ta'aka'al, chen ja'alil wa a'almajt'aan jets'ik u k'a'abetil u ts'a'abal k'ajóoltbile'.

III. Tuláakal máak kex ma' u ya'alik ba'ax u beelal ti'e' yaan u ts'a'abalti' x-ma'a bo'olil tuláakal le ba'ax u k'áat u yojéelt tuláakal ba'ax yaan u yila'a yéetel u meyaj jala'ach, u ju'unilo'ob tsíibta'abik síijik wa u yutskiinsa'al wa k'asa'an.

IV. Yaan u je'ets'el bix kun séeb ts'áabil u yojéelt máak ba'ax ku k'áatik. Le u meyajil bix kun ts'o'okbesbil le nu'uktajil le ts'íiba' yaan u p'áatal tu k'ab wa jayp'éel u kúuchilo'ob u meyaj jala'ach, ku meyaj tu juunal.

V. tuláakal u kúuchil u meyaj jala'ach k'a'abet u ts'áak k'ajóoltbil u meyaje' ka'a'bet u líik'sik u ju'unilo'ob ti' archivos administrativos yaan u bin u túumbenkuunsik mantats' yéetel yaan u ts'áak k'ajóoltbil ti' medios electrónicos pa'te' yéetel bix úuchik u meyajtik yéetel bajun tu xupaj.

VI. A'almajt'aano'ob kun jets'ik bix kun ts'aabil k'ajóoltbil tumeen la máaxo'ob k'a'abet u beetik, le taak'in ku ts'áako'ob ti' mola'ayo'ob wa chenti' wa máax tia al u meyajo'.

VII. Máax ma'atan u ts'o'okbesik ba'ax jets'a'an tumeen le a'almajt'aano'oba', yaan u beeta'al u bo'otik u si'ipil bey je'ex xan jets'a'anil tumeen la a'almajt'aano'oba'.

Artículo 7. Ti mixmáak yaan u páajtalil u wet'ik u najmalil máak u ts'áak k'ajóoltbil ba'ax ku ts'íibtik tu yóok'al je'e ba'alake'. Mix juntúul jala'ach mix je'e máakalmáak a'almajt'aanil úuchak u wet'ik u páajtalil máak u ts'áak k'ajóoltbil ba'ax ku tukultike', mix u k'aatik taak'in ti' máax ts'aak ts'íibtik wa máax ts'áak k'ajóoltbil je'e bixake', mix u wet'ik u jóok'sa'al je'e ba'alak áanalte'ile', tumeen u xúul le meyajo'ob beya' chen u chíimpolta'al u kuxtal, u tsikbe'enil yéetel u kuxtal tuláakal máak' ich jets' óolal. Jumpuli' ma'atan u béeytal u k'a'alal jumpéel kúuchil tu'ux ku jóoksa'al áanalte', pik'ilju'un wa ts'albil ju'un wa yaan takpool tu yóok'ol ba'ax yéetel bix u ya'alik máak ba'ax ku ts'áak k'ajóoltbil.

A'almajt'aano'ob kun jets'ik tuláakal ba'ax k'a'abet tia'al ma' u béeytal u ka'alal mixmáak ku ta'akal u pool tumeen u ya'ala'al táan u ya'alik wa ba'ax ma' jaaji', mix u k'a'alal máaxo'ob konik, meyajtik u nu'ukulil wa je'e máax ku meyaj ti' jump'éel u kúuchil tu'ux ku jóok'sa'al áanalte', pik'ilju'un wa ts'albilju'un tu'ux jóok'sa'ab le ba'ax beetik jump'éel takpoolo', chen ja'alil wa le ken xak'alta'ak le takpoolo' ku chíikpajal jaaj yaan u si'ipilo'ob.

Artículo 8. Tuláakal máak ku meyaj tu najilo'ob u meyaj jala'ache' yaan u chíimpoltiko'ob u najmalil wíinik u k'áachi'itik je'e ba'alak tu yóok'lal u meyaje', chen k'a'abet u beeta'al u ts'íibil tia'al u k'áata'al, x-ma'a ba'atelil yéetel ichil chíimpolil; ba'ale' tu yóok'lal politica'e, chen ja'alil máako'ob sijnalo'ob wey México ku béeytal u k'aatike'.

Tuláakal ba'al ku k'áata'ale' k'a'abet u núuka'al xan yéetel jump'éel ts'íib tu'ux, le máax ti' ku k'áata'al wa ba'axo' k'a'abet u beet u mokt'aanil u núukik ichil ma' ya'abach k'iini'.

Artículo 9. Ma'atan u béeytal u we'et'el ti' mixmáak u páajtalil u much'ikubáa yéetel je'e máaxak tia'al wa ba'ax utse', ba'ale' chen ja'alil máako'ob sijnal way tu noj lu'umil México úuchak u béeytal u much'ikuba'ob tia'al u tsikbatiko'ob bix u meyaj México tia'al politicae'. Ba'ale' ma'atan u béeytal u much'ikuba máako'ob tu yóok'lal ts'oon.

Ma' unaj u ch'a'abal k'aasil, beytuno' ma'atan u béeytal u jo'obol jumpéel mola'ayil wa múuch'kabil ku kaxantik u k'áatik wa u takpoltik juntúul jala'ach tu yóok'lal wa ba'ax ku beetik ma' nu'uka'ani', wa ma'atech u po'och'ik jala'ach yéetel mix tu loobitik mixmáak wa u sajbesik máak jóok'ol wa jala'ach tia'al u beetik u yáanta'alo'ob.

Artículo 10. Tuláakal u kajnáalilo'ob u Noj Lu'umil Méxicoe' yaan u páajtalil u yantal ti'ob ts'oon tu yotoch tia'al u kaalantikubáa yéetel u tokbesikuba ti' u loobita'alo'ob, chen ma'atan u béeytal u tia'alintiko'ob ts'oon wet'a'an tumeen le a'almajtaano'oba', je'ex le ku meyaj ti' ejército, armada, fuerza aerea y guardia nacional. Noj a'almajt'aan jets'ik ba'axten, bixi' yétel tu'ux kun ts'aabil u páajtalil ti' kajnáalo'ob u yantal u ts'oono'ob.

Artículo 11. Tuláakal máak yaan u páajtalil u yokol tu lu'umil México, u jóok'ol wa u xíimbalkuunsikubáa je'e tu'uxake', beeyxan u bin kajtal táanxel kaajil, kex ma' u k'a'abetkuunsik mix jump'éel ju'un u tia'al. U ts'o'okbesa'al le páajtalila' yaan u kalaanta'al tumeen autoridad judicial, wa ku yantal u si'ipil máak ikil u loobiltik u láak' máak wa u beetik ba'al wet'a'an tumeen a'almajt'aan, wa u láak' jala'acho'ob tu yóok'lal u bin máak táanxel noj lu'umil, wa j-táanxel lu'umil ku taal wey t-lu'umil u beet ba'alo'obe'.

Artículo 12. Tu noj lu'umil Méxicoe' mixmáak unaj u ts'a'abal u beet u ajawil, mix u kuxtal jach uts ti' je'emáaxak kajnáalile', mix u máansa'al tu k'ab tumeen u yuumo'ob, ba'ale' mix xan le máak bey u kuxtal táanxel kaajil ka'a taalak wey kajtal bey ajawe'.

Artículo 13. Mixmáak unaj u beeta'al u bo'otik u si'ipil tumeen chen máak, mix tumeen junjaats chen máako'ob. Mix juntúul máak wa junmúuch' máako'ob najmal u puts'iko'ob bo'ol si'ipilil wa u k'amik taak'in wa ma' táan u náajaltik yéetel jump'éel meyaj ku k'ubeenta'al u beet je'ex jets'a'anil te'ej a'almajt'aano'obo'. Chen ma'atan u béeytal u ma'achal juntúul máak wa táan u meyaj militari, ba'ale' lelo'oba' ma'atan u béeytal u machiko'ob juntúul máak ma'atan u meyaj yéetelo'obi', kex yaan u si'ipil. Wa juntúul chen kajnáal ku yantal u si'ipil ichil wa tu yóok'lal u meyaj militaro'obe', máax kun jets'ik u bo'ol si'ipilile' leti' le jala'acho'ob ts'a'an tia'al jets'ik bo'ol si'ipililo'obo'.

Artículo 14. Mixmáak unaj u beeta'al u bo'otik u si'ipil yéetel jump'éel túumben a'almajt'aan tia'al u ya'abkuunsa'al u bo'olil jump'éel si'ipil úuch beeta'ak.

Mixmáak unaj u k'a'alal, u to'okol ba'al u tia'al wa u luk'sa'al u najmalil wa ma' yáax k'a'abet u ye'esa'al jaaj yaan si'ipil tumeen le máaxo'ob ts'a'an u tia'al jets'ik bo'ol si'ipilo'obe', yéetel ka'a beta'ak je'ex jets'a'anil te'ej a'almajt'aano'ob le k'iin ma'ayli' yanak le si'ipililo'o.

Ti' jump'éel takpoolil tu'ux ku kiinsa'al juntúul máake', wet'a'an u ts'a'abal u bo'olil jump'éel si'ipil chen tumeen ku tukulta'al bix úuchik, wa tumeen ya'ab máak a'alik bix úuchik. Chen yaan u je'ets'el u bo'olil le bix u ya'alik le a'almajt'aano'obo'.

Tia'al jumpéel chen takpoolile', u ts'ok je'ets'el beyka'aj bo'ol si'ipilil yaan u beet juntúul máake' ka'abet jach je'ex u ya'alik le a'almajt'aano'obo' yéetel u najmal juntúul máak.

Artículo 15. Wet'a'an u beeta'al mokt'aano'ob tia'al u bisa'al reos políticos, wa máako'ob ku yantal u mejen si'ipilo'ob tu noj lu'umilo'ob, wa tumeen palitsilta'ano'ob ka'achij; mix xan je'e máakalmáak u láak' tu'ux ma'atan u ts'o'okbesa'al u najmal wa u páajtalil máak chíimpolta'an te'ej a'almajt'aan tia'al tuláakal kajnáalo'obo'.

Artículo 16. Mixmáak unaj u chi'ichnakkuunsa'al tu juunal, yéetel u kúuchkabal, tu yotoch, yéetel u ju'uno'ob wa u ba'aluba'ob, chen ja'alil wa ku ya'ala'al tumeen le jala'ach ts'a'an u tia'alo', yéetel ka'a u jets' ba'axten yaan si'ipilil yéetel bix kun bo'olbil.

Tuláakal máak u najmalmaj u kaalanta'al tuláakal ba'ax e'esik máaxi', u k'ajóoltik, u yutskiinsa'al wa u tu'upul, beeyxan u ya'alik ma' u k'áat wa ba'ax bey je'ex jets'a'anil tumeen a'almajt'aano'obe', tu'ux unaj jets'a'an ba'axk'in ma'atan u béeytal, tumeen k'a'abet u kalaanta'al k-noj lu'umil, u kalaanta'al k-kaajal wa u tojóolal kaaj wa u najmal je'e máaxake'.

Ma'atan u béeytal u ma'achal máak k'albil wa ma'a taka'an u pool tu yóok'lal jump'éel ba'ax jets'a'an ichil le a'almajt'aan bey jump'éel ba'al k'a'abet u k'a'alal máak tia'al u bo'otik u si'ipililo' yéetel yaan yaan bix u ye'esa'al jach jaaj le máax ku ta'akal u poolo' táakpaj ichil le si'ipililo'. Chen xan juntúul autoridad judicial úuchak u jets'ik u t'aanil ka'a ma'achak.

Le máakalmáak jala'achil kun ts'o'okbesik u tusbejil u ma'achal máake', k'a'abet u beetik bey je'ex jets'a'anil tumeen a'almajt'aano'obe' yéetel tu séebile' yaan u k'ubik ti' juntúul juez. Máax ma'atan u ts'o'okbesik beya' yaan u beeta'al u bo'otik xan u si'ipilil.

Je'ex máaxe' je'e u béeytal u machik le máax ku kaxtik u si'ipil ti' le súutuk táan u beetiko', wa jach táant u beetik le si'ipililo', ba'ale' tu séeblakil k'a'abet u k'ubik ti' juntúul je'e máakalmáak jala'achile', máax yaan xan u séeb bisik u k'ub ti' Ministerio Público. Máax kun beetik u ju'unil le máak macha'ano'.

Chen ja'alil ti' jump'éel jach noj loobil je'e bix jets'a'anil tumeen a'almajt'aane' yéetel wa táan u yila'al le máax beeto' bey taak u púuts'ul ti' u bo'otik u si'ipilile', tu yóok'lal ba'ax súutukil ku yúuchul, tuux wa bix úuchike', wa mina'an mix juntúul u jala'achil tia'al ka'a xi'ik machik le máako', juntúul Ministerio Públicoe', úuchak u beetik u ma'achal, chen k'a'abet u jach p'atik sáasilil ba'axten ku machik.

Wa ku chu'ukul máak jach táan u beetik jump'éel ba'al yaan u si'ipilile', le juez kun k'amik tia'al u k'al le máax ku ma'achalo', tu séebile' unaj u ya'alik wa ku p'áatal k'ala'an wa ku beetik u cha'abal bey je'ex jets'a'an tumeen le a'almajt'aano'obo'.

Ministerio Público wa yaan máako'ob u múuch'majuba'ob u loobito'ob kaaje' unaj u k'áatik ti' autoridad judicial ka' u jets' u t'aanil ka'a p'a'atak juntúul máak ma'atan u béeytal u luk'ul tuux yaan tak ichil ka'ak'aal k'iino'ob, tia'al ka'a béeyak u xak'alta'an tak u yojéelta'al wa yaan wa mina'an u si'ipil, beeyxan u kalaanta'al ma' u ma'achal jump'éel u ba'alubáa, ba'ale' beeyxan wa ku yila'al le máak ku tukulta'al yaan u si'ipilo' taak u púuts'ul ti' u bo'otik u si'ipil. Le jayp'éel k'iin kun yáax jets'bilo' je'e u béeytal u ya'abkuunsa'al wa tumeen le Ministerio Público máax iliko' táan u ye'esik ma' sa'atak le si'ipilil beet u k'a'alalo'o. Ba'ale' ichik tu ka'a jaatsile' ma'atak u béeytal u máan ti' kan k'aal k'iinoob macha'an u yuumil.

Ku yaala'al yaan delincuencia organizada wa yaan kex óoxtúul wa u ya'abil máak ku much'ikuba tia'al u loobit kaaj mantats' yéetel ji'ijinak, bey je'ex jets'a'anil tumeen a'almajt'aane'.

Mixmáak ku tukulta'al yaan u si'ipil úuchak u béeytal u ma'achal tumeen Ministerio Público máanja'an ti' 48 horas wa ma' u jáalk'a'ata'al wa u máansa'al tu k'ab autoridad judicial; le 48 horasa' úuchak u beeytal u ka'atenkuusa'al chen wa le takpoolo' ku beeta'al tu yóok'lal delincuencia organizada. Tuláakal máak kun máan u k'ab u ts'o'okbesik le a'almajt'aana' yaan u bo'otik u si'ipil:

Wa ku ts'a'abal u páajtalil ti' Ministerio Público tumeen autoridad judiciale', unaj u je'ets'el ba'ax kúuchil le kun xak'altbilo', máax máakil wa máakilo'ob kun machbil yéetel ba'ax ba'alilo'ob ku kaxana'al, chen xan leti' unaj u ts'o'okbesa'al yéetel yaan u beeta'al u ju'unil te'ej kúuchilo', jach chen p'el u beeta'al, tu'ux le u yuumil le kúuchilo' yaan u ts'áak ka'atúul máak tia'al káantik jaaj ba'ax ku beeta'al, ba'ale' wa mina'ane' yaan u ts'a'abal tumeen le máax beetik le xaak'alo'.

Ti' mixmáak unaj u luk'sa'al u páajtalil u t'anik u láak'o'ob. A'almajt'aane' ku beetik u bo'otik u si'ipil máax kun u beet je'eba'alak tia'al ma' u ts'o'okbesa'al le najmalila', yéetel k'a'abet u yojéelta'al tumeen mixmáak ba'ax ku tsikbatik máak ku ma'achal, chen ja'alil wa le juntúul ti' le máako'ob ku táakpajalo', tu t'aan yóolaj ku cha'ak u yojéelta'al ba'ax ku tsikbaltik. Wa beyo' jueze' yaan u p'isik ba'ax yéetel beyka'aj u yutsil yéetel wa ku yáantaj tia'al u sáasiltal le si'ipililo'. Jumpuli' ma'atan u béeytal u k'a'amal utsil je'e ba'alak ka' u beet ma' u ts'o'okbesa'al le najmalila'.

Chen ja'alil Autoridad Judicial Federal, wa ku k'áata'al ti' tumeen wa máakalmáak autoridad federalile' jets'a'an tumeen a'almajt'aane' wa le máax jo'olbesik Ministerio Público tu petenlu'umilo'ob Méxicoe', úuchak u béeytal u ta'aka'an ojéeltik u tsikbal ka'atúul máak. U tia'al le je'elo' le máax k'ubeentik ka'a beeta'ako' unaj u jach jets'ik ba'axten ku k'áatik ka'a beeta'ak yéetel xan ba'axten unaj u beeta'al, máaxo'ob k'a'abet u yojéelta'al ba'ax ku tsikbatik yéetel beyka'aj kun xáantal.

Chen autoridad judicial federale' ma'atan u béeytal u ya'alik ka'a beeta'ak le meyaj beya' wa tumeen le ba'ax ku yúuchulo' ku yúuchul tu yóok'lal u yéeya'al jala'ach, u yúuchul bo'ol patan, koonol yéetel maan, chen kuxtalil, tu yóok'lal meyajil wa u xu'upul taak'in, ma'atan xan u béeytal u yojéelta'al ba'ax ku tsikbatik máax tokbesik máax taka'an u pool. Poder Judicial Federalo'obe yaan u xooko'ob yéetel u yáantaj jueces de control kun jets'ik tu séeblakil je'e bixake' tuláakal ba'ax k'a'abet u tia'al ma' u ts'ok talamtal jump'éel loobil, wa u púust'ul máax yaan u si'ipil, ka'alikil u yojéeltik jala'acho'ob ba'ax ucha'an, yéetel ka'alikil u kalaanta'al u najmal máak taka'an u pool wa le máaxo'ob loobilta'ano'. Unaj u líiksa'al tuláakal u tsikbal jueso'ob, Ministerio Público yéetel je'e máakalmáak jala'achil ku táakpajal ichil le péektsilo'.

U yojéelta'al u tsikbal wa máaxo'obe' tumeen jets'a'an tumeen jala'achobe' chen k'a'abet u beeta'al bey je'ex jets'a'an ichil le a'almajt'ano'obo'. Tuláakal tsikbal ku táabsbil ma' bey je'ex u ya'ala'ale', ma'atan u meyaj tia'al le ba'ax u beelal ku beta'alo'.

Autoridades administrativase' je'e u béeytal u bin u xíimbat u yotoch máax taka'an u pool chen tia'al u yojéeltik táan u ts'o'okbesa'al u kalaanta'al u tojóolale'; beeyxan u k'áatik u yila'a tu'ux ts'íibta'an bix u ts'o'okbesa'al tuláakal bo'ol patan, ba'ale' k'a'abet u chíimpoltik tuláakal ba'ax jets'a'an tu yóok'lal bix unaj u xak'alta'al u yotoch máak.

Tuláakal ts'íib k'ala'an ku túuxta'al táantanxel kúuchile' ma' unaj u xak'alta'ali', máax kun xak'altik wa ma' leti' unaj u beetike'e yaan u bo'otik u si'ipil.

Tu k'iinilo'ob mina'an yaaltambale' mix juntúul k'abtuun unaj u k'uubeentikuba ti' jump'éel naj wa ma' u káat u yuumil naji', mix u k'áatik wa ba'ax siibalil. Tu k'iinilo'ob yaaltambale', le k'abtuno'obo' je'e u béeytal u k'aatik ka'a u'ulabta'ak ti' wa ba'ax najile', ka'a ts'a'abak u yo'och wa u láak' áantaj, ba'ale' chen bey je'ex u ya'alik le a'almajt'aano'obo'.

Artículo 17. Mixmáak unaj u beetik tu k'abil u bo'otik u si'ipil wa máax, mix u loobiltik mixmáak tia'al ka'a ts'o'okbesa'ak u najmal.

Tuláakal máak sijnal yéetel u najmal u beeta'al justica ti' séeba'an yéetel le bix u ya'alik le a'almajt'aano'obo'. Yéetel u ya'alik séeba'an wa yaan u si'ipil wa máax wa mina'an yéetel ma' u loobiltik mixmáak. U meyaje' ma' unaj u tojoltiki', leti' beetike' wet'a'an u k'amik táak'in ti' mixmáak.

A'almajt'aano'obe' yaan u jets'iko'ob u láak' bix unaj u yutskiinsa'al je'e ba'alak talamile'. Tia'al jump'éel takpoolile', yaan u yáantaj tia'al bix kun meyaj, u su'utul u jeel ba'ax ku k'askuunsa'al yéetel yaan u jets'ik wa k'a'abet u bin ilbil u ts'o'okbesa'al tumeen judicial.

U je'ets'el u bo'otik u si'ipil máak chen chi't'aanile', unaj u t'a'anal tuláakal máaxo'ob ku táakpajali' tia'al ka' tso'olok ti'ob.

Noj a'alamajt'aano'obe' unaj u jets'ik tuláakal ba'ax k'a'abet tia'al u béeytal u meyaj tribunales ma' yáanal u t'aan mix u láak' jala'achi'.

U noj lu'umil México yéetel u petenlu'umilo'obe' yaan u páaybesik máax tokbesik je'e máaxak ku táakpajal ich talamile' yéetel ka'a kaambanak ma'alob máax kun beetik le meyaja'.

Le máaxo'ob ku tokbesajo' ma' unaj u náajaltik jump'íit taak'in ti' le bix ku náajaltik le Ministerio Público.

Mix juntúul máak unaj u náajaltik chen tu yóok'lal u p'aax.

Artículo 18. Chen úuchak u k'a'alal máak wa yaan u si'ipil jets'a'an tumeen a'almajt'aan ku náajaltik u k'a'alal. Le kúuchil tu'ux kun k'albilo' k'a'abet táanxelil ti' tu'ux kun p'atbil u ts'ok bo'ot u si'ipilo', yéetel ma' xa'ak'a'an yéetel u láak' máako'obi'.

U kúuchil k'alabe' k'a'abet u yáantikuba yéetel u ts'áak máak k'ala'an u beet meyaj, u ka'ansa'al meyaj, xook, u toj óolal yéetel báaxal tia'al u yáantik máak yaan u si'ipil u ka'a kan kuxtal yéetel jets' óolal ich kaaj yéetel ma' u suut u beet ba'a k'aas yéetel u kalaanta'al tumeen le a'almajt'aano'. Ko'olelo'obe' yaan u k'a'alalo'ob u bo'ot u si'ipilo'ob táanxel tu'ux ti' le tu'ux k'ala'an xiibo'obo'.

U noj jala'achilo'ob México yéetel u petenlu'umilo'obe' je'e u béeytal u beetiko'ob mokt'aan tia'al u bisa'al máak u ts'ok bo'ot u si'ipil táanxelil ti' le tu'ux ku ma'achalo'.

U noj jala'achilo'ob México yéetel u petenlu'umilo'obe' yaan u jets'iko'ob, tak le tu'ux ku náakal u meyajo'obe', jump'éel u noj tuukulil tia'al u je'ets'el bix ken u bo'ot u si'ipil juntúul máak yaan ka'alajun tak ma' u chuk waxaklajun u ja'abilo'obi', tu'ux ka'a kalaanta'ak u najmal bey je'ex jets'a'anil le Noj A'almajt'aan tia'al tuláakal kajnaalo'obo', beeyxan tuláakal u najmal bey juntúul máak chíijil ku beetike'. Juntúul paal ma' u ts'aa ka'alajun u ja'abil ku kaxtik u si'ipile'e, chen yaan u yáanta'al ka'a jóok'ol tu ka'aten yóok'ol bej.

U meyajil le kúuchilo'ob je'ela' yaan u p'áatal tu k'ab mola'ayo'ob, tribunales wa jala'acho'ob páaybesa'ano'ob u tia'al u jets'o'ob bo'ol si'ipil tia'al paalalmáak. Yaan u tso'olol u xikin, u kalaanta'al yéetel u ts'a'akal, ka'alikil u kalaanta'al u najmal le paalalmáak yaan u si'ipilo'.

Wa yaan u láak' bix úuchak u bo'otik u si'ipil juntúul paale' unaj u k'a'abetkuunsa'al wa tumeen ku yila'al noj ba'al ikil kun áantaj. Ka'alikil u je'ets'el beyka'aj u si'ipil juntúul paale' yaan u ts'o'okbesa'al tuláakal u najmal, beeyxan u kalaanta'al ma' u yokbesikuba le jala'ach máax ku takpool ichil u meyaj máax jets'ik bix ken u bo'ot u si'ipilo'. Lela' unaj u p'isik ma'alob beyka'aj u si'ipil tia'al u jets'ik xan beyka'aj u bo'olil yéetel chen yaan u kaxantik u ka'a oksik paal jéets' kuxtal ich kaaj, beeyxan u ch'íijil yéetel uts yéetel u kaambal. Chen wa jach k'a'abete' ku k'a'alal juntúul paal yaan u si'ipil, ba'ale' k'a'abet u kaalanta'al ma' u jach xáantal k'ala'an yéetel chen le ts'o'ok kanlajun u ja'abil yéetel wa ma'atan u kanik múul kajtal ich kaaj.

Máako'ob wey sijnalo'ob tu noj lu'umil México, táan u bo'otik u si'ipilo'ob táanxel noj lu'umile', úuchak u béeytal u taasa'alo'ob u ts'ok bo'oto'ob wey je'ex jets'a'anil ichil le noj a'almajt'aano'obo', ba'ale' k'a'abet u kaalanta'al ka' u ch'a'a bej ti' u kuxtalo'ob. Ba'ale' le sijnalo'ob táanxel noj lu'umil ku bo'otik u si'ipilo'ob wey tu lu'umil Méxicoe', wa le u si'ipilo' ku táakpajal ichil le k'ajóola'an bey orden federalo' wa ti' fuero común, úuchak xan u béeytal u bisa'alo'ob tu kaajalo'ob, bey je'ex jets'a'anil ichil le mokt'aano'ob beeta'an yéetel táanxel kaajilo'ob u beetmajo'ob le mokt'aana'. Ba'ale' chen ku béeytal u bisa'al wa tumeen leti' u k'áati.

Le máaxo'ob ts'oka'an u je'ets'el u k'a'alao'ob je'ex u ya'ala'al ichil le a'almajt'aano'obo', úuchak u bisa'alo'ob k'albil te'ej kúuchilo'ob yaan naats' tu yotocho'obo', tia'al u kalaanta'al u ka'a ch'a'ak bej u bisik u kuxtal ichil jump'éel kaaj. Lela' ma'atan u béeytal u ts'o'okbesa'al wa le máax ku ta'akal u poolo' táaka'an ichil delincuencia organizada, ba'ale' beeyxan wa le máax taka'an u poolo' ka'abet u jach kaalanta'al ma'u púuts'ul.

Tia'al u majan k'a'alal máak wa tia'al u ts'o'okbesa'al le ba'ax ku jets'ik le a'almajt'aano' u tia'al máaxo'ob ku táakpajal ichil delincuencia organizadae' yaan u beeta'al u kúuchilo'ob jumpáayil. Le jala'acho'ob máax ti' k'ubeenta'an le meyaja', je'e u béeytal u tselik ti' juntúul máax taka'an u pool wa k'ala'an tu yóok'lal delincuencia organizada, u páajtalil u t'anik u láak'o'obe' ba'ale' ma'atan u béeytal u wet'ik u t'aan yéetel máax táakmuk'tik wa tokbesik, beeyxan je'e u béeytal u beetik u jach kaalanta'al ma'alob máak k'ala'an jumpáayil tu yóok'lal jump'éel noj si'ipil. Tuláakal le je'ela' yaan u beeta'al bey je'ex jets'a'anil ichil le a'almajt'aano'obo'.

Artículo 19. Ma'atan u béeytal u máan ti' setenta y dos horas macha'an máak tumeen autoridad judicial, wa ma' u je'ets'el ichil u láak ba'alo'ob: ba'axten taka'an u pool, tu'ux ku p'atbil, beyka'aj ken u beeti' yéetel bix ken u bo'otil u si'ipil; beeyxan u ya'ala'al ti' yaan u chíikul ba'axten ku ta'akal u pool, yéetel bix u yojéelta'al jach jaaj táaka'an ichil.

Ministerio públicoe' chen úuchak u béeytal u k'áatik ti' juez ka'a u majan k'al máax taka'an u pool wa tumeen ku yilik bey yaan bix u puts'lik máax ku tukulta'al táaka'an ichil jump'éel loobil u bo'otik u si'ipile', wa ts'o'ok ojéelta'al bix úuchik, wa u kalaanta'al máax táakpaja'an ichil, kaaj, beeyxan tun wa le máak taka'an u poolo' ts'o'ok u yáax táakpajal ichil jump'éel si'ipil doloso. Jueze yaan u beetik u séeb k'a'ala'al juntúul máak wa táaka'an ichil delincuencia organizada, homicidio doloso, violación, secuestro, beeyxan ti' jumpéel si'ipilil tu'ux ku táakpajal armas wa explosivos, beeytun xan ti' si'ipilil tu'ux ku líik'il máak u beet k'aas ti' u noj lu'umil México, u ch'íijsikuba máak yéetel uts wa u tojóolal máak.

A'almajt'aan unaj u jets'ik ba'ax óo'lal jueze' úuchak u béeytal beetik u k'a'alal juntúul máak táakpaja'an ichil jump'éel si'ipilil.

Chen ja'alil máax táakpaja'an ichil jump'éel si'ipilile', úuchak u béeytal u k'áatik ka'a ya'abkuunsa'ak u k'iinil u xak'alta'al, je'e bix jets'a'anil ichil le a'almajt'aano'obo'. U xáantal macha'an juntúul máak kex ma' unaje'e ku taasik si'ipil xan ti' máax beetik, k'a'abet u bo'otik je'ex jets'a'anil ichil le a'almajt'aano'. Wa la jala'ach máax machmajil le máak ku ya'ala'al táakpaja'an ichil jump'éel si'ipilil ma'atan u k'amik jump'éel u yoochel le ju'un tu'ux ku ya'ala'al le máax macha'ano' jach tu jaajil táakpaja'an ichil le ba'ax ku xak'alta'alo', yéetel le beetik ku je'ets'el u k'a'ala'al tu yóok'lal lelo', wa u ju'unil tu'ux ku k'áata'al ka'a chowakkuuns'ak u k'iinil u xaka'alta'ale', unaj u ya'alik ti' le juezo' yaan chen óoxp'éel hora ti' tia'al u k'ubik tumeen wa ma'e' letie' e yaan u cha'ak le máako'. Tuláakal xaak'ale' yaan u beeta'al chen tumeen ts'o'ok u jéets'el le máax ku ta'akal u poole' táakpaja'an ichil le takpoolo'. Wa ichil le xaak'al ku chíikpajal u láak' si'ipilil tu'ux ku táakpajal le máak taka'an u poolo', lela' unaj u xak'alta'al jumpáayil, ba'ale' tu ts'óoke' úuchak u ya'abtal u bo'ol si'ipil wa ku jéets'el ma' chen ti' jump'éeli'.

Wa ku ts'o'okol u je'ets'el yéetel u beeta'al u ju'unil beyka'aj bo'ol si'ipil yaan u beet le máak taka'an u pool, ku púuts'ul wa ku bisa'al táanxel noj lu'umil u bo'ot u si'ipil tu táan u láak' jala'acho', yéetel lelo' ku p'áatal mina'an u kuch tu táan jala'acho'ob.

Tuláakal loob kun beetbil ti' máak ka'alikil u ma'achal, u k'a'alal, wa tuláakal nuumsajil kun beetbil ti' ma' je'ex u ya'alik le a'almajt'aano', wa ku k'áata'al taak'in ti', wa ma'atan u ts'o'okbesa'al u najmal wíinike', a'almajt'aan jets'majil bix unaj u yutskiinsa'al yéetel u beeta'al u bo'otik u si'ipil máax beetik.

Artículo 20. K'a'abet taka'an u pool máak ka'a káajak u xak'alta'al wa jaaj yéetel tsikbatbil kun beetbil. Unaj u béeytal u yojéelta'al tumeen je'e máax bix u beeta'ale', u béeytal u núukik wíinik le takpool ku beeta'al tu yóok'olo', beeyxan u paajtalil u yutskiinsa'al ba'ax ucha'an, ma' u xóot'ol u xaak'alil yéetel u kaalanta'al u ts'o'okol séeba'an.

A. De los principios generales:

I. Ba'ax ku kaxtik jumpéel takpoole' u sáasilkuusa'al bix úuchik le ba'ax beetik u yúuchul le takpoolo', u kalaanta'al máak mixba'al yaan u yili', u beeta'al u bo'otik u si'ipil máax beetik yéetel u yutskiinsa'al le ba'ax k'aasil beeta'abo'.

II. Tuláakal u meyajil le xaak'alo' yaan u beeta'al tu táan juntúul juez, leti'e ma'atan u béeytal u p'atik tu k'ab yaanal máak u xak'altik yéetel u jets'ik bix úuchik, yéetel k'a'abet u beeta'al bey je'ex unaje'.

III. Tia'al u je'ets'el beyka'aj bo'ol si'ipil ken u beet juntúul máake' chen kun k'a'abetkuunsbil tuláakal le ba'axo'ob xak'alta'ab ichil le peektsilo'. A'almajt'aano'ob kun jets'ik bix kun k'ambil ma'alobil ba'alo'ob kun meyaj tia'al u ye'esa'al wa jaaj wa ma' jaaj yaan u si'ipil máax ku ta'akal u pooli', ba'ale' yaax yaan u xaka'alta'al ma'alob;

IV. U je'ets'el beyka'aj si'ipil yaane' le juicio yaan u beeta'al tu táan juntúul juez ma' u yáax k'ajóolt le takpoolila'a. tuláakal ba'ax yaan u ya'al wa u ye'es máak tia'al u ye'esik loobilta'an wa u ye'esik máak ma' leti' beet ba'ax óo'lal ku ta'akal u poole'e, yan u beeta'al tu táan kaaj, u béeytal u núukik máak le takpoolilo' yéetel chen chi't'aantbil.

V. Tuláakal ba'ax kun a'albil tia'al u ye'esa'al yaan u si'ipil juntúul máake' yaan u k'u'ubul tumeen máaxo'ob ku takpool, bey je'ex u ya'alik a'almajt'aan penalese'. Yaan u yu'uba'al u t'aan tuláakal máax táaka'an ichil le péeksilo', bey le ku takpoolo' bey le taka'an u poole'.

VI. Mix juntúul juez unaj u beetik mix jump'éel tsikbal yéetel mix junjaats ti' le máaxo'ob táakpaja'an ichil jump'éel takpool wa mina'an u láak' junjaats u yu'ub ba'ax ku tsikbatiko', tia'al u ts'o'okbesa'al u páajtalil u núukik je'e máakalmáak ichjilo'ob ba'ax ku ya'ala'ale'e, chen ja'alil ti' le súutuko'ob je'ex jets'a'anil tumeen le noj a'alamajt'aana'.

VII. Le ken káajak u xaka'alta'al le si'ipililo', ka'alikil ma'atan u k'áatnúukta'al tumeen mix junjaats ti' le máaxo'ob táakpaja'ano', je'e u béeytal u séeb ts'o'okol je'e bix jets'a'anil tumeen le a'almajt'aano'obo'. Wa le máak ku ta'aka'al u pool kex u yojel ba'ax u kuch u si'ipilil, ku éejentik tu t'aan yóo'lal jaaj tu beetaj wa táakpaj ichil le si'ipilil ku ts'a'abal u kucho', yéetel yaan nonoj ba'ax e'esik jaaj tia'al u je'ets'el yaan u si'ipilo', le juezo' yaan u payalt'antik ka u much'uba máaxo'ob táaka'an ichil tia'al u ts'áak k'ajóoltbil beyka'aj si'ipil ken u boot máax beete. A'almajt'aan jets'ik ba'axo'ob najmalil kun chíimpoltbil ti' le máax kun k'albilo'.

VIII. Jueze' chen ken u jets' u k'a'alal juntúul máak le ken jach chíikpajak jaaj yaan u si'ipil.

IX. Je'e ba'alak ba'alil ka'a beeta'ak tu'ux ku nuumsa'al u najmal máake', chen yéetel lelo' yaan u jel beeta'al le meyajo'.

X. Tuláakal ba'ax jets'a'an ichil je junxóot' a'almajt'aana', yaan u kaalanta'al u ts'o'okbesa'al xan ichil tuláakal u xaak'alil le takpoolo.

B. U najmal tuláakal máak taka'an u pool.

I. U ch'a'abal bey juntúul máak mixba'al u beetmaj wa ma' je'ets'ek tumeen juntúul juez jach jaaj yaan u si'ipile';

II. Yaan u páajtalil u káantik u t'aan wa u makik u chi'. Chen p'el u ma'achal juntúul máake' yaan u ts'a'abal u yojéelt ba'ax yóok'lal ku ma'achal yéetel xan u páajtalil u makik u chi', lela' ma'atan u béeytal u ch'a'abal tia'al u ta'akal u pool. Wet'a'an yéetel yaan u beeta'al u bo'otik u si'ipil máak ma'atan u cha'ak u t'anik u láak' máak, u sajbesik wa u loobiltik. U káantik u t'aan máak wa mina'an máax tokbesike' mina'an u beelal wa ma'atan u béeytal u ch'a'abal bey ba'a jaaj tia'al le takpoolo'.

III. U k'a'abetil u ts'a'abal u yojéelt chen p'el u ma'achal yéetel xan je'e jayten ka'a xak'alta'ak u beelal tumeen Ministerio Publico wa tumeen jueze, ba'axten ku ta'akal u pool yéetel ba'ax u najmal ka'alikil u jéets'el bix kun p'áatal. Wa táaka'an ichil delincuencia organizadae', le aurotidad judicialo' je'e u béeytal u k'aatik ma' u ts'a'abal ojéeltbil u k'aaba' yéetel tu'ux kaja'an máax takik u poole'.

A'almajt'aane' yaan u jets'ik ba'ax áantajil ken u k'am máax taka'an u pool, táan u xak'alta'al bix u yanil wa le máax ts'o'ok u ka'a'alal, ba'ale' ku yáantaj tia'al u xak'alta'al wa ba'ax tu yóok'lal delincuencia organizadao'.

IV. Yaan u k'a'amal ti' je'e máaxak ka u ya'al úuchak u ya'alik u jaajil tu yóok'lale' wa je'e ba'alak chíikulil tu'ux ku ye'esik tu jaajil ba'ax ku ya'alike', yéetel yaan u ts'a'abal le jayp'éel k'iin ku tukulta'al k'a'abete' yéetel yaan u yáanta'al tia'al ka'a taasa'ak máax ku káatik tia'al u káant u t'aan tu yóok'lal, bey je'ex jets'a'anil ich a'almajt'aane'.

V. Yaan je'ets'el wa yaan wa mina'an u si'ipil tu táan kaaj tumeen juntúul juez wa tribunal. U ts'a'abal ojéeltbil u xak'alta'al wa yaan wa mina'an u si'ipil máake' chen úuchak u we'et'el bey je'ex jets'a'anil tumeen a'almajt'aano'obe', wa tumeen u yoksik ichil sajbe'entsilil u noj lu'umil México, u nojbe'enil kaaj, u kalaanta'al máax ku loobilta'al, máax il bix úuchik wa mejen paalal táakpaja'an ichil, beeyxan wa ku ts'áak k'ajóoltbil ba'alo'ob ma' unaj u yojéelta'ali'. Beeytun xan wa le tribunal ku tukultik yaan ba'ax óo'lal ma' unaj u yojéelta'ali'.

Tu yóok'lal delincuencia organizadae' le ba'axo'ob kun ojéeltbil ka'alikil u xak'alta'al bix úuchiko' yaan u k'a'abetkuunsa'al tia'al u je'ets'el wa yaan wa mina'an si'ipilil, wa tumeen ma'atan u béeytal u ka'a beeta'al tu táan juez wa tumeen úuchak u yoksik ichil talamil máaxo'ob u yojel bix úuchik wa máax loobilta'an. Lela' ma' xan unaj u beetik ma' u páajtal u kúulpacht'anta'al tumeen le máax taka'an u poolo' wa u ye'esik ma' bey úuchiki';

VI. Yaan u ts'a'abal ti' tuláakal datos kun k'áatik tia'al u tokbesikubáa wa ti' táaka'an ichil le xaak'alo'.

Le máax taka'an u pool yéetel le máax tokbesiko' yaan u páajtalil u xak'altiko'ob tuláakal ba'ax ts'íibta'an tu yóok'lal wa tumeen ts'o'ok u k'a'alal yéetel xan wa yaan u káantik u t'aan wa u k'aata'al u chi'. Beeyxan ku béeytal u xak'altik ba'ax ts'íibta'an tu yóok'lal u ta'akal u pool le ma'ayli' yáax máanak tu táan juezo', tia'al u béeytal u tokbesa'al tu beel. Tak ti' le súutukila' ma'atan u páajtal u ta'aka'al mixba'al ti' le xaaka'lo'ob ku beeta'al tu yóok'klal le takpoolo', chen ja'alil le beyili' jets'a'anilo'ob ichil a'almajt'aano'ob tia'al ma' u yantal mixba'al jobik le xaak'alo', beeyxan wa ma'atan u k'atik u beel tokbesaj.

VII. Yaan u je'ets'el wa yaan wa mina'an u si'ipil tak ichil kamp'éel winal wa tumeen u bo'olile' ma'atan u máan ti' ka'ap'éel ja'ab, wa tak ichil jump'éel ja'ab wa u bo'olil ku máan ti' ka'ap'éel ja'ab.

VIII. U najmalmaj u táanalta'al tumeen juntúul Aj Tokbesaj, leti' unaj u yéeyik chen p'el u ma'achal. Wa kex ku k'áata'al ti' ka' u kaxant máax tokbesik ma' u k'áat wa ma'atan u páajtal u kaxtike', juez kun ts'áak juntúul tia'al táanaltiki'. Le máax kun táanaltiko' yaan u táakpajal je'e jaytéen ka'a k'áata'akti' ichil le xaak'alo'.

IX. Ma'atan u béeytal u xáantal k'ala'an chen tumeen ma'atan u béeytal u bo'otik máax tokbesik, wa tu yóok'lal u láak' ba'al yaan u yila'a yéetel taak'in, u láak' wa ba'ax oli' beya'.

Ma'atan u béeytal u máan ti' ka'ap'éel ja'ab, je'ex jets'a'anil tumeen a'almajt'aano'ob tia'al máak yaan u si'ipil, majan k'ala'an juntúul máake', chen ja'alil wa tumeen u táanalta'al ka'a beetik u xáantale'. Chen p'el u ts'áak ka'ap'éel ja'abe', kex wa ma' je'ets'ek wa yaan wa mina'an u si'ipile'e, yaan u jáalk'a'ata'al jumpakili', ka'alikil u ts'o'oksa'al u xaak'alil, ku ts'o'okole' ma'atan u béeytal u ka'a' k'a'alal wa ma' jéets'ek yaan u siipili'.

C. U najmal máax loobilta'an wa nuumsa'an.

I. Yaan u k'amik u no'oja'an nu'uktaj tia'al ma' u ts'ok loobilta'al: u ts'a'abal u yojéelt tuláakal ba'ax áantajil unaj u ts'a'abal ti' bey je'ex u jets'majil noj a'almajt'aano', beeyxan u ts'a'abal u yojéelt bix u bin u xaak'alil u takpool je'e jaytéen bíin u k'aate'.

II. U yáantik Ministerio Público u tia'al ka'a béeyak u k'a'amal ti' tuláakal ba'ax yaan u ya'al wa u k'ub, úuchak u yáantaj tia'al u sáasilkuunsa'al le ba'ax ucha'ano', tia'al ka'a beeta'ak tuláakal le xaak'al k'a'abeto', tia'al ka'a táakpajak ichil le xaak'alo', beeyxan u k'áatnúuktik bey je'ex jets'a'anil tumeen le a'almajt'aano'obo'.

Wa le Ministerio Público ku ya'alik ma' k'a'abet u táakpajal máak ichil le xaak'alo'o, k'a'abet u ya'alik ba'axten ma', ma'atan u béeytal chen ka' u ya'al ma' k'a'abeti'.

III. Ken ya'al u káajal u xak'a'alta'al ba'ax ucha'ane', tu séeblakil k'a'abet u k'amik u yáantaj juntúul ts'akyaj yéetel juntúul psicólogo;

IV. Ka'a su'utuk u jeel ba'ax k'askuunsa'ab ti'. Tu'ux bey k'a'abete', Ministerio Públicoe' yaan u k'aatik ka'a su'utk u jeel ba'ax k'askuunsa'ab ti', ba'ale' le xan máax loobita'ano' je'e u béeytal u k'áatike', le xan le máax beetik justiciao' ma'atan u béeytal u tselik le kuch tu yóok'ol máax ts'o'ok u je'ets'el yaan u si'ipilo'.

A'almajt'aane' yaan u jets'ik bix kun beetbil tia'al u séeb su'utul u jeel le ba'ax k'askuunsa'ano';

V. Najmal ma' u ts'a'abal ojéeltbil máaxi' mix u tu'ux kaja'an wa tumeen: láayli' paale'; wa tumeen méen óolal beeta'ab ti', okolbil beta'abi, wa delincuencia organizada beet ti'; beeyxan wa tumeen le máax beetik justicia ku tukultik bey k'a'abet tia'al u kalaanta'al u toojóolalo', ka'alikil u kaalantik mantats' u ts'o'okbesa'al u najmal bey wíinike'.

Ministerio Públicoe' unaj u kalaantik tuláakal máax loobilta'an, nuumsa'an, le máax il bix úuchiko' yéetel tuláakal máak yaan ba'al u yil yéetel ba'ax ucha'an. Jueces k'a'abet u kaalantik ka'a ts'o'okbesa'ak le najmalila'.

VI. U béeytal u k'áatik tu táan autoridad judicial ka' jel xak'alta'ak ba'ax ma'aj táakbesa'ab ichil u xaak'alil ba'ax úuchi', beeyxan ba'axo'ob ma' jach unaj u ts'a'abal ojéeltbili' beeyxan ba'alo'ob sijnal máak yéetal u páajtalil, ma' tu ch'a'achi'itaji', wa tumeen ma' tu yóotaj u ka'abetkuuns tu súutukili' wa u k'aatik ka'a jel xak'alta'ak wa tumeen ma' ki'imak yóol yéetel bix su'utik le ba'ax k'askuunsa'ab ti'o'.

Artículo 21. Ministerio Público yéetel policías kun xak'altik loobil ku beeta'al máaxo'ob kun jo'olbesbil tumeen máax yaan tu táan le kúuchil meyaja'.

Chen ja'alil Ministerio Público unaj u beetik u k'a'alal juntúul máak tumeen tribunalese'. A'almajt'aan kun jets'ik chen ba'ax yéetel bix úuchak u béeytal le je'el tumeen chen máaka'.

U je'ets'el beyka'aj u si'ipil juntúul máak yaane', u k'e'exel beyka'aj kun xáantal chen ja'alil autoridad judicial unaj u beetike'.

Autoridad administrativa unaj u beetik u bo'ol máak tu yóok'lal ba'alo'ob ma' unaj u beetiki' tu táan jala'ach wa policíai', ba'ale' lelo'oba' chen ka'abet u bo'ota'al multa, u k'a'alal máak tak ichil jump'éel k'iin chúumuk wa u beetik máak jump'éel meyaj tu kaajal; ba'ale' wa le máax beetik jump'éel ba'a ma' unaj ma' tu bo'otik le multao', ku k'a'alal tu yóok'lal tak ichil jump'éel k'iin chúumuk.

Wa le máax beetik ba'a ma' unaj tu táan jala'ach wa policía chen juntúul kolnáal wa meyajk'aboo', ma'atan u béeytal u bo'otik multa máanja'an ti' le ku náajaltik jump'éel k'iino'.

Wa juntúul máak ma'atech u náajal beetik ba'a ma' unaj tu táan jala'ach wa policiae', ma'atan u béeytal u beeta'al u bo'otik máanja'an ti le ku náajaltik juntúul máak jump'éel k'iine'.

Ministerio Públicoe' yaan u yéeyik ba'ax súutukil ma'alob tia'al u ma'achal juntúul máak, bey je'ex jets'a'anil tumeen le a'almajt'ano'obo'.

U noj jala'achil Méxicoe' úuchak, wa tumeen bey ku je'ets'el tumeen senadoe', u k'a'abetkuunsa'al ba'ax jets'a'an tumeen Corte Penal Internacional.

U kalaanta'al u jéets' kuxtal kaaje' jump'éel u meyaj u noj jala'achilo'ob u noj lu'umil México, u péepetlu'umil yéetel u méek'tankaajilo'ob, ku kaajal yéetel u kalaanta'al ma' u yantal loobil; u xak'alta'al yéetel u ma'achal máax beetik, yéetel xan u beeta'al u bo'otik máak wa bajux tu yóok'lal u siipile', yaan u ts'o'okbesa'al bey je'ex jets'a'anil ichil le a'almajt'aano'obo', yéetel le tu'ux unaj u táakpajale'. Le bix kun meyaj u mola'ayilo'ob u kalaanta'al u kuxtal kaaje', yaan beeta'al yéetel legalidad, objetividad, eficiencia, profesionalismo, jets'óolal yéetel chíimpolal yéetel u najmal tuláakal wíinik chíimpolta'an ichil le a'almejt'aana'.

U mola'ayilo'ob u kaalaanta'al u kuxtal kaaj ich jets'óolale' yaan u meyaj bey chen kaaje', disciplinado yéetel profesional. Ministerio Público u mola'ayilo'ob policiales ti u yóoxjaatsil u meyaj jala'ache' unaj u múul meyajo'ob tia'al u ts'o'okbesik u beelalo'ob, u kaalantik u kuxtal kaaj ich jets' óolal, tuláakalo'obe' leti'ob kun beetik u mola'ayil Sistema Nacional de Seguridad Pública, ba'ax kun meyaj beya':

a) Yaan u kaalantiko'ob u yéeya'al, u yoko meyaj, u ka'ansa'al, u p'áatal, u yila'al wa ma'alob u meyaj, u chíimpolta'al yéetel táanalta'al tuláakal máak kun oko meyaj ichil u mola'ayil segurida pública. U meyajil yéetel u táakmuk'ta'al ba'ax ku beetike' yaan u táanalta'al tumeen u noj jala'achil México, Distrito Federal, u petenlu'umilo'ob yéetel u méek'tankaajilo'ob tak le tu'ux unaj u náakal u meyajo'obe'.

b) Tia'al u molts'íibta'al tuláakal bix u je'ets'el wa yaan wa mina'an u si'ipil máak yéetel tuláakal máak ku meyaj ichil le mola'ayilo'. Mixmáak unaj u yok'ol ichil u najil wa ma' u yáax xak'alta'al yéetel u yojéelta'al máaxi'.

c) U beetik u ts'óolts'íibil bix unaj u kaalanta'al mixmáak ka' u loobilt mixmáak.

d) Yaan u je'ets'el u táakpajal kaaj, tia'al u xak'alta'al wa ma'alob u bin u kalaanta'al ma' u yantal loobil, beeyxan bix u bin u meyaj u mola'ayilo'ob Seguridad Pública.

e) Tuláakal taak'in k'a'abet u meyaj tia'al seguridad públicae', yaan u ts'a'abal ti' u jala'chilo'ob u péepetlu'umil yéetel u méek'tankaajilo'ob México, tia'al meyaj jach chen tia'al u kaalanta'al u kuxtal kaaj ich jets'óolal.

Artículo 22. Wet'a'an u kiinsa'al máak, u xo'ot'ol u wíinklal, u po'och'ol, u ts'altóoka'al u wíinklal, u ja'ats'al, u k'o'olol, u loobilta'al tia'al ka' u beet wa ba'ax, u beta'al u bo'otik ya'abach taak'in chen tu yóok'lal wa ba'ax si'ipilil, u to'okol u ba'alubáa wa je'e máakalmáak u láak' wa je'e ba'alak u láak' ka' u loobilt u kuxtal ich jets'óolale'. Tuláakal bo'ol si'ipilile' ma' unaj u máan ti' le beyka'aj u tojol le loob beeta'ano'o'.

Ma'atan u na'ata'al bey táan u ch'a'abal u nu'ukul juntúul máak, wa tumeen ku ch'a'abal tu jeel u bo'otik multa wa patan, mix wa jets'bil u beeta'al tumeen juntúul jala'ach tia'al u bo'otik máak jump'éel loobil u beetmaj. Ma' xan unaj u na'ata'al bey chen táan u ch'a'abal u ba'alubáa máak wa tumeen ku je'ets'el tumeen juntúul autoridad judicial tumeen ts'o'ok u sáasilkuunsa'al le ba'ax yaan ti' juntúul máako' ma' náajaltbil tu beetaj, bey je'ex jets'a'anil ich artículo 109, mix u ch'a'abal tia'al u yáantikuba jala'ach tia'al u meyaj wa tumeen chen p'ata'an, beeytun xan wa ku je'ets'el jump'eél ba'a mina'an u yuumil. Tia'al ba'al ku luk'sa'al ti' máak tumeen yaan u si'ipile', bey kun meyajtbila':

I. Chen kun béeytal u luk's'a'al tumeen le jala'ach yaan tu méek'táankaajal máak yaan u si'ipilo';

II. Lela' yaan u ts'o'okbesa'al tu yóok'lal si'ipilo'ob bey delincuencia organizada, u loobilta'al u tojóolal kaaj yéetel u ma'achal máak ta'akbil, u yokolta'al jump'éel kisbuuts' yéetel u beeta'al u konik u wíinklal ko'olel, beya':

a) Ba'alo'ob ku meyaj tia'al u beeta'al jump'éel loobil wa ku taal ti' ookolile', lela' kex wa ma' je'ets'ek wa yaan wa mina'an si'ipilili', ba'ale' yaan ba'alo'ob beetik u yojéelta'al jaaj yanchaja'an.

b) Ba'alo'ob kex wa ma' k'a'abetchaj tia'al u beeta'al loobile', ba'ale' meyajnaj tia'al u ta'aka'al wa u sa'atsa'al ba'ax wa bix úuchik le loobilo', yéetel xan chika'an jaaj táakpaj ichil.

c) Ba'alo'ob táan u meyaj ti' yaanaj máak tia'al u beeta'al jump'éel loobile', ba'ale' u yuumile' ma' tu ts'áaj ojéetbil tumeen jala'achi' wa tu ta'akaj tia'al ma' u yojéelta'al.

d) Ba'alo'ob kex ma' ojéelta'an máax u yuumile', ba'ale' ku k'a'anbetkuunsa'al tumeen wa máax tia'al u beetik jump'éel loolbil, wa tia'al meyajti' ich delincuencia organizada, ku ts'o'okole' le máak taka'an u poolo' ku máansik bey u tia'ale'.

III. Tuláakal máak ku tukultik ma' no'oja'an ba'ax ku beeta'ale', je'e u béeytal u k'áatik ka'a ts'a'abak u páajtalil u ye'esik ma' yéetel k'aas tu tia'alintaj ba'ax yanti'i beeyxan u ye'esik mix juntéen tu ts'áajuba u beeet k'aas, yéetel ma' u yojel wa ma' unaj u k'a'aabeetkuunsik bey je'ex úuchiko'o.

Artículo 23. Mix jump'éel juicio criminal unaj u meyajta'al tumeen óoxp'éel mola'ayil. Mixmáak unaj u juzgarta'a ka'atéen tu yóok'lal jump'éel si'ipil, kex wa ka'a je'ets'ek wa yaan wa mina'an u si'ipil. Wet'a'an ti' le máax beetik justicia u sa'atsik u si'ipíl máako'.

Artículo 24. Tuláakal máake' je'e u béeytal u kili'ichkuunsik je'e máakalmáak yumtsilil u k'áat wa uts tu t'aane' yéetel u beetik tiichilo'ob, payalchi'ob yéetel u much'ikubáa, lela' wa ma' wet'a'an tumeen a'almajt'aano'obo'.

Congresoe' ma'atan u béeytal u jets'ik a'almajt'aano'ob tu'ux ku we'et'el u kili'ichkuunsik máak je'e ba'alak yumtsilile'.

Tuláakal kili'ichkunaje' yaan u beeta'al ichil k'ujnajo'ob. Le ken beetbilo'ob táankabe' k'a'abet u beeta'al bey je'ex jets'a'anil tumeen a'almajt'aano'obe'.

Artículo 25. U jala'achilo'ob México kun jo'olbesik u ts'o'okbesa'al u no'oja'an mu'uk'a'antal u kuxtal, ka'a u mu'uk'a'ankuusn xan u kaajil México, beeyxan u páajtalil u yéeyik ich x-ma'a palitsilil yéetel ichil u no'oja'an kuxtal kaaj, kex bixak u jejelasil u kuxtalo'ob, tumeen bey jets'a'anil ichil le noj a'almajt'aana'.

Noj ja'alachilo'ob kun jets'ik, jo'olbesik, nu'uktik yéetel bisik yóok'ol bej u meyajil u ayik'alil México yéetel yaan xan u kaalantik ka'a ts'o'ok besa'ak bey je'ex unaje' u táakmuk'ta'al tuláakal meyaj ku k'a'abetkuunsa'al tumeen u ya'abil kaaj.

Artículo 26. A. Noj jala'acho'ob unaj jets'ik jump'éel mola'ayil meyaj tu'ux unaj u táakpajal tuláakal máak tia'al u jo'olbes u meyajil u mu'uk'a'ankuuns'al u noj kaajil México, ka' u táakmuk't ma'alob, péeka'an, mantats' yéetel ka' u beet u keet kuxtal tuláakal kajnáalo'ob, tia'al ma' u ch'uytal u kuxtal México ti' mix u láak' táanxel kaajil yéetel tia'al u mu'uk'a'antal u jo'olbesik u kuxtal, u múul kuxtal u kajnáalilo'ob yéetel u ch'íikul u miatsil k-noj lu'umil.

U noj tuukulil u no'oja'antal u kuxtal u kajnáalilo'ob México jets'a'an te'ej a'almajt'aana' leti' xan kun jets'ik bix kun jo'olbestbil u meyajil u mu'uk'a'ankuuns'al. Yaan u táakbes'a'al tuláakal u jejelás múuch' kajnáalilo'ob México tia'al u ya'aliko'ob bix ku ts'íiboltik yéetel ba'ax u k'áato'ob ka'a táakbesa'ak ichil u noj meyajil u mu'uk'a'ankuusa'al u noj kaajil México. Yaan u yantal jump'éel u noj tsóol ts'íibil bix kun mu'uk'a'ankuunsbil u kuxtal u kajnáalilo'ob México, ti' ken un ch'a'a u tuukulil u meyaj tuláakal u mola'ayil u meyaj jala'acho'obi'.

A'almajt'aan kun ts'áak u páajtalil ti' u noj jala'achil México tia'al ka' u jets' bix kun u k'áat u chi' kaaj tia'al ka'a táakpajak ichil u meyajil u je'ets'el ichil tuláakal kajnáalo'ob bix kun mu'uk'a'ankuunsbil u kuxtal kajnáalo'ob, bix kun beetbil, ba'ax yéetel nu'ukulilo'ob kun k'áatbil u chi' kaaj, bix kun kaalantbil u beeta'al uts, bix kun ilbil wa p'isbil wa táan u ts'o'okbesa'al bey je'ex unaje'. Yaan xan u jets'ik u molayil tia'al meyajtik yéetel tuláakal mokt'aano'ob yéetel u jala'achilo'ob u petenlu'umilo'ob beeyxan yéetel tuláakal kajnáalo'ob tia'al u je'ets'el bixi' beeyxan u ts'o'okbesa'al.

Ichil u meyajil u je'ets'el bix kun táakmuktbil u mu'uk'a'antal u kuxtal tuláakal u kajnáalilo'ob Méxicoe' u Noj Mola'ayil tu'ux ku pa'ajo'olta'al bix kun meyaj jala'cho'obe' (Congreso) chen kun béeytal u táakpajal bey je'ex jets'a'anil ichil le a'almajt'aana'.

Noj jala'acho'obe' yaan u yáantikuba'ob yéetel tuáakal ba'ax k'a'abet tia'al u yojéelta'al bix u yanil yéetel tu'ux yano'ob u kajnáalilo'ob México, tuláakal le ba'alo'oba' chen leti'ob kun ch'a'abil ma'alobil tia'al u jo'olbesik u meyaj jala'ach. U noj jala'achil México, u petenlu'umilo'ob, Distrito Federal yéetel u méektánkaajilo'obe' jach tsaaj yaan u k'a'abetkuunsiko'ob tuláakal le ba'alo'ob je'ela', bey je'ex jets'a'anil ichil le a'almajt'aano'oba'.

Yaan u beeta'al jump'éel mola'ay kun meyaj jumpáay ti' jala'acho'ob, yéetel u taak'in, yaan u páajtalil u meyaj yéetel u ts'o'okbesik u beelal tu juunal, yéetel xan ts'a'an u paajtalil ti' u jo'olbesik yéetel kaalantik u ts'o'okbesa'al, beeyxan u molik, u tsóolna'atik yéetel u ts'áak k'ajóoltbil tumeen kaaj tuláakal bix u bin le meyajo'.

Yaan u yantal jo'otúul máako'ob tia'al u beet u jala'achilo'ob ti' le mola'aya', juntúul ti' leti'obe' yaan u beetik u jo'olpo'opil ti' leti'ob yéetel xan ti' le mola'aya'; u noj jala'achil México kun a'alik máaxo'ob u k'aat ka' u beet jala'achilo'ob le mola'aya', ba'ale' Cámara de Senadores unaj u éejentiko'ob wa ma'e' Comisión Permanente ti' Congreso de la Unión.

A'almajt'aan kun jests'ik bix ken u much'ilubáa yéetel bix kun meyaj u noj mola'ayil Sistema Nacional de Información, Estadística y Geografía, yéetel bey je'ex jets'a'anil u najmalil u ts'a'abal u yojéelt kaaj tuláakal ba'ax ku beetike', ich sáask'ale'enil, bey je'ex unaje'; ba'axo'ob unaj u beetik máaxo'ob jo'olbesik, beyka'aj kun xáantal tu kúuchil yéetel bix kun bin u na'akalo'ob tia'al u jo'olbesiko'ob.

Le máaxo'ob táakpaja'an tia'al jo'olbesik le mola'aya' chen yaan u béeytal u luk'sa'alo'obe' wa tumeen ku beetiko'ob jump'éel ba'a jach nojoch u si'ipilil, ku ts'o'okole' ma'atan u béeytal u ka'a oksa'al meyaj, wa u yéeya'al u beet u jala'achil wa u k'ubeenta'al u beet wa ba'ax meyajil, chen ja'alil wa mina'an u bo'olil le meyaj kun ts'aabil u beet tu najil xook, tu kúuchil u beeta'al xak'alna'at, miatsilil wa tu najil tu'ux ku yáanta'al máak k'a'abéet, yéetel yaan u ts'o'okbesa'al je'e bix jets'a'anil ich artículo 4to. Ti le a'almajt'aana'.

Artículo 27. Tuláakal lu'umo'ob yéetel ja' yaan ichil u k-noj lu'umile', yáaxe' u tia'al México, chen leti' yaan páajtalil u máansik tu k'ab je'emáaxak kajnáalile', máax ku p'áatal bey u yuumile'.

Chen ku béeytal u luk'sa'al ti' wa máax wa tumeen yaan u yáantaj tia'al u kuxtal kaaj yéetel táanil k'a'abet u bo'ota'al.

Noj jala'ach, ichil u kalantik ba'ax k'a'abet ti' tuláakal u kajnáalilo'ob Méxicoe' yaan u paajtalil ti' u jets'ik bix ken u tia'alint máak wa ba'ax, beeyxan u nu'uktik tia'al ka'a áantajnak tia'al u mu'uk'a'ankuunsa'al tuláakal kaaj bix kun k'a'abetkuunsbil tuláakal ba'ax yaan yóok'ol kaab, tia'al u kaalantik ma' u ayik'altal chen wa jaytúul máak yéetel, tia'al ma' u ch'éejel, u pa'te' ayik'alta'al k noj lu'umil yéetel u ma'alobtal u kuxtal u kajnáalilo'ob mejen kaaj yéetel nukuch kaaj. Tia'al u béeytale' yaan u je'ets'el a'almajt'aano'ob tia'al tuláakal kaajo'ob yéetel u je'ets'el u yantal nonoj lu'um tia'al u meyaj maak, ba'ax u beelal, u páaykunsa'al le k'a'abet u kalanta'alo' yéetel ba'ax u beelal ku kaalanta'al lu'umo'ob, ja', k'aaxo'ob, u tia'al ka'a béeyak u beeta'al tuláakal meyaj k'a'abéet, yéetel u nu'ukta'al u beeta'al, u meyajta'al yéetel bix kun nojochtal túumben kaajo'ob; tia'al u kalaanta'al k'áaxo'ob yóok'ol kaab, tia'al u t'o'oxol nukuch káax; tia'al u páaykunsa'al, bey je'ex jets'a'anil tumeen u a'almajt'aanile', lu'umo'ob tia'al u múul meyaj kaaj; tia'al u yantal mejen xóoxot' lu'umo'ob yaan u yuumil ti' mejen kaajo'ob; tia'al u ya'abtal máak meyajtik lu'um, wakax, u pa'ak'al nikte'ob wa u láak' je'e ba'alak náajal meyajil ti' mejen kaajo'obe', yéetel tia'al u kaalanta'al ma' u ch'éejel ba'alo'ob yóok'ol kaab wa u loobita'al lu'umo'ob yaan u yuumil tia'al u beeta'al k'aas ti' kaaj.

Ti tuláakal u kajnáalilo'ob México yaan u páajtalil yóok'ol tuláakal ba'ax yaan tu jáalik wa yáanal u k'áak'náabil, tuláakal ba'ax tu petenilo'ob; tuláakal mineralo'ob wa je'e ba'alak ku taal ti' vetas, mantos, masas wa yacimientos tu'ux ku taal ba'alo'ob jela'an ti' le yaan chen yóok'ol lu'umkabilo', oli' bey je'ex le minerales tu'ux ku jóok'sa'al máaskab yéetel metaloides ku meyaj tia'al industria; u kúuchil tu'ux ku jóok'sa'al ki'ichkelen tuuno'ob, sal de gema, yéetel u kúuchil ta'ab ku síijil ichil k k'áak'náabil; ba'alo'ob ku síijil ikil u bin u k'astal tuunicho'ob, beeyxan wa k'a'abet u yokol máak yáanal lu'um tia'al u jóok'sa'al; kúuchil tu'ux ku niktal mineralo'ob wa ba'al kuxa'an ku kíimil úuchak u k'a'abetkuunsa'al tia'al u yáanta'al paak'alo'ob; combustibles minerales sólidos; petróleo yéetel tuláakal carburos de hidrógeno sólidos, ku taal bey ja'e' wa de gas; beeyxan u ka'anil yóok'ol u noj lu'umil México, tak tu'ux yéetel le bix jets'a'anil tumeen u a'almajt'aanilo'ob ya'abach kaajo'ob yóok'ol kaabe'.

Tuláakal u ja'il k'áak'náabo'ob, tak tu'ux yéetel le bix jets'a'anil tumeen Derecho Internacionale' u tia'al México; u ja'il káak'náabo'ob yaan ichil u lu'umil; u aka'an ja'ilo'ob wa áalkab ja'ob ku k'uchulo'ob mantats' wa chen wa ba'axk'in tak k'áak'náab; u aka'an ja'ilo'ob sijnalo'ob taabal yéetel áalkab ja'; u áalkab ja'ilo'ob yéetel u xa'ayo'ob, tak tu kúuchil tu'ux ku síijilo'ob mantats', chen wa ba'axk'in, tak u k'uchbalo'ob jáal k'áak'náab, mejen wa nukuch aka'an ja'ob yaan ichil u lu'umil México; a'alkab ja'ob mantats' wa chen wa ba'axk'in yéetel u xa'ayo'ob ku meyaj tia'al u yila'al tu'ux ku xu'ulul k noj lu'umil wa ku jatsiko'ob ka'ap'éel u petenlu'umilo', beeyxan wa ku ch'aktik u xuul k noj lu'umil, aka'an ja'ob mejentak wa nuuktak buja'an tumeen u xuul ka'ap'éel peten lu'umil wa k noj lu'umil yéetel u láak' yaan noj lu'umil; beeytun xan wa u jáaliko'ob ku meyaj tia'al u chíikul u jáalik ka'ap'éel petenlu'umo'ob wa yaanal noj lu'umil; mejen aka'an ja' ku síijil jáal k'áak'náab, tu'ux yaan u beel áalkab ja' wa ts'ono'oto'ob u tia'al México yéetel le kun jóok'sbil tu ts'u' lu'um, tu jáalik, ichil aka'anja'ob wa tu jáalik áalkabja'ob tak le beyka'aj jets'a'anil tumeen a'almajt'aano'obe'. Ja'ob yaan tu yáanal k noj lu'umile', je'e u béeytal u ts'a'abal u sáasilil yéetel u tia'alinta'al tumeen u yuumil le lu'umo', ba'ale' wa ku k'a'abetchajal tia'al u no'oja'ankuunsa'al u kuxtal tuláakal u kajnáalilo'ob México wa ku beetik ma'atan u béeytal u beeta'al u jeel k'a'ana'an meyajo'obe', noj jala'ache' je'e u béeytal u nu'uktik bixi yéetel máax kun k'a'abetkuunsike' wa tak u wet'ik u meyajta'al tia'al u kalaanta'al, bey je'ex yéetel je'eba'alak ja'il u tia'al k noj lu'ulmile'. Je'eba'alak u láak' ja'il ma' ch'a'achi'ita'an ichil le ts'óolts'iiba', yaan u ch'a'abal bey u tia'al le lu'umo'ob tu'ux ku yáalkab wa tu'ux ets'ekbalo', ba'ale' wa táaka'an ichil ka'ap'éel wa máanja'an ti' ka'ap'éel lu'ume', yaan u ch'a'abal bey u tia'al kaaje', beytúuno' yaan u nu'ukta'al bix kun jóok'sbil u yutsil bey je'ex u ya'alik u petenlu'umilo'ob Méxicoe'.

Ti' le ka'ap'éel bix ts'o'ok u ch'a'achi'ita'al ka'analo', mixmáak je'e u béeytal u luk'sik mixbik'in, u páajtalil México tu yóok'lal le ja'ob yéetel u jóok'sa'al u yutsilo', u k'a'abetkuunsa'al yéetel u beeta'al u meyaj tuláakal ba'al tumeen chen máak wa tumeen mola'ayo'obe', chen kun béeytal je'e bix jets'a'anil tumeen a'almajt'aane', ma'atan u béeytal wa ma' ts'a'an u páajtalil ti' mixmáak tumeen u noj jala'achil Méxicoi', bey je'ex u ya'alik a'almajt'aano'obe'. Tuláakal a'almajt'aan beeta'an tu yóok'lal u beeta'al meyajo'ob tia'al u jóok'sa'al mineralo'obe' wa substancias ku ch'a'achi'itik u kanjaats le ts'íiba', leti' kun nu'uktik u beeta'al yéetel u yila'al ka'a beeta'ak uts, tuláakal meyaj ku beeta'al wa kun beetbil ka'alikil ts'a'an u páajtalil ti' wa máax, ba'ale' wa ma' tu ts'o'okbesa'ale' chen tu yóok'lal lelo' úuchak u luk'sa'al le páajtalil ts'a'an ti' je'e máaxako'. Ti' u noj jala'achil México yaan u páajtalil u jets'ik u kalaanta'al junwóol lu'um, ba'ale' beeyxan u wet'ik. U ts'a'abal ojéeltbil ts'o'ok u páaykunsa'al junxéet' lu'um tia'al kalaantbile', yaan u je'ets'el tumeen noj jala'ach bey je'ex u ya'alik a'almajt'aane'. Ba'ale' wa petróleo yéetel carburos de hidrógeno sólidos, líquidos o gaseosos o de minerales radioactivos, ma'atan u ts'a'abal u páajtalil ti' mixmáak u meyajtik, le ts'a'ane' jumpakili' ku ts'e'elel, wa k'a'abete' chen ja'alil jala'acho'ob unaj u meyajtik tu k'aaba' kaaje', bey je'ex jets'a'anil ichil le a'almajt'aano'obo'. Chen ja'alil ti' México yaan u páajtalil u beetik, u bisik, u k'exbesik, u t'oxik yéetel u kalantik ma' u xu'upul energía elétrica tia'al meyaj ti' kaaje'. Tia'al le meyaj je'ela' ma'atan u ts'a'abal u páajtalil ti' mixmáak u meyajtik, leti' beetik noj jala'acho'ob kun jóok'sik u yutsil tuláakal ba'ax yaan tia'al u yúuchul le meyaja'.

Láayli' ti' México yaan u páajtalil u k'a'abetkuunsik combustibles nucleares tia'al u meyajta'al enegía nuclear, beeyxan u nu'uktik u k'a'abetkuunsa'al tia'al u láak' ba'alo'ob. Energía nucleare' chen kun k'a'abetkuunsbil tia'al ba'alob ma' ba'ateli'. Le junxóot' lu'um je'ela' yaan u náachtal tak docientas millas náuticas, yaan u ch'a'abal u p'i'isil tak tu'ux ku k'uchul u p'i'isil tak tu'ux ku náakal u k'áak'náabil México. Chen ma'axaan wa le tu'ux kun náakal ku máansajtáantikuba yéetel u láak' peten lu'imile', u xuule' yaan u je'ets'el yéetel le u láak' táanxel lu'umilo'.

Tak tu'ux kun náakal u páajtalil máak u manik lu'um wa ja'e' chéen kun béeytal beya':

I. Chen ja'alil máako'ob sijnalo'ob wey Méxicoe' wa le máaxo'ob ts'o'ok u k'a'amalo'ob kajtal weye', wa u múumuch'al u kajnáalilo'ob k lu'umile' je'e u béeytal u ts'a'abalti'ob u páajtalil u jóok'siko'ob u yutsil minas wa ja'obe'. Noj jala'acho'obe' je'e u páajtal u ts'áak le páajtalil ti' máako'ob ku taalo'ob táanxel noj lu'umilo', chen wa ku éejentik tu táan Secretaría de Relaciones Exteriores láayli' u tia'al Méxicoe', yéetel xan mina'an u páajtalil u táakbesik u jala'achil u kaajal tia'al kaalantik; ba'ale' wa ma'atan u ts'o'okbesik u mokt'aane', úuchak u luk'sa'al ti' u páajtalil yéetel je'e ba'alak ts'o'ok u manik tu yóok'lale'. Ti' junt'o'ol lu'um yaan cien kilómetros tu jáalik tu'ux ku xu'ulul jump'éel kaaj wa cincuenta tu jáal ja'e', jumpuli' ma'atan u béeytal u manik j táanxel lu'umil mix junxéet' lu'um wa ja'.

México, ka'alikil u kalaantik u yutsil u kajnáalilo'ob yéetel ma' u bisa'al u ya'abil le utsila', yéetel chen wa ku je'ets'el tumeen Secretaría de Relacionese', je'e u béeytal u ts'áak ti' máako'ob táanxel lu'umil u taalo'obe', u páajtalil u manik chen te'ej kaaj tu'ux yaan poderes federaleso', le najo'ob k'a'abet tia'al u embajadas wa delegacioneso';

II. U mola'ayilo'ob kili'ichkunaj kun u much'uba'ob bey je'ex jets'a'anil ichil artículo 130 yéetel u nu'uktaj a'almajt'aanile', yaan u páajtalilti'ob u maniko'ob, u tia'alintik yéetel u meyajtik tumeen ba'al u tia'al, tuláakal ba'ax k'a'abet tia'al u ts'o'okbesik u beelal, chen wa ku béeykunsiko'ob yéetel ku chíimpoltiko'ob le ba'ax ku ya'alik a'almajt'aano'obo'.

III. Mola'ayo'ob ku ts'áako'ob áantaj ti' máako'ob k'a'abéet, beeta'an tumeen u najilo'ob u meyaj jala'ach wa tumeen chen máako'obe' (privada), ku yáantaj tia'al xak'al na'at, u yúuchul ka'ansaj, paklan áantaj, wa u láak' je'e ba'alak ma' wet'a'ane'e, ma'atan u béeytal u maniko'ob u láak' najo'ob wa ma' jach chen le k'a'abet tia'al u ts'o'okbesik u beelalo'ob tu séeblakilo', yéetel bey je'ex jets'a'anil tumeen a'almajt'aano'obo'.

IV. Mola'ayo'ob ku maano'ob wa ku koonolo'obe' úuchak u béeytal u tia'alintiko'ob lu'umo'ob ba'ale' chen le beyka'aj k'a'abet tia'al u ts'o'okbesik u beelalo'obe'.

Le mola'ayo'ob beya' jumpuli' ma'atan u béeytal u tia'alintiko'ob lu'umo'ob ku meyaj tia'al u pa'ak'al janabe'en ba'alo'ob, tia'al u tséenta'al wakax wa tu'ux ku ch'a'akal che', máanja'an ti' jo'otuk'aal ya'abil ti' le beyka'aj jets'a'an ichil Fracción xv ti' le artículoa'. Áantaj a'almajt'aano'ob kun jets'ik bix ken u tsolikubáa yéetel jaytúul máako'ob uchak u béeytal u beetiko'ob jump'éel mola'ay beya', lela' tia'al u kaalanta'al ma' máan ti' le beyka'aj lu'um unaj u yantal ti' mix juntúul máax táakpaja'an, bey jump'éel pequeña propiedade'. Beyo', je'e máakalmáak lu'umil ka'a yanak ti' je'e máaxak yéetel je'etu'uxak, táakpaja'an ichil jump'éel mola'ay beya' yaan u xo'okol tia'al u yila'al ma' u máan ti' le beyka'aj unaj u yantale'. A'almajt'aan xan kun jets'ik bix kun táakpajal máak táanxel lu'umil u taal, ichil le mola'ayo'ob beya'.

A'almajt'aan kun jets'ik ba'ax yéetel nu'ukulil kun tsóolts'íibtbil yéetel kun kalaantbil u ts'o'okbesa'al ba'ax jets'a'an tumeen le junxóot' a'almajt'aana';

V. Tuláakal banco wa ts'a'an u páajtalil ti'e', je'ex u ya'alik u a'almajt'aanil instituciones de crédito, je'e u béeytal u manik wa jayp'éel najo'ob ti' noj kaaj wa mejen kaaj bey je'ex u ya'alik a'almajt'aane', ba'ale' ma'atan u béeytal u yantal u ya'abil najo'ob ti' wa ma' chen le k'a'abet tia'al u ts'o'okbesik u beelale'.

VI. Petenlu'umo'ob, Distrito Federale', yéetel u méek'tankaajilo'ob tuláakal Méxicoe', yaan u páajtalil u yantalti'ob tuláakal le najo'ob k'a'abet tia'al u meyajo'obe'.

A'almajt'aano'ob tu noj lu'umil México yéetel u petenlu'umilo'ob tak tu'ux ku náakal u meyajo'obe', yaan u jets'iko'ob ba'axk'in yéetel ba'axten kun ch'a'abil jump'éel naj wa lu'um tia'al meyaj ti', yéetel xan u nu'uktaj a'almajt'aan kun ts'aabil ojéeltbil tumeen autoridad administrativa u k'a'abetil u ch'a'abal. Tia'al u yojéelta'al bajux ken u tojolte' yaan u yilaal bajux ts'a'anil u tojol catastro yéetel bajun patan ku bo'otik, wa tumeen beyka'aj u tojol a'ala'ab tumeen u yuumil, wa tumeen beyka'aj patan ku bo'otiko'. U bin u ko'ojtal wa u yéemel u tojol le ba'ax kun ch'a'abil tumeen táan u meyajta'al wa tumeen éem u tojol ts'o'okili' u je'ets'el bajux patan ken u bo'otoo', chen leti' unaj u je'ets'el ka'alikil u xíimbalta'al wa tumeen jump'éel resolución judicial. Beyxan kun beetbil le ken ch'a'abak jump'éel ba'a ma' jets'a'an bajux u tojol tumeen jump'éel ofinica rentísticai'.

U ts'o'okbesa'al ba'ax u beelal México tu yóok'lal le junxóot' a'almajt'aana', chen ja'alil yéetel jump'éel procedimiento judicial kun béeytale'; ba'ale' ka'alikil u meyajta'ale', yáanal u t'aan tribunalese', yaan u ts'a'abal chen jump'éel winal tia'al u ch'a'abal le kúuchil tumeen autoridades administrativaso', tia'al ka'a ko'onok le lu'um, ja' wa ba'ax ku ch'a'abalo'. Mixjuntéen kun béeytal u sutk'esa'al kúulpach ba'ax ts'o'ok u je'ets'el tumeen jala'acho'ob tak u ts'o'okbesa'al.

VII. Tuláakal kúuchil tu'ux u yets'kuunsmaj u kuxtal kaajo'obe' chíimpolta'an yéetel yaan u kaalamta'al bey leti'ob u yuumile', leti' beetik ma'atan u béeytal u ch'a'abal tumeen ti' ku meyajtik u kuxtalo'obi'.

A'almajt'aane' yaan u kalaantik ma' u ma'achal tumeen yaanal máak, u lu'um máasewal kaajo'ob.

A'almajt'aan, ka'alikil u kaxantik u mu'uk'a'ankuunsik u kuxtal kaajo'obe', yaan u kaalantik u lu'umil tu'ux ku beetik u kaajal yéetel yaan u nu'uktik bix kun jóok'sbil u yutsil lu'umo'ob, k'áaxo'ob yéetel ja'ob ku meyaj tia'al le kaajo'obo', beeyxan u ts'a'abal tuláakal le áantaj k'a'abet tia'al u ma'alobkuunsa'al u kuxtal u kajnáalilo'obo'.

A'almajt'aane', ikil u beetik le meyajo'ob k'a'abet tia'al u jóok'sik kolnaalo'ob u yutsil le lu'umo'obo', yaan u chíimpoltik u ts'ook u t'aan máaxo'ob meyajtik lu'um, yaan u jets'ik bix kun ts'o'okbesik u najmal kolnáalo'ob tu yóok'ol lu'um beeyxan tuláakal kolnáal yóok'ol le péetlu'um ku meyajtiko'. Beeyxane' yaan u jets'ik bix ken u beet kolnáalo'ob tia'al u múul meyaj yéetel u láak' máak wa yéetel jala'acho'ob, beeyxan wa ku ts'áako'ob u lu'umo'ob majantbil; wa juntúul kolkaab yaan u ju'uno'obe' a'alik leti' u yuumil le lu'umo', bix ken u máansil u lu'um tu k'aaba' u láak' máak tu kaajal; ba'ale' yaan xan u jets'ik bix kun u beet u beeta'al u ju'unil u lu'um juntúul máak le ken chíimpolta'ak tumeen asamblea ejidal. Wa ku konik u lu'um juntúul máake' unaj yáax k'a'ayta'al ti' máax yaan tu tséel bey je'ex jets'a'anil tumeen le a'almajt'aano'.

Ichil jump'éel kaaje', mix juntúul kolkaab unaj u méek'táantik máanja'an ti' u 5% ti' tuláakal le lu'um yaan ichil le ejido. Je'e tu'uxake', juntúul máake' chen ku béeytal u yantal ti' le beyka'aj lu'um ku ya'alik Fracción xv.

Múul tsikbal u noj jala'achil ichil jump'éel kaaj yaan u k'aax wa ku múul kajtal ti' jumpet lu'um, lela' yaan u much'ikubáa yéetel u múul meyaj je'ex jets'a'anil tumeen a'almajt'aane'.

Comisariado ejidal máax jo'olbesik bienes comunalese', máax yaan u yéeya'al tumeen tuláakal máak yaan u ja'abil ti' wa u ju'unil je'ex jets'a'anil tumeen a'almajt'aane', leti' máax kun jo'olbesik yéetel leti' xan kun ts'o'okbesik wa kun beetik u ts'o'okbesa'al tuláakal ba'ax kun jets'bil ichil le múul tsikbalo'.

Tia'al u su'utul lu'um, k'áax yéetel ja' ti' kaajo'obe' yaan u beeta'al bey je'ex u ya'alik u áantaj a'almajt'aanilo'ob.

VIII. Elo'oba' ts'o'ok u ts'e'elel.

a) Tuláakal lu'um, ja' wa k'áaxo'ob ch'a'an ti' je'e ba'alak kaajilo'ob tumeen jefes políticos, u noj jala'achil u petenlu'umilo'ob México, wa je'e máaxak jala'achil wa tu kúulpacht'antaj ba'ax ku ya'alik noj a'almajt'aan jets'a'an tu k'iinil 25 ti' junio tu ja'abil 1856 yéetel je'e máakalmáak u láak' a'almajt'aanil beeta'an tu yóok'lale';

b) Beeyxan tuláakal lu'um, ja' wa k'áaxo'ob majan k'uba'an, wa kona'an tumeen Secretaría de Fomento, Hacienda wa je'e máakalmáak u láak' u noj jala'achil México, tu yáax k'iinil diciembre tu ja'abil 1876 tak bejlae', wa tumeen tu tokaj wa ook ichil u lu'um junmúuch' máako'ob wa jump'éel kaaj, wa jump'éel k'áax páaykunta'al tia'al t'oxbil wa je'e máakalmáak u láak' lu'umil tu'ux kaja'an junmúuch' máako'obe';

c) Je'e ba'alak meyajil tia'al u ts'a'abal u multunil jump'éel k'áax, u ko'onol, u máansa'al tu k'ab u jeel máak wa u wóolko'onol beeta'ab ichil le k'ino'ob ku ch'a'achi'itik le junxéet' a'almajt'aan yaan ka'anal ti' le je'ela', ka'atun beeta'ak tumeen jump'éel compañía, jueces wa u láak' je'e'máakalmáak u jala'achil petenlu'umo'ob wa u noj lu'umil México, wa tumeen tu xóot'ch'a'ataj wa ook kex mina'an u páajtalil ti' tu táan a'almajt'aan ichil u lu'um, u ja'il wa u k'aax jump'éel ejido, wa lu'umo'ob páaykusa'al tia'al t'oxbil wa je'e máakalmáak u jeel lu'umil u tia'al jump'éel kaaje'.

Chen ma'atan u táakpajal ichil le nu'uktaja', le lu'umo'ob t'o'ox tu k'iinil yéetel beeta'ab u ju'unilo'ob le bix je'ets'ik tu a'almajt'aanil je'ets' tu k'iinil 25 ti' junio tu ja'abil 1856 wa le ts'o'ok u máan lajun ja'ab kajkuunta'ak tumeen juntúul wa junmúuch' máako' yéetel ma' u máan ti' cincuenta hectáreas ti' jujuntúulil.

IX. Wa jump'éel kaaj tu bu'ubujaj wa tu t'oxaj u lu'um chen ba'ale', kex oli' bey uts úuchik u beetik, ba'ale' yaan ba'ax ma' ts'o'okbesa'ab je'ex u ya'alik a'almajt'aan, wa yaan wa jaytúul ma' ki'imak yóol bix beeta'abike', wa ku k'áata'al tumeen óoxjaats ti' tu kanjaatsil kajnáalo'ob yaan u ju'une' yéetel ku méek'táantiko'ob tak táankuch jaats' ti' le beyka'aj t'o'oxo', beeyxan wa ku k'áata'al tumeen táankuch jaats ti' tuláakal u yuumil le óoxjaats ti' tu kanjaatsil le lu'umo'obo'.

X. Luk'sa'an.

XI. Luk'sa'an.

XII. Luk'sa'an

XIII. Luk'sa'an

XIV. Luk'sa'an.

XV. Tu noj méek'tanlu'umil Méxicoe' wet'a'an u méek'tanta'al ya'abach lu'um tumeen juntúul máak.

Jump'éel pequeña propiedad agrícolae', ma'atan u máan ti' cien hectáreas jóoyabben lu'um beeyxan wa yaan aka'an ja' ichil, ba'ale' wa mina'an u ja'ile', le beyka'aj u jeel chen lu'um ka'a keetak u kuuch yéetel cien hectarease'.

U tia'al u keetbesa'al u kuuch jump'éel lu'um yéetel u láak'e', yaan u ch'a'abal ka'ap'éel hectárea lu'um ku meyajta'al tia'al cháakil, tu yóok'lal jump'éel yaan u jóoyabil wa yaan aka'an ja' ichili', ba'ale' waxak hectáreas chen x tokoy k'áax.

Láayli' pequeña propiedad, jump'éel lu'um yaan ciento cincuenta hectáreas ti' yéetel yaan u jóoyabil ku meyaj tia'al u pa'ak'al piits'e'; ba'ale' wa ja'as, caña tia'al azúcar, café, kij, hule, xa'an, vid, olivo, quina, vainilla, cacao, agave, nopal wa che'ob ku yichaankilo'ob ku pa'ak'ale'e, lela' je'e u béeytal u chukik tak tresceintas hectárease'.

Pequeña propiedad xan wa juntúul máak yaanti' le beyka'aj lu'um k'a'abet tia'al u ts'éentik tak quinientos u túuljul wakax wa tsíimin, beeyxan u kuuch le beyka'aj ti' ba'alche' mejentako', lela' k'a'abet bey je'ex u ya'alik a'almajt'aano' yéetel le bix ma'alobil le lu'um tia'al u tséentik wakaxo'.

Wa u yuumil le lu'um ku potik u ch'e'enil wa ku yoksik u jóoyabil, wa ku beetik u láak' je'e ba'alak meyajil ichil jump'éel pequeña propiedad tia'al u ma'alobkuunsike', kex tun p'aatak bey maanal ti' le beyka'aj lu'um ku ya'alik le junxóot' a'almajt'aana', ma' u k'áat ya'ale'e wa yaan u tse'elel ti' u maanlil u lu'um tumeen ma' bey ka'a tu ch'a'ajo'o, ba'ale' k'a'abet yaan ti' tuláakal ba'ax jets'a'an tumeen a'almajt'aan.

Wa jump'éel pequeña propiedad ganadera ku meyajta'al u lu'umil tia'al u yúuchul pa'ak'ale', lela' ma' unaj u máan ti' le beyka'aj jets'a'an ichil le u ka'axóot' yéetel u yóoxxóot' le Fracción je'ela', tu yóok'lal bix u yanil le lu'um ma'ayli' ma'alobkuunsa'ako'o.

VXI. Luk'sa'an.

XVII. U noj najil tu'ux ku je'ets'el u nu'uktajil u meyaj jala'ch (Congreso de la Unión) yéetel legislaturas estatales, tak tu'ux ku náakal u meyajo'obe', leti'ob kun jets'ik bix kun t'oxbil lu'um wa u luk'sa'al ti' wa máax wa tumeen ku máan ti' le beyka'aj úuchak u béeytal u méek'táantik je'ex jets'a'anil ichil le Fracción IV yéetel XV ti' le artículoa'.

Le u maanlilo', chen p'el u ya'ala'al ti' u yuumile', yaan tak jump'éel ja'ab ti' tia'al u t'o'oxik wa u máansik tu k'ab u yaanal máak tumeen. Wa ku máan le ja'ab ma' tu sutaj u máanlil tu k'ab u yaanal máako'o, lela' yaan u jóok'sa'al kombil tumeen jala'ach. U tia'al lelo' yaan u yáax k'a'ayta'al ti' máax yaan tu tséel bey je'ex jets'a'anil ichil áantaj a'almajt'aane'.

U a'alamjta'anilo'ob petenlu'um kun tsolik ba'ax kun na'atbil tu yóok'lal u ba'aluba kúuchkabal, yaan u jets'ik ba'axo'ob unaj u yantal ti', je'e bix jets'a'anil tumeen a'almajt'aane', lela' ma'atan u béeytal u tse'elel ti' mixmáak, tumeen mixmáak;

XVIII. Ku je'ets'el yaan u xak'alta'al tuláakal mokt'aan wa lu'um k'u'ub tumeen u jala'achilo'ob México wey tak tu ja'abil 1876, wa tumeen tu cha'ajo'ob u méek'táanta'al u ya'abil lu'um, ja' wa je'e ba'alak ti' u ayik'alil yóok'ol kaab tumeen juntúul máak wa tumeen junmúuch' máako'obe' yéetel ku ts'a'abal ti' u noj jala'achil México u jobik le mokt'aano', wa tumeen ma'atan u cha'ak u beeta'al le k'a'ana'an meyaj tia'al u táakmuk'ta'al u kuxtal kaajo'.

XIX. Bey je'ex u ya'alik le a'almajt'aana', noj jala'acho'obe' yaan u jets'iko'ob bix kun beetbil séeba'an yéetel no'oja'an justicia agraria, tia'al u kalaanta'al ma' u to'okol lu'um ti' ejido, kaaj wa pequeña propiedad, ku ts'o'okole' yaan u táanaltik kolkaabo'ob tia'al u kaalantik u lu'umo'ob.

Tuláakal meyaj tia'al u je'ets'el u p'iis lu'umo'ob ejidal wa comunal, ka'a yanak u t'aanil je'ex bixak wa ba'alak k'iin ka chúumpajak, wa chen ma' ts'o'okbesa'ak, beeyxan wa ku yúuchul ichii ka'ap'éel kaaje', federación kun táanaltik; beeyxan tuláakal ba'al yaan u yila'a yéetel u tia'alinta'al lu'um ichil ejido wa kaaj. Tia'al u ts'o'okbesa'al lela', yéetel tia'al u beeta'al je'e ba'alak justicia agrariaile', a'almajt'aano'obe' yaan u beetiko'ob Tribunales Autónomos yéetel Jurisdicción, jo'olbesa'al tumeen magistrados kun páaykunsbil tumeen u noj jala'achil tuláakal u noj lu'umil México, ba'ale' k'a'ana'an u éejenta'al tumeen cámara de senadores, ba'ale' wa le je'elo'ob táan u je'elelo'oba', tumeen Comisión Permanente.

A'alamajt'aane' yaan u patik jump'éel u mola'ayil procuración de justica agraria, yéetel.

XX. Jala'acho'obe' yaan kaxantik u beetik tuláakal meyajo'ob ka' u ts'áa meyaj ti' máako'ob, ti'a'al u mu'uk'a'altal ma'alob le mejen kaajo'ob kuxa'ano'ob tu meyajil lu'um wa k'áaxo', u tia'al ka'a táakpajako'ob ichil u mu'uk'a'antal u kuxtal tuláakal u kajnáalilo'ob México, yaan u táanaltik u meyajta'al ba'alche'ob wa k'áax tia'al u jóok'sa'al u yutsil lu'um, yaan u beetik u nu'ukulilo'ob, u yáantaj yéetel u nu'ukulil meyaj, u ts'áak taak'in majáantbil, u ka'asik bix u yúuchul meyaj wa u táakbesa'al túumben nu'ukulo'ob. Beeyxane' yaan u jóok'sik u áantaj a'almajt'aanil bix kun táakmuk'tbil u meyajta'al k'aax wa ba'alche'ob, bix kun industrilizarbi yéetel u ko'onol, tumeen bey k'a'abet ti' kaaj.

Artículo 28. Ichil tuláakal u noj méek'tan lu'umil Méxicoe' wet'a'an u méek'tanta'al jump'éel ayik'alil, u méek'táanta'al wa ba'ax, los estancos wa u tse'elel u bo'ota'al patan je'ex u jets'majil a'almajt'aano'obe'. Beeyxan unaj u beeta'al yéetel u we'et'el wa ba'ax chen tu k'aaba' u kalaanta'al jump'éel industria.

Beytúuno', a'almajt'aane' yaan u beetik u bo'otik ya'ab si'ipilil, yéetel jala'acho'obe' yaan u kalaantik u ch'a'apachtik ma'alob tuláakal máak kun méek'táantik wa kun ta'akik, tia'al u ko'ojkuunsik u tojol, ba'alo'ob jach k'a'abet ti' kaaj tia'al u tséentikubáa; yaan u beetik u bo'otik u si'ipil máax kun beetik je'e ba'alak mokt'aanil ka' u beet máax meyajtik, máak industrilizartik, máax bisik tu'ux ku ko'onol wa máax konik, je'e ba'ax k'a'abet ti' kaaj, tia'al u kaxtiko'ob ma' u yantal u jeel máako'ob konik yéetel u beetiko'ob u ma'anal tumeen kaaj kex ko'oje', beeyxan je'eba'alak ka'a u beet u p'áatal tu k'ab chen wa jaytúul máak wa ba'ax k'a'abet ti' kaaj tia'al u kuxtale' yéetel ku beetik k'aas ti' kaaj wa ti' u kuxtale'.

A'almajt'aano'obe' yaan u jets'ik bix kun beetbil tia'al u ts'a'abal ojéeltbil bajux u xuul ka'analil u tojol jump'éel manbe'en ba'al, jump'éel nu'ukul wa je'e ba'alak ojéela'an k'a'abet tia'al u ayik'alil kaaje' wa tia'al u kuxtal kaaje', beeyxan yaan u jets'ik bix kun beetbil tia'al u k'ujsa'al kombil tuláakal tu'ux le ba'alo'oba', tia'al ma' u yantal kex ma' k'a'abet, j ka'akoonolo'ob tia'al beeto'ob u mina'antal wa u ko'ojtal ba'ax k'a'abet ti' kaaj tia'al u kuxtal. A'almajt'aane' yaan u kalaantik máak ku maan yéetel yaan u beetik u much'ikuba'ob tia'al ma' u loobilta'alo'ob tumeen m'aax ku koonol.

Ma'atan u ch'a'abal bey méek'táantaje' (monopolio) le k'a'ana'an meyaj ku beetik jala'ach tu juunal tu yóok'lal: correo, telégrafos yéetel radiotelegrafía; petróleo, yéetel u láak' hidrocarburos; petroquímica básica; minerales radioactivos yéetel u beeta'al energía nuclear; u muuk' sáasil (electricidad) yéetel je'e ba'alak meyajil jets'a'an ich a'almajt'aano'ob ts'a'an k'ajóoltbil tumeen Congreso de la Unión. Comunicación vía satélite yéetel trene' noj meyajo'ob k'a'abet tia'al u mu'uk'a'ankuusa'al u noj méek'tankaajil México bey je'ex jets'a'anil artículo 25 ti' le noj a'almajtaana'; noj méek'tankaaj le ken u ch'a'a u meyajt tu juunale' táan u kaalantik ma' u yokbesikuba u táanxel kaajil ichil u ba'alubáa k noj lu'umil, ku ts'o'okole' ken u ts'áa meyajtbil tumeen u láak' máake' yaan u kalaantik u p'áatal tu k'ab tuláakal u jo'olbesajil u meeyjul, je'e bix jets'a'anil ichil le a'almajt'aano'oba'.

U noj méektankaajil Méxicoe' yaan u beetik je'e ba'alak mola'ayil k'a'abet tia'al u meyajtik ma'alob le áreas estratégicas u ch'a'amaj u meyajto', beeyxan je'e ba'alak meyajil k'a'ana'an u beetike', ba'ale' tuláakale' yaan u ts'o'okbesik je'ex u jets'majil a'almajt'aano'obe', bey wa ku meyajtik tu juunal wa ku múul meyajtik yéetel ayik'alo'ob.

U noj méek'táanaajil Méxicoe' yaan u yantal ti' jump'éel banco central kun meyaj tu juunal tia'al u ts'o'okbesik u beelal ka'alikil u meyajtik u taak'in kaaj. U noj beelale' u kalaantik ma' u yóotsiltal u taak'in kaaj, ba'ax yéetel yaan u mu'uk'a'ankuunsik u kuxtal kaaj. Mix juntúul jala'ach úuchak u béeytal u ya'alik ti' banco ba'ax ken u beetej.

Ma'atan u ch'a'abal bey jump'éel méek'táantaje' le meyaj ku beetik chen tu juunal jala'ach yéetel le Banco Central ka'alikil u beetik noj meyajo'ob bey je'ex u joyik taak'in wa u jóok'sik ju'unil taak'ino'. Banco Central, je'ex jets'a'anil ichil a'almajt'aano'obe' yaan u múul meyaj yéetel jala'acho'ob yaan jets'ik bix u k'e'exel taak'in, beeyxan u yáantaj u láak' máako'ob tia'al u meyajta'al u taak'in kaaj, tumeen yaan u páajtalil ti' u beetik yéetel u kalaantik ka'a ts'o'okbesa'ak bey je'ex unaje'. Le bancoso' yaan u jo'olbes'al tumeen máako'ob kun ts'aabil tumeen noj jala'ach yéetel u éejenta'al tumeen Cámara de Senadores wa Comisión Permanente; leti'obe' yaan u meyajo'ob yéetel yaan u xáantalo'ob le bix kun jets'bil tu yóok'lal bix u meyaje'; chen ku béeytal u luk'sa'alo'ob wa ku beetiko'ob jump'éel noj ba'al yaan u si'ipilil, tu yóok'lal le je'elo' ma'atan u béeytal u yoksa'alo'ob meyaj, u jo'olbeso'ob jump'éel mola'ayil, chen ja'alil wa le ba'ax beet u beetiko'ob ba'a ma' unajo'o, ku beetik tu yóok'lal le banco, wa le kex mina'an u bo'olil ku beetik tia'al u mola'ayil ka'ansaj, xak'al na'at, miatsilo'ob wa tia'al áantajo'. Le máaxo'ob jo'olbesik banco centralo', je'e u béeytal u beeta'al juicio político ti'ob bey je'ex jets'a'anil tumeen artículo 110 ti' la a'almaj'tana'.

Ma'atan u cha'abal bey méek'táantaj (monopolio) u mola'ayil j meyajo'ob ku much'ikuba'ob tia'al u kalaantuba'obo', mix mola'ayo'ob bey je'ex asociaciones wa sociedades cooperativas ti' j meeyjul lu'umo'ob ku much'kuba'ob tia'al u múul kalaantuba'ob, u táats' kono'ob ti' táantanxel noj lu'umilo'ob, ba'ax ku meyajtiko'ob wey t lu'umile', wa ba'alo'ob industriales ku meyajta'al chen tu kaajalo'ob yéetel jump'éel ba'a ma' jach tajan k'a'abet tia'al u kuxtal kaaji', lela' yaan u béeytal chen wa ku beeta'al yaanal u paakat yéetel u nu'ukbesaj noj jala'ach yéetel u jala'achil petenlu'umo'ob, ba'ale' táanil k'a'abet u ts'a'abal u páajtalil tumeen u najil u nu'ukta'al u meyaj jala'ach. Le u najilo'ob u nu'ukta'al u meyaj jala'acho', tu t'aan yóolajo'ob wa tumeen bey u k'aata'al tumeen jala'ache' úuchak u béeytal u ts'elik le páajtalil ts'a'an ti' le mola'ayo'ob, wa tumeen ku yiliko'ob k'a'abeto'.

Ma'atan xan u béeytal u ch'a'abal bey méek'táataj le páajtalil ku ts'a'abal ti' autores wa artistas tia'al u patik u meyajo'obo', mix le páajtalil ku ts'a'abal ti' juntúul máak ku patik jump'éel túumben ba'alo', tia'al u k'a'abetkuunsik chen leti', mix le máax ts'ok ma'alobkuunsik jump'éel ba'alo'.

U noj méek'táankaajil México, wa tumeen bey ku ka'abetchajalo', yaan u páajtalil ti', u máansik tu k'ab u láak' máako'ob wa ba'ax meyajil k'a'abet ti' kaaj, wa u jóok'sik u yutsil, u meyaj ti' wa u k'a'abetkuunsik ba'alo'ob yaan yáanal u k'ab Federación, ba'ale' a'almajt'aan xan jets'emajil máakalmáak ma'atan u béeytal u máansa'ali'. A'almajt'aan kun jets'ik ba'axten yéetel bix k'a'abet ts'o'okbesa'al ma'alob u meyajta'al kaaj yéetel bix ken u k'a'abetkuuns le kaajo', yéetel ma'atan u cha'ak u méek'táanta'al tia'al ma' u kóolikuba kaaj ti'.

Le meyaj ku beeta'al tia'al kaajo' yaan u ts'o'okbesa'al bey je'ex jets'a'anil ichil le a'almajt'aana', chen xan bey je'ex u ya'aliko'.

Yaan u béeytal u ts'a'abal áantaj tia'al u beeta'al ma'alob le no'oja'an meyaj k'a'abet ti' kaajo', wa tumeen lela' ku beeta'al chen tia'al junjaats k'iino'ob yéetel ma'atan u bisik ya'ab u taak'in kaaj. Noj méek'tankaaje' yaan u kaalantik bix u beeta'al yéetel ka'a ts'o'okbesa'ak je'ex unaje'.

Artículo 29. Tia'al wa ku taal j táanxel lu'umilo'ob u toko'ob k lu'umil, u jobo'ob u kuxtal kaaj ich jets'óolal wa u láak' je'e ba'alak ka' yokbes sajbe'entsilil yóok'lal u kuxtal kaaj wa u yokbes k'uuxile', chen ja'alil u noj jala'achil México, yéetel u múul meyaj máaxo'ob jo'olbesik u láak' Secretaría de Estado yéetel Procuraduría General de la República, beeyxan yéetel u éejentaj Congreso de la Unión, ba'ale' wa le je'elo'ob táan u je'elelo'oba', Comisión Permanente, je'e u béeytal u p'atik junts'éelik u noj najmal kaaj, wa lelo'oba' ma'atan u yáantajo'ob tia'al u séeb xu'ulsa'al ich jets'óolal, le talamila'; chen ba'ale' yaan u beetik chen ichil wa jayp'éel k'iin, ka'alikil u kalaantik ma' u yantal nojoch loobil ti' kaaj mix u loobiltik mixmáak. Wa u much'majuba congreso ken úuchuk le je'ela', leti'obe' yaan u ts'áako'ob tuláakal ba'ax k'a'abet ti' u noj jala'achil México tia'al u béeytal u yutskiinsik le talamila'; ba'ale' wa ku yúuchul ichil u k'iinil u je'elelo'obe', tu séeba'anil yaan u payalt'anta'al congreso tia'al u beetik u mokt'aanil ba'ax unaj u beetchajal.

Capítulo II: Tu yóok'lal u kajnáalilo'ob México

Artículo 30. Tia'al u ya'alik máak mexicanoe' k'a'abet sijnal wey ichil u noj méek'táanlu'umil Méxicoe', wa ka' ts'a'abak u ju'unil tu'ux ku k'a'amal kajtal weye'.

A. Sijnal máak j weyile':

I. Le máax sijnal wey ichil u noj méek'táanlu'umil Méxicoe', kex je'e tu'uxak ka'a síijik u yuumo'obe'.

II. Máako'ob kex ku síijil táanxel noj lu'umile', ba'ale' u yuumo'obe' mexicano'ob sijnalo'ob wey ichil u méek'táanlu'umil Méxicoe', beeyxan wa mexicana u na' ku síijil je'e tu'uxak ti' u lu'umil Méxicoe'.

III. Le máax kun síijil táanxel lu'umil, ba'ale' u yuumo'obe' ts'o'ok u chíimpolta'ano'ob bey mexicanose', wa u yuum k'ama'an bey mexicanoe', wa u na' chíimpolta'an bey mexicanae', yéetel.

IV. Le kun síijilo'ob ichil jump'éel cheemil ja' wa péepen k'áak' mexicanoe', wa páaykunsa'ano'ob tia'al ba'atelil wa ku máan koonol.

B. Chíimpolta'ano'ob bey mexicano:

I. Tuláakal máak kex sijnal táanxel lu'umile', wa ku ts'a'abal u ju'un tumeen Secretaría de Relaciones Exteriores, yéetel.

II. Ko'olel wa xiib ku ts'o'okol u beel yéetel xiib wa ko'olel mexicano, yaan wa ku manik u yotoch ichil u méek'tanlu'umil México yéetel ku ts'o'okbesik tuláakal ba'ax ku k'áatik a'almajt'aano'ob.

Artículo 31. Mexicanos najmal u ts'o'okbesik:

I. U beetik u bin xook u paalal wa je'e máaxak ka'a yanak yáanal u t'aano'obe', ka'atun u najil xook u tia'al jala'ach wa u tia'al ayik'al, tia'al u k'amik xook preescolar, primaria yéetel secundaria, beeyxan le ku ka'ansa'al ti' le militaro'ob, je'ex jets'a'anill ichil le a'alamajt'aano'oba'.

II. U bin ti' le k'iino'ob yéetel súutukilo'ob jets'a'an tumeen Ayuntamiento, tia'al u k'amiko'ob ka'ansaj civica yéetel militaro' tia'al ka' u kano'ob bix unaj u kuxtalo'ob yéetel u najmal bey juntúul u kajnáalil jump'éel kaaje', kaambanaja'ano'ob tia'al u macho'ob jump'éel ts'oon yéetel tia'al u kanik bix unaj u kuxtal juntúul militar.

III. U líik'sikuba tia'al u táanalt u noj méek'táanlu'umil, bey je'ex jets'a'anil ichil u a'almajt'aanile', tia'al u kaalantik yéetel u tokbesik u kuxtal México tu juunal, u lu'umil, u tsikbe'enil, u najmal yéetel u ba'alubáa, beeyxan u kuxtal ich jets'óolal yéetel u tojil u kuxtal, yéetel.

IV. Yaan u yáantaj yéetel le taak'in k'a'abet tia'al u meyaj jala'acho', bey ti' tuláakal u noj méek'táanlu'umil México, Distrito Federal wa u petenlu'umilo'ob wa u méek'tankaajil tu'ux kaja'an, je'ex jets'a'an tumeen a'almajt'aane'.

Artículo 32. A'almajt'aan kun jets'ik bix kun ts'o'okbesa'al u sijnal najmal juntúul mexicano chíimpolta'an xan bey u kajnáalil u láak' táanxel kaajile' yéetel yaan u jets'ik bix kun kaalantbil ma' u yantal talamil tu yóok'lal tumeen ka'ap'éel u kaajal.

Tia'al wa ba'ax k'uben meyajil yéetel wa ba'ax jo'olbesajil k'a'abet u beetik juntúul máak k'a'abet sijnal wey, je'ex u ya'alik la a'almajt'aana', ku p'a'atal jach chen tia'al u beet máax sijnal weye' yéetel ti' máak ma' k'a'abet u ch'a'achi'itik u láak' u kaajali'. Le je'ela' yaan u ts'o'okbesa'al xan tia'al je'e ba'alak u láak' ba'alil kun jets'bil tumeen Congreso de la Unión.

Tia'al u k'iinilo'ob jets'óolale', mix juntúul máak sijnal táanxel kaajil kun béeytal u táakpajal áantaj ichil policía wa seguridad pública. Tia'al u táakpajal máak ichil ejercito ichil u k'iinilo'ob jets'óolal wa armada wa fuerza aérea je'e ba'alak k'iine', wa u jo'olbesik máak je'e ba'alak meyajil ichile', jach k'a'abet sijnal máak wey Méxicoe'.

Le bey xana' k'a'abet tia'al u beetik máak u capitanil, piloto, patrones, maquinista, mecánicos yéetel, u tia'al tuláakal máak kun bisik je'e ba'alak cheemil ja' wa péepen k'aak'e' yaan yáanal u paan Méxicoe'. Le bey xana' k'a'abet tia'al k'a'a béeyak u meyaj máak bey capitán de puerto yéetel tuláakal meyaj de practicaje wa comandante ti' aeródromo.

Máak sijnal Méxicoe' yaan u yáax k'a'abetkuunsa'al ti' máak sijnal táanxel lu'umil tia'al wa ba'ax meyajil, tia'al je'e ba'alak meyajil, k'uben meyaj, wa jo'olpo'opil ichil u meyaj jala'ach tu'ux ma' k'a'abet sijnal máak weye'e.

Capítulo III: Tu yóok'lal aj táanxel kaajilo'ob

Artículo 33. Tuláakal máak ma'atan u ts'o'okbesik ba'ax ku ya'alik artículo 30e', yaan u cha'abal bey ma'a j-weyile'e. u najmalmajo'ob u ts'o'okbesa'al tu yóok'lalo'ob ba'ax ku ya'alik capítulo I, yáax título ti' le noj a'almajt'aana'; ba'ale' u noj jala'achil u noj méek'táankaajil Méxicoe' yaan u páajtalil ti' u jóok'sik máak ma' sijnal weye', ichil u noj lu'umil México, tu séeblakil yéetel kex ma' u beeta'al juicio ti', wa ku tukulta'al ma' unaj u p'áatali'.

Máak sijnal táanxel lu'umile' ma'atan u béeytal u táakbesikuba ichil política wey Méxicoe'.

Capítulo IV: Tu yóok'lal máaxo'ob chíimpolta'an bey mexicanoe'

Artículo 34. Tuláakal xiib wa ko'olel sijnal yéetel chíimpolta'an bey mexicanoe' ku chíimpolta'an xan bey ciudadano wa tumeen:

I. Ts'o'ok 18 u ja'abil, yéetel.

II. No'oja'an u kuxtal.

Artículo 35. U najmal juntúul ciudadano:

I. U táakpajal tia'al u yéeya'al jala'acho'ob.

II. U béeytal u yéeya'al tia'al u jo'olbes wa ba'ax meyajil wa u ts'a'abl u beet u jo'olpo'opil wa k'uben meyaj, ba'ale' yaan u beetik je'ex u ya'alik a'almajt'aano'obe';

III. U much'ikuba tu t'aan yóolaj yéetel ich jets'óolal tia'al u táakpajal ichil wa ba'ax u múuch'ul tia'al política ichil u noj méek'táanlu'umil México;

IV. U machik u ts'oon ichil ejército wa Guardia Nacional tia'al u tokbesik k noj méek'táanlu'umil wa u instituciones, bey je'ex u jets'ik a'almajt'aano'obe', yéetel,

V. Tia'al u meyajtik je'e ba'alak koonolil wa maane'.

Artículo 36. Tuláakal u kajnáalil (ciudadano) Méxicoe' yaan u ts'o'okbesik:

I. U tsíibtik u yotoch wa u k'aax catastro municipal, industria, profesión wa meyaj tu'ux ku náajaltik u kuxtal; beeyxan u ts'íibtik u k'aaba' ichil u xookil jaytúul máak kaja'an ichil tuláakal u méekt'aankaajil México, bey je'ex u ya'alik le a'almajt'aana'.

U nu'ukta'al bix kun beetbil yéetel u xo'okol máak mantats' beeyxan u ts'a'abal u ju'un mák tu'ux ku chíimpolta'al mexicanoe' jump'éel ba'al jach noj ba'al u beelal tia'al México, leti' beetik, yaan u jo'olbesa'al tumeen u noj méek'táankaajil yéetel le áantaj k'a'abeet u ts'áak kajnáalo'obe', je'ex jets'a'anil tumeen a'almajt'aano'obe'.

II. Yaan u ts'íibtik u k'aaba' ti' Guardia Nacional;

III. Yaan u táakpajal tia'al u yéeya'al jala'acho'ob, bey je'ex u ya'alik a'almajt'aano'obe';

IV. U beetik le meyaj kun ts'aabil u beet wa ku yéeya'al ichil u yéeytáambalil federación, petenlu'umo'ob, ba'ale' ma'atan u béeytal u beetik wa ma'atan u bo'ota'al, yéetel,

V. U beetik le k'uben meyaj kun ts'aabil u beet ichil u méek'tankaajil tu'ux kaja'ane', u yáantaj tia'al u beeta'al yéeytáambal wa u kalaantik bix u beeta'al.

Artículo 37.

A. Ti mix juntúul mexicano sijnal wey ku béeytal u tse'elel le najmala'.

B. Máak táanxelil u taal ku ts'a'abal u ju'un bey mexicanoe', je'e u béeytal u luk'sa'al ti' beya';

I. Wa ku beetik u k'a'amal bey u kajnáalil u láak' táanxel lu'umile', wa ku máan tu táan je'e ba'alak nu'ukulil México bey táanxel kaajil u taale', wa ku k'ubik u ju'un (pasaporte) tia'al u ye'esik táanxel kaajil u taal, beeyxan wa ku k'amik jump'éel k'uben meyaj tu'ux ku chíimpoltik u jala'achil táanxel lu'umil, yéetel.

II. Wa ku bin kajtal ichil jo'op'éel ja'ab ji'ijinak táanxel noj méek'táankaajil.

C. U chíimpolta'al máak bey u kajnáalil Méxicoe', je'e u béeytal u tse'elele':

I. Wa ku k'amik jump'éel k'uben meyaj tia'al u jala'achil yaanal méek'táankaajil.

II. Tu yóok'lal u k'amik u beetik meyaj tia'al u jala'achil táanxel méek'táankaajil kex ma' u ts'a'abal ti' u páajtalil tumeen Congreso Federal wa Comisión Permanente;

III. Tu yóok'lal u k'amik u chíimpolal u jala'achilo'ob táanxel méek'táankaajilo'ob kex ma' ts'a'an u páajtalil ti' tumeen Congreso Federal wa Comisión Permanente;

IV. Wa tumeen ku k'amik ti' u jala'achil táanxel méek'táankaajil títulos wa meyajo'ob kex ma' ts'a'an u páajtalil ti' tumeen Congreso Federal wa Comisión Permanente, ba'ale' wa chíimpolal ku beeta'al ti' tumeen u ts'íib, u xak'al na'at wa tumeen ku yáantik kaaje', lela' je'e u béeytal u k'amik chen tu t'aan yóolaje'.

V. Wa ku yáantik juntúul máak ma'a kajnáal wey t lu'umile', u jala'achil jump'éel táanxel méek'táankaajil, tia'al u k'áatnúukt u t'aan u jala'achilo'ob México wa tu táan je'e ba'alak Tribunal Internacionalile', kex líik'ik wa u sut u paach ti' u noj a'almajt'aanil u noj méek'táankaajal, yéetel.

VI. Je'e ba'alak u láak' ka'a je'ets'ek tumeen a'almajt'aano'obe'.

Tia'al le ba'ax ku ya'alik fracciones II yéetel IV ti' le junkóots a'almajt'aana', Congreso de la Unión kun jets'ik u áantaj a'almajt'aanil, chen bix úuchak u beeta'al yaanal bixe', tia'al jump'éel permiso wa licenciae', lela' yaan u na'ata'al ts'o'ok u béeytale', chen le ken máanak le jayp'éel k'iin jets'a'ane' tak ka'a tu k'ubaj máak u ju'unil ikil u k'aatike'.

Artículo 38. U najmal yéetel u yutsil juntúul máak chíimpolta'an bey u kajnaalil k noj méek'táanlumile' yaan u sa'atal:

I. Wa ma'atan u ts'o'okbesik máak, kex tu yóok'lal mixba'al je'e máakalmáak ti' le ba'axo'ob jets'a'an ichil le artículo 36. Le u chíimpolta'al máak bey u kajnaalil k noj méek'táanlumilo' yaan u tse'elel tak ichil junja'ab, kex ka'a ts'a'abak u láak' bo'ol si'ipil ti' tu yóok'lal bey je'ex u ya'alik a'almajt'aane';

II. Wa tumeen ku táakpajal máak ichil jump'éel takpoolil tu'ux ku k'a'abetchajal u k'a'alal, lela' ku káajal ti' le súutuk ken je'ets'ek u k'a'abetil yéetel le ken k'a'alake'.

III. Ka'alikil ma' ts'o'okok u bo'otik u si'ipil k'ala'anili';

IV. Wa tumeen chen bey u máan máak wa tumeen chen káaltal ku beetik, bey je'ex jets'a'anil tumeen a'almajt'aano'obo'.

V. Wa tumeen puuts'ul ti' justiciae', chen p'el u beeta'al u ju'unil tu'ux ku ya'ala'al ka'a ma'achak tak le ken ts'o'okok u bo'otik u si'ipil, yéetel,

VI. Wa tumeen ku je'ets'el yéetel leti' ken u bo'ot u si'ipil.

A'alamajt'aan kun jets'ik ba'ax óok'lal kun xu'ulul u chíimpolta'al máak bey u kajnáalil k noj méek'táanlu'umil, yéetel ba'ax u láak' si'ipililo'ob úuchak u beetik u xu'ulul u chíimpolta'al máak yéetel bix úuchak u ka'a náajaltik máak u su'utul ti'.

Ka'a jaats
Capítulo I: Tu yóok'lal soberanía nacional yéetel bix u jala'achil

Artículo 39. U nooy soberanía nacionale' sijnal yéetel chen ku ts'o'okbespajal tu kajnáalilo'ob. Tuláakal jala'achile' ku síijil ichil kaaj yéetel u yutsile' ku ts'o'okbesa'al tia'al kaaj. Ti' mixmáak yaan u páajtalil u tselik ti' kaaj u noj najlmalil u k'exik mix u bisik u jala'achil.

Artículo 40. U kajnálilo'ob Méxicoe' sijnal tu t'aan yóolal u bisik u kuxtal bey jump'éel república ku jo'olbesik u kuxtal, democrática, federal, ku patikubáa yéetel u petenlu'umil ku jo'olbesik u kuxtal tu juunal; ba'ale' u much'majuba'ob ti' jump'éel federación nu'ukta'an yéetel le a'almajt'aana'.

Artículo 41. U noj páajtalil u kajnáalilo'ob Méxicoe' ku ts'o'okbespajal tumeen poderes de la unión, leti'obe' tak tu'ux ku k'uchul u muuk' u meyaj, ba'ale' bey xan je'ex u petenlu'umilo'obe', bey je'ex jets'a'anil tumeen le noj a'almajt'aana' yéetel tumeen u a'almajt'aanilo'ob petenlu'umo'ob mix juntéen unaj u kúulpachtik u noj a'almajt'aanil Méxicoe'.

U k'e'exel u jala'achilo'ob legislativo yéetel ejecutivoe' yaan u beeta'al yéetel yéeytáambal libres, auténticas y periódicas, bey je'ex:

I. Partidos políticose' mola'ayo'ob najmal u táakmuk'ta'al; a'almajt'aano'ob unaj u jets'ik ba'ax yéetel bix kun táakpajalo'ob ichil le yéeytambalo'. Tuláakal partidos políticos nacionalese' yaan u páajtalil ti'ob u táakpajal ti' u yéeya'al jala'acho'ob ti' petenlu'umo'ob, méek'tankaajo'ob yéetel Distrito Federal.

Partidos políticose' ku kaxantiko'ob u táakpajal kaaj ichil u keet kuxtal kaaj, u táakpajal tia'al u jo'olbesa'al u kuxtal u kajnáalilo'ob México yéetel ku na'ata'al bey jump'éel mola'ayil tu'ux unaj u táakpajal tuláakal kajnáalo'ob, u ts'o'okbesiko'ob u páajtalil kaaj ichil u jala'achil kaaj, yéetel le péektsilo'ob ku beeta'al u tia'alo', ba'ax yéetel ku kaxanta'al u toojóolal yéetel u táakpajal libre, ma' u yojéelta'al tumeen mixmáak. Chen ja'alil u kajnáalilo'ob México je'e u béeytal u táakpajal ichil partidos políticos ken u yóote', mixmáak unaj u chok'ik wa u beetik u táakpajali'; beytúuno' jumpuli' wet'a'an u táakpajal u láak' jejeláas mola'ayo'ob u múuch'ajuba'ob tia'al yaanal ba'al ichil jump'éel partido político.

Le máaxo'ob ts'a'an tia'al u jo'olbes u meyajil u yéeya'al jala'acho'obo' chéen kun béeytal u táakpajal ichil le partidos políticos bey je'ex jets'a'anil tumeen a'almajt'aano'obo'.

II. A'almajt'aane' yaan u beetik u keet k'uchul tu k'ab le partidos políticos tuláakal ba'ax k'a'abet tia'al u ts'o'okbesik u beelalo'ob yéetel yaan tsolnu'uktik bix ken u xupil le taak'in kun ts'aabilti'ob tia'al u payalt'antik máako'ob votar tu yóok'lalo'obo', ba'ale' k'a'abet u kaalantiko'ob ma' u jach k'amiko'ob taak'in ti' chen ayik'alo'ob.

Le taak'in ken u xup le partidos políticos yaan u páajtalil u ka'a táakpajalo'ob ichil u láak' yéeytambalo', leti' le kun ts'aabilti'ob tia'al meyajo'ob sáansamal ka'alikil u ts'o'okbesik u beelalo'obo', le ba'ax ku beetiko'ob tia'al ka'a votarta'ako'ob ichil le yéeytáambalo' wa le ku ts'aabil tia'al u láak' wa ba'axo'. Lela' yaan u ts'a'abal je'ex jets'a'anil tumeen a'almajt'aan beya':

a) Ja'abmanja'ab ku jest'bil beyka'aj kun ts'aabil tia'al le meyaj ku beetiko'ob mantats'o', tia'al u yojéelta'al bajux yaan ts'aabilti'obe', yaan u ch'a'abal jaytúul máako'ob ts'íibta'an u k'aaba' ichil le máaxo'ob yaan u ja'abil tia'al u táakpajal te'ej yéeytáambalo' ku multiplicarta'al yéetel u sesenta y cinco por ciento bajux ku náajaltik juntúul j méeyjul máak tu noj kaajil Distrito Federal. U treinta por ciento ti' le beyka'aj ken u ts'áe', yaan u t'o'oxol keettak ichil tuláakal le partidos políticoso', le u yaala' sesenta por ciento, yaan u yila'al jayp'éel voto le ka'aj yéeya'ab diputado'ob tu ts'ookbalake'.

b) Le taak'in kun meyaj ichil jump'éel ja'ab tia'al u yoksa'al tu tuukul kaaj ka'a votarnak tu yéeytáambalil u noj jala'achil u noj lu'umil México, senadores wa diputados federalese', chen u chúumuk ti' le beyka'aj ku ts'a'abalti'ob tia'al le meyaj ku beetiko'ob sáansamal ichil le ja'abo'; wa chen yaan u yéeya'al diputados federalese', yaan u ts'a'abal u treinta por ciento ti' la beyka'aj ku ts'a'abal tia'al u meyajo'ob sáansamale'.

c) Le taak'in kun ts'aabilti'ob tia'al p'éep'el meyajo'ob je'e bix ka'ansajil tu najil xook, ka'ansaj meyaj, u xaak'alil socioeconomia yéetel política, ba'ale' beeyxan tia'al u jóok'sa'al áanalte'obo', yaan u k'uchul tak tres por ciento ti' le beyka'aj ku ts'a'abal tia'al u meyajo'ob sáansamalo'. U treinta por ciento ti' le beyka'aj ts'o'ok u ch'a'achi'ita'ala' yaan u keet t'o'oxol ichil tuláakal le partidos políticoso', ba'ale' u yaala' sesenta por ciento, yaan u t'o'oxol tu yóok'lal jayp'éel voto tu náajalto'ob ti' le yéeytáambal táant u máano'.

A'almajt'aan kun jets'ik tak beyka'aj u xuul u ya'abil taak'in ku ts'aabil tia'al u yéeya'al máax kun báaxal tia'al u náajalt u beet u jala'achil yéetel beyka'aj xan tia'al u máan u k'áat ka'a votarta'ak. A'almajt'aan xan kun jets'ik tak beyka'aj u ya'abil taak'in úuchak u béeytal u ts'áak máaxo'ob tsaypachtik jump'éel partido wa candidato, ba'ale' le je'ela' ma' unaj u máan ti' u diez por ciento ti' tuláakal le xuup tu beetaj le partido tu ts'ook juntéen ka'a yéeya'ab u noj jala'achil Méxicoe'; ba'ale' yaan xan u nu'uktik tia'al u kalaanta'al tu'ux u taal yéetel bix u xupik u taak'inil yéeytáabalil yéetel yaan u jets'ik bix ken u bo'otil u si'ipil máax ma'atan u ts'o'okbesik le a'almajt'aano'.

Beeyxane' a'almajt'aan kun jets'ik bixi yéetel tu'ux kun ts'o'okol u ba'aluba jump'éel partido le ken p'áatak ma'atan u béeytal u ka'a táakpajal ichil yéeytáambalil, beeyxan tak wa unaj u láaj máansik u ba'alubáa tu k'ab u noj jala'achilo'ob México.

III. Tuláakal partido nacionale' yaan u páajtalil ti' u k'a'abetkuunsik medio de comunicación social.

Apartado A. Instituto Federal Electorale', leti' u xuul u nojochil u jo'olpo'opil máax kun jets'ik beyka'aj súutukil yaan ti' noj jala'acho'ob yéetel partidos políticos nacionales ti' radio yéetel televisión, bey je'ex jets'a'anil tumeen a'almajt'aano'obo' yéetel je'ex u ya'ala'al te'ela':

Chen p'el u káajal u payalt'anta'al kaaj votar tak le k'iin ku beeta'al le je'ela', yaan u p'a'atal tu k'ab Instituto Federal Electoral cuarenta y ocho minutos sáansamal, tu'ux yaan u yoksa'al ichil ka'ap'éel wa tak óoxp'éel minuto ti' jump'éel hora táan u meyaj le radio wa televisiono', ichil le sutukil ku je'ets'el tumeen inciso d) ti' le junxóot' a'almajt'aana';

Tia'al u precampaña le partidos politicoso' yaan u ts'a'abal ti tuláakal jump'éel minuto ichil jump'éel hora ti' radio yéetel televisión; le u yaala' ma'atan u k'a'abetkuunsiko'obo', a'almajt'aan kun jets'ik bix kun k'a'abetkuunsbil;

Ka'alikil táan campañas electoralese', tia'al u ts'o'okbesa'al u najmal partidos políticose', unaj u k'a'abetkuunsa'al kex jach u ochenta y cinco por ciento ti' tuláakal le súutkil yaan yéetel ku ch'a'achi'ita'al ichil le inciso a) ti' le junxóot' a'almajt'aana';

Tuláakal ba'ax ken u máans radios wa televiosione' yaan u máansa'al ichil las seis tak las veinticuatro horas.

Ti' tuláakal súutuko'ob kun ts'aabil tia'al partidose' yaan u to'oxol beya': u treinta por cientoe', keet tia'al tuláakal le partidoso', le u yaala' setenta por cientoo', le bix náajalnajik le diputados federales yéeya'ab tu ts'ookbalako';

Ti' partidos políticos mina'an u representante Congreso de la Unione' chen kun ts'aabilti'ob ti' radio yéetel televisión, le porcentaje' ku ya'alik le inciso yaan yóok'ol le je'ela', yéetel

Jumpáay ti' ba'ax jets'a'an te'ej apartado a yéetel b ti' le a'alamajt'aana' ba'ale' beeyxan ma' tu k'iinilo'ob precampaña wa campaña electoral federale', ti' Instituto Federal Electoral ku ts'aabil tak u doce por ciento ti' tuláakal le súutukil ts'a'an ti' estado ti' radio yéetel televisión, bey je'ex jets'a'anil tumeen a'almajt'aano'; ti' tuláakal le súutuk yaano', le mola'aya' yaan u t'oxik keet tak u chúumuk ichil tuláakal le partidos políticos nacionaleso'; le u yaala' kun p'áatalo' leti' kun k'a'abetkuunsik wa u láak autoridades electorales, bey estatales wa federales. Tuláakal partido político nacionale' yaan u k'a'abetkuunsik le súutuk kun ts'aabilti'ob, tia'al jump'éel péektsil ku xáantal cinco minutos láalaj winal yéetele' le ken u yaala'to' tia'al u ya'alik wa ba'ax ti' kaaj ichi veinte segundos. Tia'al je'e máakalmáak ti' le péektsilo'oba' yaan u beeta'al ti' le súutukil ku jets'tik instituto ichil le inciso d) ti' le junxóot' a'almajt'aana'. Tia'al wa yaan jump'éel noj ba'al ku yúuchule' institutoe' je'e u béeyutal u tselik le súutukilo'ob ti' le partidoso', ka' u ts'aa ti' u láak' partido wa tumeen jach najmal beyo'.

Mix jump'éel partido político kun béeytal u manik, leti' wa u k'ubeentik manbil súutuko'ob ti' radio wa televisión tia'al u ts'áak ka'jjoltbil u beelal.

Mixmáak, tu k'aaba' wa tu k'aaba' u láak' máak kun béeytal u bo'otik ka'a máansa'ak u t'aan partidos políticos ti' radio wa televisión tia'al u yoksa'al tu pool kaaj ka' u tsaypacht wa ka' u cha'akuxt jump'éel partido político wa juntúul máak ku kaxtik u yéeya'al tia'al u beet u jala'achil wa u jo'olbes wa ba'a u mola'ayil jala'ach. Wet'a'an u ts'a'abal k'ajóoltbil ichil u noj lu'umil México, je'e ba'alak ti' le ba'alo'ob beya' wa ku bo'ota'al táanxel noj lu'umile'.

Tuláakal le ba'axo'ob jets'a'an ichil le ka'axot' a'almajt'aana' jach k'a'ana'an u ts'o'okbesa'al tu petenlu'umilo'ob México yéetel Distrito Federal, le bix jets'a'anil xan tu a'almajt'aanilo'obe'.

Apartado B. Tia'al u beeta'al jump'éel yéeytáambal tu petenlu'umillo'ob México wa Distrito Federale', Instituto Federal Electoral kun jets'ik bix kun k'a'abetkuunsbil tumeen jala'acho'ob le sutukilo'ob yaan u páajtalil u k'a'abetkuunsiko'ob ti' radio yéetel televisiono' tu petenlu'umilo'obo', bey je'ex jets'a'anil ichil le a'almajt'aano'obo', yéetel je'ex u ya'ala'ala':

a) Le ken beeta'ak yéeytáambal tu petenlu'umilo'ob México keet yéetel xan u yéeya'al noj jala'acho'obe', le súutukilo'ob yaanti'ob ti' radio yéetel televisiono', yaan u ts'o'okbesa'al bey je'ex jets'a'anil te'e inciso a), b), yéetel c) ti' le junxóot' a'almajt'aana'.

b) Tia'al u láak' yéeytáambale', le súutuko'ob kun ts'aabilti'obo' yaan u je'ets'el bey je'ex a'ala'anil ichil le a'almajt'aana'.

c) Tia'al u t'o'oxol le súutukilo'ob ichil le partidos políticos, tak le ku táakpajalo'ob chen tu kaajalo'obo', yaan u ts'o'okbesa'al je'ex jets'a'anil te'e junxóot' a'almajt'aana' yéetel je'e máakalmáak u láak' ka' t'aanak tu yóok'lale'.

Wa Instituto Federal Electoral yéetel u láak' u jala'achilo'ob yéeytáambal ku tukultik ma'a chuka'an le sutukil ku ts'a'abalti'ob ti' radio yéetel televisión tia'al u ts'o'okbesik u beelalo', yaan u yilik bix u beetik tia'al u chúukbesik, je'ex jets'a'anil ku béeytal u beetik, tumeen a'almajt'aano'obo'.

Apartado C. Ti' le nu'ukulo'ob ku k'a'abetkuunsik partidos políticos yaan u kalaantik ma' u nuumsik mix u ya'alik ba'al ti' mola'ayo'ob wa u láak' partidos wa chen máako'ob.

Ka'alikil u xáantal tak u ts'o'okbal le campañas electorales federales yéetel localeso', yaan u xu'ulsa'al u ts'a'abal k'ajóoltbil tuláakal meyaj ku beetik jala'acho'ob, bey jala'acho'ob federales beeyxan estatales wa ti' méek'táankajo'ob, u jala'achjilo'ob Distrito Federal, u delegaciones wa je'e ba'alak u láak' u kúuchil u meyaj jala'ache'. Chen máaxo'ob ma'atan u táakpajalo'ob ichil le je'ela' leti' le nu'uktajo'ob ku ts'áak ojéeltbil u jala'achilo'ob yéeytáambalo', le ba'ax k'a'abet u yojéelta'al tu yóok'lal xookil yéetel tojóolalo', w le k'a'abet tia'al u kalaanta'al u tojóolal kaaj wa yaan jump'éel noj loobil ku taal tu yóok'ol.

Apartado D. Wa ma'a tu ts'o'okbesa'al le a'almajt'aan le ken beeta'ak je'eba'alak meyajilo', tu séeblakile' yaan u beeta'al u bo'otik u si'ipil máax kun betik, bey je'ex jets'a'anil ichil le a'almajt'aana', ichil lela' je'e tak u beetik u xu'ulsa'al u máansa'al ti' radio yéetel televisión tuláakal le meyaj tu'ux ma'atan u ts'o'okbesa'alo'.

IV. A'almajt'aan kun jets'ik u k'iiniloob tia'al u beeta'al yéeytáambal ich partidos tia'al u je'ets'iko'ob máax kun jo'olbesiko'ob ichil yéeytáambal, beeyxan bix kun u beet u precampaña yéetel campaña electoral.

Jump'éel campaña tia'al u yéeya'al presidente de la República, senadores wa diputados federalese' yaan u xáantal noventa k'iino'ob; tu ja'abil ken yéeya'ak chen diputados federalese', la campañao' yaan u xáantal chen óoxk'aal u k'iinilo'ob. Jump'éel precampañae' mix juntéen unaj u ch'aktik ka'ajaats ti' óoxjaats le beyka'aj ku xáantal jump'éel campañae'.

Ma' u ts'o'okbesa'al le je'e tumeen partidos wa je'e máaxak máakile' yaan u beeta'al u bo'otik u si'ipilil bey je'ex jets'a'anil tumeen a'almajt'aane'.

V. U jo'olbesa'al jump'éel yéeytáambal federale' u meyaj noj jala'acho'ob ku ts'o'okbesa'al tumeen jump'éel organismo público ku meyaj tu juunal yéetel k'aaba'ta'an Instituto Federal Electoral, yaan u personalidad jurídica yéetel u ba'alubáa, yaan u je'ets'el máaxo'ob kun jo'olbesik tumeen poder legislativo de la unión, partidos políticos nacionales yéetel xan chen wíinik ma' táakpaja'an ichil mix jump'éel ti' lelo'oba'a, bey je'eex u ya'alik le a'almajt'aano'oba'. Le je'ela' yaan u beeta'al ich jets'óolal, je'ex u ya'alik a'almajt'aano'be', ma' u yokbeskuba míixmáak mina'an ba'al u yili', mix u yáantik mixmáak ti' le ku táakpajalo'o.

Instituto Federal Electorale' leti' u noj jala'achil yéeytáambal, mixmáak unaj u yokbesikuba ichil u meyaj tumeen yaan u beetik je'ex unaje'; ichile' yaan u yantal máax jo'olbesik, máax meyajtik, máax áantaj yéetel máax kalaantik ka'a meyajnak tu beel. U noj jala'achil tia'al jo'olbesike' consejo general yaan u jo'olbesa'al tumeen juntúul consejero presidente yéetel waxaktúul consejeros electorales, yaan u táakpajalo'ob tia'al u ya'alo'ob ba'ax ku tukultiko'ob ba'ale' ma'atan u béeytal u jets'iko'ob ba'ax wa bix kun beetbil, yaan u chúukbesa'al tumeen u consejeros Poder Legislativo, u representantes partidos políticos yéetel juntúul secretario ejecutivo; a'almajt'aan kun jets'ik bix kun tsóolol yéetel bix kun meyaj le mola'aya', beeyxan bix kun múulmeyaj máaxo'ob jo'olbesik. Le maaxo'ob kun meyajtiko' yaan u yáantikuba'ob yéetel máako'ob kaambanaja'an u tia'al yéeytáambalo'ob. Tia'al u kalaanta'al taak'in ku k'amik yéetel ku xupik le institutóo', yaan u yáanta'al tumeen jump'éel mola'ayil ku k'aba'tik contraloría general. U a'almajt'aanil yéeytáambal yéetel u nu'uktajil bix kun beetbil kun jets'bil tumeen consejo electorale' leti' xan kun nu'uktik u meyaj máaxo'ob táaka'an ichil. Consejo de vigilanciae' máax kun kalaantik ka'a táakpajak chen le máaxo'ob yaan u k'aaba' ichil u tsóolts'íibil yéeytáambalo', yaan u beeta'al tumeen u representantes partidos políticos nacionales. Tia'al jo'olbesik yéeytáambale' yaan u táakpajal chen máako'ob.

Consejero presidente yaan u xáantal wak ja'ab u jo'olbesik le mola'aya' ba'ale' je'e u béeytal u ka'a ts'a'abal chen jutéen u jo'olbese'. Consejeros electoralese' yaan u xáantalo'ob bolon ja'abo'ob, ku ts'o'okole' jujunjaatsil kun bin u ke'exla'ajal yéetel ma'atan u béeytal u ka'a p'a'atalo'obi'. Je'ex kun k'a'abetchajale' yaan u yoksa'al u jeelo'ob wa ku chíimpolta'al tumeen ka'ajaats ti' óoxjaats máaxo'ob yaan ichil Cámara de Diputados, ba'ale' yaan u proponerta'alo'ob tumeen grupos parlamentarios, ba'ale' yaan u yáax k'áata'al u chi' kaaj tia'a u yéeya'al. Wa ma' kula'an consejero presidente wa je'e máakalmáak ti' le consejeros electoraleso', yaan u yéeya'al u jeelo'ob tia'al u ts'o'okes le beyka'aj k'iin u bino'. A'almajt'aan kun jets'ik bix kun beetbil.

Mix consejero presidente mix le consejeros electorales kun béeytal u yantal u láak' meyaj ti' ka'alikil táan u beetik le meyaja', chen le máaxo'ob kun táakpajal tia'al u representar le consejo generalo' wa le ken u beeto'ob ichil u mola'ayil ka'ansaj, xak'alna'at, miatsil wa áantaj mina'an u bo'olile'. U náajalo'obe' unaj keet yéetel u náajal juntúul ministro ti' Suprema Corte de Justicia de la Nación.

Le máax kun jo'olbesik contraloría generale' yaan u ts'a'abal tumeen Cámara de Diputados yéetel u voto ka'atúul ti' óoxtúul ti' tuláakal Cámara de Diputados, ba'ale' yaan u proponerta'al tumeen u mola'ayil educación superior, bey je'ex jets'a'anil tumeen a'almajt'aane'. Yaan u xáantal wak ja'ab ti' le meyaja' yéetel chen juntéen kun béeytal u ka'a ts'a'abal u beetej. Yaan u meyaj yáanal u t'aan consejo general yéetel yaan u múul meyaj yéetel Órgano de Fiscalización Superior de la Federación.

Secretario ejecutivoe' u presidenteil le consejo general kun a'alik máax u k'áat ka' u beeto', ba'ale' yaan u ts'a'abal tumeen ka'ajaats' ti' tu yóoxjaatsilo'ob.

A'alamajt'aan kun a'alik bix u máakil kun yéeybil tia'al u beet u consejero presidenteil ti' le consejo generalo', wa le consejeros electorales, contralor general yéetel le secretario ejecutivo ti' le Instituto Federal Electoralo'; le máaxo'ob ts'o'ok u beetik u consejero presidenteil, consejero electoral yéetel secretario ejecutivo, ma'atan u béeytal u ka'a ts'a'abal u beeto'ob wa ma' máanak ka'ap'éel ja'ab u p'at jump'éel kúuchil tu'ux yanchaj u yéeya'ali'.

Le u consejerosil Poder Legislativo yaan u proponerta'al tumeen le partidos políticos tu'ux ku táakpajalo'ob ichil le camaraso'. Chen juntúul consejero kun yantal ti' le grupos parlamentarios kex wa ma' chíimpolta'anoob tumeen tu ka'ap'éelal le camaraso'.

Chen ti' Instituto Federal Electoral yaan yéetel ma'atan u béeytal u p'atik tu k'ab yaanal, u meyajil ka'ansik ti' partidos políticos, tuláakal ba'ax yaan u yila'a yéetel educación cívica, geografía electoral, derechos yéetel ba'axo'ob áantajil najmal u k'amiko'ob, beeyxan tu yóok'lal padrón yéetel u tsóolts'íibil electoro'ob, u beeta'al u ju'unil yúuchul yéeytáambalil, u líik'sikuba kaaj tia'al yéeytáambalil, u xo'okol votos bey je'ex u ya'alik a'almajt'aane', u jets'ik máax náajalnaji yéetel u k'u'ubul u ju'un máax ken u beet u diputado wa senadorilo'ob, u xo'okol u votosil tia'al u yéeya'al u noj jala'achil tuláakal u noj lu'umil Estados Unidos Mexicanos ti' tuláakal u distritos uninominales, beeyxan u nu'uktajil máaxo'ob ku taalo'ob u yilo'ob bix u yúuchul yéetel u k'áatchi'ita'al kaaj tia'al u yojéelta'al máax kun náajal. Tuláakal meyaj ken u beet máaxo'ob táakpaja'an ichil le mola'aya', yaan u beeta'al tu táan u paakat kaaj bey je'ex u ya'alik a'almajt'aano'obe'.

U xak'alta'al wa nu'uka'an u bin u xupik u taak'in partidos políticose' yaan u beeta'al tumeen jump'éel órgano técnico ku taal ichil consejo general ti' le Instituto Federal Electoralo', lela' yaan u je'ets'el máax kun jo'olbesik tumeen ka'ajaats ti' tu yóoxjaatsil le consejo, kex leti' le consejero presidente ka'a proponertiko'. A'almajt'aan kun jets'ik bix kun meyaj le mola'aya', ba'ale' beeyxan bix ken u beetil tia'al u jets'ik bix ken u bo'otil consejo general u si'ipil je'e máaxak ichilo'obe'. Tia'al u ts'o'okbesik u beelal le órgano técnicoa', mixba'al yaan u yila'a yéetel secreto bancario, fiduciario yéetel fiscal.

Tu yóok'lal u meyaj órgano técnicoe' ku je'epajal u beel u láak' jala'acho'ob tia'al u yojéeltiko'ob bix u xupik u taak'in partido'ob ti' u petenlu'umilo'ob México, tu'ux ma'atan u béeytal u yooklo'ob bey je'ex u ya'alik le junxóot' a'almajt'aan yaan yóok'ol le je'ela'.

Instituto Federal Electorale' yaan u beetik mokt'aan yéetel u jala'achilo'ob petenlu'umo'ob wa tumeen ku k'áatiko'ob, tia'al u jo'olbesik yéeytáambal tu kaajalo'ob, bey je'ex jets'a'anil tumeen le a'almajt'aano'oba'.

VI. Tia'al u ts'o'okbesa'al ba'ax ku ya'alik le a'almajt'aano'oba', yéetel u a'almajt'aanilo'ob yéeytáambale', yaan u je'ets'el bix úuchak u béeytal u k'áata'al ka'a jel xak'alta'ak, bey je'ex jets'a'anil ichil le a'almajt'aana'. Le nu'uktajil ts'aak u páajtalil u k'aata'al ka' jel xak'alta'ak le yéeytáambalo', leti' kun beetik u ts'o'okbesa'al tuláakal u jejeláas jaatsil u beeta'al yéeytáambal yéetel yaan u beetik u ts'o'okbesa'al u najmal tuláakal u kajnáalilo'ob México tia'al u yéeyaj, u yéeya'al wa u much'kubáa, bey je'ex u ya'alik artículo 99 ti' la noj a'almajt'aana'.

Tia'al yéeytáambale' u k'aata'al ka'a jel xak'alta'ake' bey je'ex u ya'alik le a'almat'aana' wa u láak' a'almat'aane' ma' u k'aat ya'al wa chen tu yóok'lale'e yaan u beetik u xu'ulsa'al le ba'ax beetik u k'aata'alo'.

Capítulo II: Tu yóok'lal petenlu'umo'ob yéetel u noj méek'táanlu'umil

Artículo 42. Ichil u noj lu'umil Méxicoe' ti' yaan:

I. Tuláakal petenlu'umo'ob táakpaja'an ichil Federación:

II. Peteno'ob, arrecifes yéetel cayos yaan ichil u k'áak'náabil;

III. U petenil Guadalupe yéetel revillagigedo yaan ichil u k'áak'náabil pacífico;

IV. Plataforma Continental yéetel zócalos yaan yaanal u k'áak'náabil peteno'ob, cayos yéetel arrecifes;

V. U ja'il u k'áak'naabilo'ob tak le beyka'aj nojochil yéetel le bix u je'ets'el tumeen Derecho Internacionale', yéetel le aka'an ja'ob yaan ichil u noj lu'umil Méxicóo', yéetel

VI. Tuláakal u báankabil u ka'anil yóok'ol u noj lu'umil México, tak le beyka'aj yéetel le bix u je'ets'el tumeen Derecho Internacionale'.

Artículo 43. U petenlu'umilo'ob le federaciona' Aguascalientes, Baja California, Baja California Sur, Campeche, Coahuila, Colima, Chiapas, Chihuahua, Durango, Guanajuato, Guerrero, Hidalgo, Jalisco, México, Michoacán, Morelos, Nayarit, Nuevo León, Oaxaca, Puebla, Querétaro, Quintana Roo, San Luis Potosí, Sinaloa, Sonora, Tabasco, Tamaulipas, Tlaxcala, Veracruz, Yucatán, Zacatecas yéetel Distrito Federal.

Artículo 44. U noj kaajil Méxicoe' leti' le Distrito Federalo', ti' yaan tu yóox jaatsil Poderes de la Unión yéetel u capital tuláakal u petenlu'umilo'ob. U nojochile' leti' le beyka'aj tak bejlae' yéetele' wa ku máansa'al jala'achilo'ob táanxel petenlu'umile', lela' yaan u ts'o'obesik u kuxtal je'ex estado del valle de México tak le beyka'aj nojochil kun jets'bil tumeen congreso generale'.

Artículo 45. U petenlu'umilo'obe' bey kun p'áatalo'ob u nojochilo'ob yéetel tak tu'ux ku náakalo'ob bajlae', ka'alikil mina'an mix jump'éel ba'ate' tu yóok'lalo'ob.

Artículo 46. U petenlu'umilo'ob Méxicoe' úuchak u beetiko'ob ich jets'óolal, u mokt'aanil yutskíinsik tak tu'ux ku náakal u xuulo'ob; ba'ale' ma'atan u béeytal u ts'o'okbesiko'ob wa ma' u chíimpolta'al tumeen Cámara de Senadores.

Wa ma'atan u béeytal u beetiko'ob u mokt'aanil ich jets'óolale', je'e máakalmáak ichilo'obe' je'e u béeytal u bin tu táan Cámara de Senadores u k'áato'ob ka' utskiinsa'ak je'ex u ya'alik artículo 76, Fracción XI, ti' le noj a'almajt'aana'.

Le bix ken u jets'il Cámara de Senadores unaj u p'áatale', bey kun p'áatalo', ti' mixmáak yaan u páajtalil u k'exik mix u beetik u jeel ba'al tu yóok'lal. Suprema Corte de Justicia de la Nacione' chen úuchak u k'ájóoltik yéetel jump'éel controversia constitucional, wa tumeen ku beeta'al tumeen máaxo'ob táakpaja'ani', le ba'atelil ken u taas le ba'ax tu jets'aj Cámara de Senadorese'.

Artículo 47. U xuul u nojochil u petenlu'umil Nayarite' leti' le tu'ux ku náakal u lu'umil Tepic tak bejlae'.

Artículo 48. Peteno'ob, cayos yéetel u arrecifesil u súut k'áak'náabil Méxicoe', u zócalosil yáanal u k'áak'náabil le peteno'ob, cayos yéetel arrecifeso', u aka'an ja'ilo'ob ichil u lu'umil yéetel u báankabil u ka'anil yaan tu yóok'ol u lu'umile' yaan u kalaanta'al juntaats' tumeen u noj jala'achil México, ba'ale' ma' tak le peteno'ob tak bejla'a yaano'ob yáanal u t'aan u petenlu'umilo'obo'.

Yóox jaats

Capítulo I: Tu yóok'lal bix u jatsaljatsta'al jala'achil

Artículo 49. U noj jala'achil federacione' jatsa'an tia'al u ts'o'okbesik u beelalo'ob bey Legislativo, Ejecutivo yéetel Judicial.

Ma'atan u béeytal u jo'olbesa'al ka'ap'éel wa máanja'an ti' ka'ap'éel ti' el poderes tumeen chen juntúul máako', chen ja'alil ka ts'a'abak u páajtalil ti' ejecutivo wa tumeen yaan jump'éel noj sajbe'entsilil, bey je'ex jets'a'anil ichil artículo 29. Mix ti' jump'éel u láak' bix wa ma' je'ex u ya'alik u ka'a jaats le artículo 131e', je'e u béeytal yaan u ts'a'abal u páajtalil u yúuchul legislar.

Capítulo II: Tu yóok'lal u mola'ayil u pa'ajo'olta'al u meyaj jala'ach

Artículo 50. U Poder Legislativoil u petelu'umilo'ob u noj lu'umil Méxicoe' jo'olbesa'an tumeen jump'éel congreso general, tu'ux kun táakpajal ka'ap'éel cámaras, jump'éel tia'al diputados yéetel jump'éel tia'al senadores.

Yáax junxóot'. Tu yóok'lal bix u yéeya'al yéetel u kulkiinsa'al Congreso

Artículo 51. Cámara de Diputadose yaan u beetchajal yéetel u representantesil u noj méek'tanlu'mil México, máaxo'ob kun láaj yéeybil láalaj óoxja'ab. Le ken yéeya'ak juntúul diputadoe' yaan u yéeya'al u láak' juntúul máak ma' xaan ka' mina'anchajake' leti' kun p'áatal tu jeel.

Artículo 52. Cámara de diputadose' yaan u beetchajal yéetel 300 diputados kun yéeybilo'ob tumeen kaaj, yéetel 200 kun ts'aabil tu yóok'lal jayp'éel votos tu jóok'saj partidos tu kaajalo'obi' votadas en circunscripcionales *(sic)* plurinominales.

Artículo 53. Tia'al u ja'atsal beyka'aj tu'ux kun jóok'ol le máaxo'ob kun yéeyik juntúul diputadoe' yaan u jóok'sa'al 300 u jaatsal keettak ti' u kajnáalilo'ob México ts'o'ok u chukik u ja'abil u táakpajal ich yeéytáambale' ku wo'olol tia'al u beetik jump'éel distrito. Tia'al u ja'atsale' yaan u ch'a'abal u ts'ook xookil tu beetaj INEGI ti' u kajnáalilo'ob México, ba'ale' mix jump'éel u petenlu'umil México kun yantal kaabal ti' ka'atúul diputado.

Tia'al u yéeya'al 200 diputado'ob tu yóok'lal le jayp'éel votos tu jóok'saj jump'éel partido yéetel beeyxan jaytúul kajnáalo'ob yaan ti' kaajo'obe', yaan u jóok'sa'al jo'obúuj ti' tuláakal u noj lu'umil México. A'almajt'an kun jets'ik tak tu'ux ku náakal u méekt'aantik kaaj le jo'ojaats lu'uma'.

Artículo 54. Tia'al u yéeya'al le 200 diputados tu yóok'lal juntúul máak votarnaj tu yóok'lal u partido yéetel jaytúul máako'ob yaan u ja'abil u táakpajal yaan ti' kaajo', yaan u beeta'al bey je'ex jets'a'anil ich a'almajt'aane' yéetel le bix u ya'ala'al te'ela':

I. Tia'al ka'a ts'a'abak ti' jump'éel partido político u tsóolts'íibil jaytúul máak táakpaja'an ichil múuch'kaajilo'ob tu'ux kun yéeybile', k'a'abet u ye'esik táan u táakpajal ichil kex 200 distritos uninominales;

II. Tuláakal partido yaan ti' kex ka'atúul ti' jo'otuk'aal ti' tuláakal u tsóolts'iibil máaxo'ob ku táakpajal ichil u múumuch'al máako'ob yaan u táakpajalo'ob ichil le yéeytáambalo', yaan u najmalil ti'ob u ts'a'abalti'ob diputados tu yóok'lal jaytúul máako'ob votarnaj tu yóok'lalo'ob;

III. Tuláakal partido político ka' u béeykuns le ka'ap'éel ba'alo'ob ts'o'ok u ya'alpajala', jumpáay ti' le jaytúul candidato kun k'ubbil u ju'uno'ob tumeen yéeya'abo'ob tumeen le máako'ob ku táakpajal ichil le yéeytáambalo', yaan xan u ts'a'abalti'ob bey je'ex jets'a'anil tumeen u a'almajt'aanil representación proporcional yéetel tumeen bey úuchik u ye'esik le yéeytáambal ichil tuláakal u noj méek'tankaajilo'ob México, le jaytúul diputado tia'al u chúukpajal u ts'óolts'íibil tuláakal le máako'ob kun táakpajal ichil le yéeytáambalo'. Tia'al u ts'a'abalo'obe' yaan u kaalanta'al beebeytak máako'ob yaan ichil u ts'óolts'iibilo'ob máaxo'ob ku táakapajal ichil le yéeytáambalo'.

IV. Mix jump'éel partido político unaj u máan ti' 300 diputados yantal ti' yéetel le ka'ap'éel bix kun yantal u diputado'obo'.

V. Mix jump'éel bix ti' le ka'ap'éel bix u beeta'al yéeytáambala', úuchak u ts'áak u páajtalil ti' jump'éel partido político u yantal ti' máanja'an ti', ichil tuláakal le Cámara de Diputadoso', u ocho por ciento ti' tuláakal le máako'ob táakpaja ichil le yéeytáambalo'. Le beya' ma'at'an u ch'a'abal wa tumeen jump'éel partido ichi tuláakal u petenlu'umilo'ob yéeytáambalil, tu yóok'lal bajun máako'ob tak'pachtike', ku jach ya'abtal u diputodo'ob yéetel ku ch'aktik ti' le ocho por ciento votos ti' tuláakal u noj lu'umil México.

VI. Bey je'ex jets'a'anil ti' u xóot'olo'ob III, IV yéetel V yaan ka'anala', le wa jayp'éel diputaciones de representación proporcional kun p'áatal ken ts'o'okok u t'o'oxol le najmal u ts'a'abal ti' tuláakal la partidos políticoso' je'e bix jets'a'anil tu xóot'ol IV yéetel VE', yaan u ts'a'abal ti' u láak' partido'ob u najmalo'ob xan ichil tuláakal u petenlu'umilo'o yéeytáambal plurinominaleso', u tia'ale' yaan u yila'al jaytúul máako'ob takpachtik ti' le u ts'ook yéeytáamalilo'. A'almajt'aan kun jets'ik bixi' yéetel beebeytak kun ts'aabil.

Artículo 55. Tia'al ka'a béeyak u beetik u diputadoil juntúul máake' k'a'abet:

I. Sijnal wey tu noj méek'tanlu'umil Méxicoe', yéetel ma' wet'a'an mix jump'éel u najmalili';

II. Ts'o'ok junk'aal ka'atak jun ja'ab ti' le ken k'uchuk tu k'iin le yéeytáambalo';

III. Sijnal ti' le petenlu'umil tu'ux ku yúuchul le yéeytáambalo', ba'ale' beeyxan wa ku béeytal u ye'esik ts'o'ok u máan wak winalo'ob kajlak te'ej kaaj le ken úuchuko'.

Tia'al ka'a béeyak u chíikpajal u ts'óolts'íibil u petenlu'umilo'ob yéeytáambale' plurinominales bey juntúul máak ku kaxtik u yantal máak tak'pachtke', k'a'abet sijnal ti' wa máakalmáak ichil u petenlu'umilo'ob México, táakpaja'an xan ichil u petenlu'umil yéeytáambal tu'ux ku yúuchulo', ba'ale' beeyxan wa ku béeytal u ye'esik ts'o'ok u máan wak winalo'ob kajlak te'ej kaaj le ken úuchuko'.

Wa tumeen ku jóok'ol tu kaajal ka'a xi'ik u beet jump'éel meyaj táanxelil tumeen yéeya'ab tumeen kaaje', ma' u k'áat ya'al wa xu'ul u k'a'amal bey u kajnáalil tu'ux sijnale'e;

IV. K'a'abet ma' táan u meyaj ejército federali', mix wa táan u jo'olbesik policía wa u beetik u k'abtuunil ti' wa máakalmáak chan kaajil te'e tu'ux kun úuchul le yéeytáambalo'o, kex jach óoxp'éel winal u bin u yúuchul.

V. Ma' u jo'olbesik mix jump'éel mola'ay ts'a'an u páajtalil u meyaj tu juunal tumeen le Noj A'almajt'aana', mix wa táan u beetik u secretario de estadoil, wa mix u beetik u jo'olpo'opil ti' mix jump'éel u mola'ayil u meyaj u noj jala'achil u noj méek'táankaajil México, chen ja'alil ka' u p'at u meyaj óox winal u bin u yúuchul le yéeytáambalo'.

Ma'a táan u beetik u ministroil ti' Suprema Corte de Justicia ti' u noj méek'táankaajil Méxicoi', mix u magistradoil, mix u no'oj k'abil Tribunal Electoral ti' Poder Judicial de la Federación, mix consejero presidente wa consejero electoral ti' consejo general, local wa distrital ti' u noj mola'ayil yéeytáambalil ti' Federación, mix secretario ejecutivo, wa máax jo'olbesik, mix wa chen táan u meyaj ichil máaxo'ob jo'olbesik le mola'aya', chen ja'alil wa ka' béeyak u ye'esik tu p'ataj jumpuli' u meyaj tak óoxp'éel ja'ab u bin u yúuchul le yéeytáambala'.

Máaxo'ob ku beetik u noj jala'achil ti' u petenlu'umilo'ob México yéetel máax jo'olbesik u jala'achil u noj kaajil Distrito Federale', kex ka' u p'áto'ob jumpuli' le meyaja', ma'atan u béeytal u yéeya'alo'ob tia'al u beet u diputadoil.

U no'ojk'abilo'ob u noj jala'achilo'ob u petenlu'umilo'ob México yéetel Distrito Federal, magistrado'ob, jueces federales wa ti' petenlu'umo'ob wa ti' distritos federales, beeyxan u jala'achil méek'tan kaajo'ob yéetel máaxo'ob jo'olbesik wa ba'ax u mola'ayil política, administrativo u tia'al Distrito Federal, ma'atan u béeytal u yéeya'alo'ob tia'al u jo'olbes le u petenlu'umil yéeytáambalil tu'ux kaja'ano', chen ja'alil ka' u p'at jumpuli' u meyaj tak óoxp'éel winal u bin u yúuchul le yéeytáambalo';

VI. Ma'a táan u jo'olbesik mix jumpéel u mola'ayil kuulbesaji'.

VII. Wa min'an ti' mix jump'éel le loobil wa ma'a páajtalil ku ch'a'achi'itik artículo 59.

Artículo 56. Cámara de Senadorese' yaan u beeta'al yéetel ciento veintiocho senadores, ba'ale' ti' jujump'éelil u petelu'umil Méxicoe' yéetel ti' Distrito Federale', ka'atúule' yaan u yéeya'al tumeen máako'ob ku táakpajal ich yéeytáambalil, ka'atúule' yéetel le máakalmáak partidoil tu jóok'saj u ya'abil votoe' yéetel u ts'ook juntúule' yaan u ts'a'abal ti' partido ma' jach náach p'áatike'. U tia'al le je'ela' tuláakal partidoe' yaan u k'ubik u ts'óolts'iibil u k'aaba' máaxo'ob u k'áat ka'a táakpajaki'. Le senaduría tia'al le yáax partido kun p'áatal ma' jach náache' yaan u ts'a'abal ti' le partido kun p'áatal yóok'ol ka'ap'éel kúuchil ichil le yéeytáambal ti' le petenlu'umil tu'ux ku yúuchulo'.

Le treinta y dos senadores ku binetiko' yaan u yéeya'al bey je'ex ku ya'alik u t'aanil representación proporcionale', yéetel u xookil máakalmáak ts'óolts'iibilo'ob takpachta'abo'ob ti' jump'éel u petenlu'umil yéeytáambalil plurinominal nacional. A'almajt'aan kun jets'ik bixi' yéetel beebeytak kun t'oxbil tia'al u ts'o'okbesa'al.

Senadorese' yaan láaj k'e'exelo'ob láalaj wak ja'abo'ob.

Artículo 57. Le ken yéeya'ak juntúul senadore' yaan u yéeya'al xan máax kun p'áatal tu jeel wa ku mina'antal.

Artículo 58. Tia'al u beetik u senadoril juntúul máake', najmal u ts'o'okbesik xan tuláakal le ba'ax ku k'áata'al tia'al u beetik u diputadoil máako', chen u ja'abil k'a'abet ma' beyi', tumeen lela' k'a'abet yaan 25 u ja'abilo'ob le ken k'uchuk tu k'iin le yéeytáambalo'.

Artículo 59. Mix juntúul senador yéetel mix juntúul diputado kun béeytal u ka'a ts'a'abal u beet chen p'el u ts'o'oksik u yáaxo'.

Senadores yéetel diputados suplentes, wa mix juntéen yanchaj u p'áatalo'ob tu jeel máax ts'a'an u beete', je'e u béeytal u yéeya'alo'ob tia'al u beetiko'obe'; ba'ale' le senadores yéetel diputadoso', ma'atan u béeytal u ts'a'abalo'ob tia'al chen ma' xaan wa ka'a mina'anchajak máax ts'a'ani'.

Artículo 60. Le mola'ayil páaykunsa'an u tia'al bey je'ex u ya'ala'al te'e artículo 41 ti' le a'almajt'aana', yéetel le bix u je'ets'ik u a'almajt'aanilo'obe', leti' kun jets'ik wa ku k'a'amal ma'alobil le yéeytáamabal tia'al diputados yéetel senadores ti' tuláakal jujump'éelil u petenlu'umil le yéeytáambal uninominaleso' yéetel ti' tuláakal u petenlu'umilo'ob México; leti' kun k'ubik u ju'unil u chíimpolta'al máax yéeya'ab tumeen u ya'abil kaaj yéetel leti' xan kun ts'áak le senadores tia'al le máaxo'ob p'áat naats'il ti' le máaxo'ob yéeya'ab bey je'ex jets'a'anil ich artículo 56 ti' le noj a'almajt'aana' yéetel u a'almajt'aanil yéeytáambalil. Beeyxane' leti' kun jets'ik wa k'a'amal ma'alobil bix t'o'oxik diputados je'ex jetsa'anil ichil u nu'uktajil representación proporcional je'ex u ya'alik artículo 54 ti' le a'amajt'aana' yéetel ti' u a'almajt'aanil yéeytáambalil.

U je'ets'el u k'a'amal ma'alobil jump'éel yéeytáambal, u k'u'ubul u ju'un wa máax yéetel u t'o'oxol diputado'ob wa senadoro'obe', úuchak u k'aata'al ka'a jel xak'alta'ak tu kúuchil salas regionales ti' tribunal electoral ti' poder judicial ti' u noj jala'achil u noj méek'táalu'umil México, bey je'ex jets'a'ani ichil le a'almajt'aano'oba'.

Le ba'ax ken u jets le salas regionales ku cha'achi'ita'al tumeen le junxóot' ts'íib yaan yóok'ol le je'ela', chen ku béeytal u xak'alta'al tumeen sala superior ti' le tribunalo', wa tumeen ku k'áata'al tumeen le partidos políticos, wa ku yiliko'ob yéetel yaan bix u ye'esiko'ob yaan ba'ax ma' ma'alob beeta'abik ichil le yéeytáambalo' ken u tukulto'ob leti' beetik unaj u k'e'exel. Le ba'ax ken u jets' le salao' bey kun p'áatalo' yéetel mixmáak ti' yaan u páajtalil u k'áatnúuktik. A'almajt'aan kun jets'ik yéetel beyka'aj taak'in kun meyaj, bix kun beetbil yéetel ba'axo'ob k'a'abet u k'u'ubik máax kun k'áatik ka'a jel xak'alta'ak jump'éel yéeytáambalil.

Artículo 61. Diputado'ob yéetel senadoro'obe' ma'atan u béeytal u we'et'elti'ob u ya'alik ba'ax yéetel bix u tuukulo'ob ka'alikil táan u beetik u meyajo'ob, ku ts'o'okole' ti' mixmáak yaan u páajtalil u k'áatik ti' ka' u k'ex u t'aan.

Máax jo'olbesik Cámara de Diputado'ob yéetel senadoro'ob ku kaalantik u ts'o'okbesa'al mina'anil u páajtalil u k'a'alal mix juntúul ti' leti'ob yéetel ma' o yok'ol mixmáak chen tu t'aan yóolaj tu kúuchil u meyajo'ob.

Artículo 62. Diputado'ob yéetel senadoro'ob yéeya'ano'ob, ka'alikil táan u meyajo'obe', ma'atan u béeytal u k'amik u beeto'ob mix jump'éel u láak' meyaj wa k'uben meyaj ichil u mola'ayil u meyaj u noj jala'achul México wa mix ti' juntúul a jala'achil u etenlu'umil tu'ux ka'a u náajalt taak'in, u tia'al le je'elo' yáax k'a'abet u majan p'atik u meyaj ichil le cámara tu'ux yaano', chen kun béeytal u suut le ken ts'o'okok. Le je'ela' láayli' xan bey kun úuchul yéetel diputado'ob yéetel senadoro'ob suplente, wa ku yok'olo'ob tu jeel le kun mina'antale'. Máax ma'atáan u ts'o'okbesik le je'ela' tia'al u bo'otik u si'ipile' yaan u tse'elel tu diputadoil wa senadoril.

Artículo 63. Camarase' ma'atan u béeytal u káajsik u meyajo'ob mix u ts'o'okbesik u beelalo'ob wa mina'an máanja'an u chúumuk ti' tuláakal le máaxo'ob ts'a'an u beeto'ob le meyaja'; ba'ale' tu ka'ap'éelale' yaan u much'ikuba'ob le k'iin jets'a'an tumeen a'almajt'aane' yéetel yaan u beetiko'ob ba'ax k'a'abet tia'al ka' yanak u bin, jach u xaanile' tak ichil junwinal, le ma'aj bino'ob ka'a tu yáax mucha'ajuba'obo', ka'alikil u k'a'ajsa'alti'ob wa ku máan le k'iino'ob je'e ma'aj bino'obo', yaan u ch'a'abal bey ma' u k'áat u k'amo'ob le meyaj ba'ax óok'lal yéeya'abo'o, beytúuno' yaan u t'a'anal le máaxo'ob yéeya'ab tu jeel wa ku mina'antalo', máaxo'ob k'a'abet u bino'ob u jo'olbeso'ob le mayaja', jach u xanile' ichil u láak' junwinal, wa mix leti'ob ku k'uchulo'obe' ku ya'ala'al mina'an u yuumil le kúuchilo'. Tuláakal u kúuchil diputado'ob yéetel senadoro'ob ti' Congreso de la Unión ma'a tun yantal u yuumilo'ob tia'al u yáax k'iinil u meyaj le Legislatura, yéetel le kun beetbil ka'alikil ma' k'uchuk tu k'iin u k'e'exelo', yaan u ts'a'abal u yuumil; tuláakal u kúuchil diputado'ob yéetel senadoro'ob ts'a'an bey mayoría relativa ma'a tun yantal u yuumil tia'al u káajal u meyaje', le cámara tu'ux ma'aj yanchaj u yuumile'e yaan u jel beetik yéeytáambalil tia'al u kaxta'al u yuumil bey je'ex jets'a'anil tumeen Fracción IV ti' artículo 77 ti' le a'almajt'aana'; wa le ma'atan u yantal u yuumil yéeya'ab ka'ach bey je'ex jets'a'anil tumeen representación proporcionale', yaan u ya'ala'al ti' le partido tu'ux ma'aj k'uch u yuumilo'o ka' u ts'a'ob le máak yaan u jeele', ba'ale' k'a'abet u jóok'ol ichil le petenlu'umil tu'ux úuch le yéeytáambalo', le ken ts'o'okok u ts'a'abal le diputado'ob náajalnajo'ob ichil le yéeytáambalo'; wa le ma'aj yanchaj u yuumil te'ej cámara de senadores, leti' lo'obal le yéeya'ab tu yóok'lal representación proporcionalo', u yuumile' yaan u jóok'sa'al ichil le tu jóok'so'ob ya'ab voto'ob ichil le partido'ob táakpajo'ob ichil le yéeytáambalo'. Ba'ale' tak le ken ts'o'okok u ts'a'abal le jaytúul senadoro'ob yéeya'abo'ob tumeen máako'ob táakpaj ichil le yéeytáabalo' yéetel le bix u bin u tsóolol u t'o'oxol ichil tuláakal u noj lu'umil México; le ma'a tun yantal u yuumil ichil le senadoro'ob ku yéeybil je'ex jets'a'anil bey primera minoría, yaan u ts'a'abal le máax tu ts'iibtaj u k'aaba' báaxal ti' le partido p'aat yóok'ol ka'atúulil ichil le yéeytáambal ti' le petenlu'umil yéeytáambal tu'ux úucho'.

Juntúul diputado wa senador kun p'áatal ma' u bin tu meyaj lajun k'iino'ob ji'ijinak, wa ma' tu ts'áaj ojéeltbil ba'axten yéetel wa ma' tu k'aataj le k'iino'ob ti' máax jo'olbesik u mola'ayil u meyajo'obe', yéetel lelo' yaan u ch'a'abal bey tu xúump'ájtal u meyaje', beytúuno' yaan t'a'anal meyaj le máax ts'a'an tu jeel chen ma'a xaan wa ka'a mina'anchajako'o.

Wa ma' chuka'an u yuumilo'ob tia'al u chúunsik u meyaj je'e máakalmáaka ti' le ka'ap'éel camara'oba', beeyxan wa ma' chuka'an u yuumil tia'al u ts'o'okbesik ba'ax u beelalo'obe', tu séeblakil yaan u t'a'anal le máaxo'ob yéeya'an tu jeel je'e máakalmáak ichilo'ob wa ku mina'antal juntúule'e, u tia'al ka' u ch'a'ajo'olt le meyajo', ka'alikil u máan le junwinal ku ch'a'ach'ita'al ka'analo' tia'al u p'áatal yaan u yantal u si'ipil yéetel yaan u beeta'al u bo'otik bey je'ex jets'a'anil ichil le a'almajt'aano'oba', le máak kun yéeybil u beet u diputadoil wa u senadoril, ma'atan u bin u ts'o'okbes le meyaj ts'o'ok yéeya'al u beeto', ku ts'o'okole' ma'atan u ye'esik yaan ba'ax óok'lal ma'atan u béeytal u bin u ts'o'okbes ichil le k'iino'ob jets'a'an ichil le yáax junxóot' ts'íib ti' le artículo je'ela', bey je'ex k'a'abet u bino'.

Láayli' yaan u yantal u si'ipil yéetel yaan u beeta'al u bo'otik tumeen a'almajt'aano'ob, le partidos políticos nacionales máax tu páaybesaj juntúul máak tia'al u kaxant u tak'pachta'al tumeen kaaj tia'al u beet u diputadoil wa u senadoril, ichilo'ob ku jets'iko'ob kex ka'a yéeya'ak juntúul ichilo'obe',ma'atan u bin u ts'o'okbes ba'ax yéeya'ab u beet tumeen kaaj.

Artículo 64. Diputados wa senadores ma'atan u bino'ob tia'al jump'éel k'iin meyaj, kex mina'an ba'ax u beelal ma' u bino'ob beeyxan wa ma' uk'aatmaj le k'iino'ob tia'al ma' u bino', ma'atan u ts'a'abal ti' le taak'in tia'al u bo'otik u yo'och ti' le k'iin ma'aj bin meyajo'o.

Artículo 65. Congresoe' yaan u je'ek u meyaj tu yáax k'iinil septiembre ti' tuláakal ja'ab, tia'al u beetik u yáax jaatsk'iinil u meyajo'ob, yéetel tu yáax k'iinil febrero ti' tuláakal ja'ab tia'al u káajsiko'ob u ka'a jaats u meyajo'ob, bey je'ex suukile'.

Tia'al tu ka'a jaatsil u meyaj u kúuchilo'ob u pa'ajo'lta'al u meyaj jala'ache' leti'obe' yaan u xak'altiko'ob, u tsikbaltiko'ob yéetel u jets'iko'ob tuláakal u yáax ts'íibil a'almajt'aano'ob ku k'ubbil ti'ob yéetel yaan u xak'altiko'ob yéetel u jets'iko'ob ba'ax kun beetbil je'e ba'alak unaj u meyajtiko'ob bey je'ex u ya'alik le a'almajt'aana'.

Tia'al u meyajo'ob tu k'iinil jets'a'ane' le mola'aya' yaan u táanilkuunsik u xak'altik ba'axo'ob ku ya'alik u a'almajt'aanil u meyaj Congreso.

Artículo 66. Tuláakal u k'iinil u meyajo'ob jets'a'ane' yaan u xáantal le beyka'aj k'a'abéet tia'al u beetiko'ob bey je'ex u ya'alik le junxóot' a'almajt'aan yaan yóok'ol le je'ela'. Le yáax junjaats u meyajo'obo', ma'atan u béeytal u xáantal tak 15 ti' diciembre ti' le ja'ab ku káajalo', ba'ale' ma'atan u ts'o'okbesa'al beeya', le k'iin u noj jala'achil u noj méek'táanlu'umil Méxicoe', ku káajal u meyaj je'ex jets'a'anil ichil artículo 83, u tia'al le je'ela' u meyaj diputado'obe' yaan u xáantal tak 31 ti' diciembre ti' le ja'abo'. U ka'a jaats u meyajo'obe' ma'atan u béeytal u máan tak ti' 30 ti' abril u ti' le ja'ab ku kaajal u xáantalo'.

Wa ma'atan u béeytal u jets'ik u múul meyaj tu ka'a jaatsil tia'al u ts'o'oksik u meyajo'ob kex ma' k'uchuk u k'iin bey je'ex jets'a'anile', u noj jala'achil u noj méektáankaajil México ku a'alik bix kun p'áatal.

Artículo 67. Tu ka'ajaatsil wa chen junjaats ti' u kúuchil u pa'ajo'olta'al u meyaj jala'acho'obe', yaan u much'ikuba meyaj kex ma' tu k'iinil, je'e jaytéen kun payalt'antbil tumeen Comisión Permanente; ba'ale' tia'al tu ka'ap'éelal bixe', chen yaan u meyajtiko'ob le ba'ax wa ba'axo'ob k'uba'anti'ob tia'al u meyajo'obe', ba'axo'ob yaan u ts'a'abal u yojéelto'ob tu ju'unil u payalt'aanil u much'ikuba'ob.

Artículo 68. Tu ka'ajaatsil u kúuchil u pa'ajo'olta'al u meyaj jala'ache' yaan u yantalo'ob jump'éelili' tu'uxe', yéetel ma'atan u béeytal u bisa'al mix junjaats wa ma' u yáax jets'iko'ob tu ka'a jaatsil beyka'aj k'iin kun xáantal yéetel bix kun beetbil, yéetel yaan u jets'iko'ob jump'éel kúuchil tu'ux kun bino'ob múul meyaj. Ba'ale' wa ku jets'iko'ob u máano'ob meyaj táanxelil ba'ale' ma'atan u béeytal u jets'iko'ob ba'axk'in, bixij yéetel tu'uxe', u noj jala'achil u noj méek'táanlu'umil México kun jets'ik bix kun p'áatal, le ken u ya'al tu'ux kun máansbil u kúuchil le meyaja'. Mix jump'éel ti' le u ka'ap'éel u kúuchil u pa'ajo'olta'al u meyaj jala'ach kun béeytal u xu'ulsik u meyaj tak ichil óoxp'éel k'iin wa ma' u ts'a'abal u páajtalil ti' tumeen u láak'o'o.

Artículo 69. Tia'al u káajsik yáax junjaats u meyajo'ob tu káajbal ja'ab ichil le k'iino'ob jets'a'an u tia'alo', u noj jala'achil u noj lu'umil Méxicoe' yaan u k'ubik u tsóolts'íibil ikil u ts'áak ojéeltbil bix u bin u meyaj, tu'ux ken u ya'al bix u yanil tuláakal u meyaj ichil tuláakal u noj lu'umil México. Tia'al u je'epajal u meyaj tu ka'a jaatsil wa chen junjaats u kúuchil u pa'ajo'olta'al u meyaj jala'ach bey je'ex jets'a'anile', le máax jo'olbesiko' Comisión Permanenteo', yaan ts'áak ojéeltbil ba'ax óok'lal wa ba'axten tu payalt'antaj tuláakal u much'uba'ob.

Artículo 70. Tuláakal ba'ax ken u jets' u najil u pa'ajo'olta'al u meyaj jala'ache' yaan u súutul ba'al tia'al ts'o'okbesbil wa a'almajt'aanil. A'almajt'aano'ob wa t'aano'ob ku je'ets'el tia'al ts'o'okbesbile' yaan u ts'a'abal u yojéelt u noj jala'achil México firmarta'an tumeen tuka'atúulal máaxo'ob jo'olbesik tu ka'a jaatsil u pa'ajo'olta'al u meyaj jala'ach yéetel tumeen juntúul u no'ojk'abil le kúuchilo'oba' yéetel yaan u ts'a'abal u yojéelt kaaj beya': "U noj najil u pa'ajo'olta'al u meyaj jala'ache' ku ts'áak ojéeltbil tia'al ts'o'okbesbil: (Te'ela' ti' kun bin u ts'íibil le túumben a'almajt'aan ku ts'a'abal k'ajóoltbilo')".

U noj najil u pa'ajo'olta'al u meyaj jala'ache' yaan u jets'ik u a'almajt'aanil bix ken u tsoliluba'ob yéetel bix kun meyaj.

A'almajt'aan kun jets'ik bix ken u much'iluba u jejelasil u jaatsal diputao'ob tu yóok'lal ba'ax mola'ayil u taalo'ob, tia'al u béeytal u ts'o'kbesa'al u páajtalil u ya'alik bix u tuukul u jejelasil máako'ob táakpaja'an ichil le kúuchila'.

Le a'almajt'aan je'ela' ma'atan u béeytal u we'et'el yéetel ma' k'a'abet u ts'a'abal u k'ajóolt kaaj tia'al ka' yanak u ts'o'okbesa'ali'.

Ka'axóot': Tu yóok'lal u yáax ts'íibilo'ob yéetel bix u beeta'al a'almajt'aan

Artículo 71. Máaxo'ob yaan u páajtalil u ts'íibtik u yáax tuukulil a'almajt'aan tia'al u k'ub ka'a xak'alta'ake' chen:

I. U noj jala'achil u noj méektankaajil México.

II. Diputado'ob yéetel senadoro'ob ti' tu ka'a jaatsil u najil u pa'ajo'olta'al u meyaj jala'ach, yéetel

III. U Congresoil u petenlu'umilo'ob México.

Tuláakal u yáax ts'íibil a'almajt'aan kun u beetbil tumeen u noj jala'achil México, u congresoil u méek'takaajilo'ob México, wa tumeen le diputado'obo' yaan u máan ti' comisión. Le kun k'ubbil tumeen diputado'ob wa tumeen senadoro'obe' yaan u meyajta'alo'ob bey je'ex jets'a'anil tumeen u a'almajt'aanil u meyajo'obe'.

Artículo 72. Tuláakal a'almajt'aan mina'an u páajtalil ti' chen junjaats le mola'ayo'ob tia'al u jest'ika' yaan umáansa'al ti' u láak' junjaats tia'al ka' u xak'alte, ba'ale' yaan u beeta'al bey je'ex jets'a'anil tumeen u a'almajt'aanil u meyajo'obe', tak ba'axk'iin yaan tia'al u ts'o'oksiko'ob yéetel bix ken u meyajtilo'ob tia'al u tsikbata'al yéetel u je'ets'el.

A. Le ken je'ets'ek jump'éel a'almajt'aan ti' jump'éel ti' le cámara'obo', yaan u máansa'al te'e tu láak' juntséel tia'al xak'altbilo'. Wa le u láak' junjaats tu chíimpoltajo', ku máansik ti' u noj jala'achil México, máax wa ku chíimpoltik xan bey je'ex yaanilo', yaan u jóok'sik u pik'ilju'unil tia'al ka'a k'aóolta'ak.

B. Jump'éel aálmajt'aan ku máan lajun k'iino'ob ma'aj su'ut ti' le cámara'ob tumeen u noj jala'achil México tu'ux ku ya'alik yaan ba'ax k'a'abet u ke'exilti'e' yaan u ch'a'abal bey ts'o'ok u chíimpolta'ale'; chen ja'alil wa ichil le k'iino'ob je'elo' congreso ku k'alik wa ku jáan xot'ik u meyaje', beyo' k'a'abet u su'utul jach yáax k'iin kun ka'a káajal u meyajo'ob il je'e jayt'een kun payalt'antbil.

C. Jump'éel a'almajt'aan wa ba'al ku je'ets'el tia'al ts'o'okbesbil ku we'et'el tu túulisil wa chen junjaats' tumeen u noj jala'achil Méxicoe', yaan u su'utul ti' le cámara tu'ux u taalo'. Lela' yaan u ka'a xak'altik, wa tun ku firmarta'al tumeen ka'ajaats ti' tu yóoxjaatsil ti' tuláakal le máako'ob ku votaro'ob te'ej congreso, yaan u ka'a máansa'al ti' u láak' junjaats tia'al u xak'alto'. Wa u ya'abil le máako'ob ku votaro'ob ku chíimpoltiko'obo', le je'ela' ku súutul a'almajt'aanile' chen ku su'utul ti' u noj jala'achil México tia'al u ts'áa kajóoltbil ti' pik'ilju'un.

Tia'al u je'ets'el wa u chíimpolta'al jump'éel a'almajt'aane', k'a'abet jach jujuntúulil ka' votarnako'ob.

D. Wa jump'éel u ts'íibil a'almajt'aan ma'atan u k'a'amal tu túulisil tumeen le máaxo'ob xak'altiko', yaan u su'utul tu'ux u taal yéetel u ts'íibil ba'ax ku ya'ala'al ma' ma'alobi'. Wa le ken ts'o'okok u ka'a xak'alta'al ku chíimpolta'al tumeen u ya'abil ti' tuláakal máako'ob ku táakpajalo'o, yaan u su'utul le tu'ux u taalo', ku xak'altik yéetel le ba'ax ku ya'ala'al k'a'abet u ka'a xak'alta'alo', beyo' wa ku chíimpolta'al tumeen u ya'abil le máaxo'ob ku táakpajalo', yaan u máansa'al ti' u noj jala'achil México tia'al u beetik ba'ax ku ya'alik le yáax junxóot' le ts'íiba'; ba'ale' wa ma'atan u chíimpoltike' ma'atan u béeytal u ka'a táakbesa'al tia'al xak'altbil ichil le junjaats meyaj u káajsmajo'obo'.

E. Wa jump'éel u ts'íibil a'almajt'aan ma'atan u chíimpolta'al tu túulisil wa chen junjaatse', wa ku k'e'exel wa u chúukbesa'al tumeen le junjaats xak'altiko', le ken su'utuk tu'ux u taale', chen k'a'abet u xak'altik le ba'ax ku luk'sa'al wa ku k'e'exel ti'o, ma'atan u béeytal u k'e'exel mixba'a ti' le ts'o'ok u yáax chíimpolta'alo'. Wa tumeen le ba'ax ku k'e'exel tumeen le máaxo'ob xak'altik ku chíimpolta'al tumeen u ya'abil le máaxo'ob ku táakpajalo' ichil le cámara tu'ux u taalo', yaan u máansa'al ti' u noj jala'achil México tia'al u beetik tu yéetel le ba'ax ku ya'alik le yáax junxóot' ti' le a'almajt'aana'. Wa le ba'ax kun tsaybil wa k'exbil tumeen le junjaats máax xak'altik ma'atan u chíimpolta'al tumeen u ya'abil le máax ku votar tu'ux u taalo', lela' yaan u su'utulti'ob tia'al u ka'a xak'alto'ob yéetel le ba'ax ku ya'ala'al ma' nu'uka'ano', beyo' wa u ya'abil máax ku votar ma'atan u chíimpoltik le ken u ka'a xak'alte', yaan u máansa'al ti' u noj jala'achil México tia'al u jóok'es u pik'ilju'unil kex chen le beyka'aj chíimpolta'ab tumeen tu ka'a jaatsile', bey je'ex u ya'alik le yáax junxóot' ti le junjaats a'almajt'aana'. Wa u ya'abil ti' le máaxo'ob ku táakpajal ichil le junjaats kun ka'a xak'altik, xuulul yéetel u t'aanil k'a'abet u tsa'ayal wa u k'e'exel wa ba'ax ti'o, tuláakal le ts'óolts'íibo' ma'atan u béeytal u ka'a táakbesa'al ichil u xaak'alil u meyajo'ob, tak le ken ka'a káajak u láak' junjaats u meyajo'ob, chen ja'alil wa ichil u ya'abil tu ka'a jaatsilo'ob ku jets'iko'ob u ts'áako'ob k'ajóoltbil chen le wa jayjaats ts'o'ok u chíimpoltiko'obo', yéetel ku p'atiko'ob le ma'aj béeychaj u ch´íimpolta'al tia'al xak'altbil tu paachil k'iin tia'al tsaybil wa k'exbil wa ba'ax ti'.

F. Tia'al u na'ata'al, u k'e'exel wa u we'et'el jump'éel ba'al ku je'ets'el wa jump'éel a'almajt'aane', yaan u beeta'al tuláakal ba'ax yéetel bix beta'abik tia'al u jets'ele'.

G. Tuláakal u tsóolt'iibil a'almajt'aan wa ba'ax ku je'ets'el tia'al ts'o'okbesbil ma'atan u chíimpolta'al tumeen le cámara tu'ux u taalo', ma'atan u béeytal u ka'a táakbesa'al ichil u meyajo'ob ti' le ja'abo'.

H. Jump'éel a'almajt'aan wa ba'al ku je'ets'el tia'al ts'o'okbesbile' je'e u béeytal u káajsa'al u meeyjul ichil je'e máakalmáak ti' tu ka'a jaatsil le cámarao', ba'ale' ma' bey le ku t'aan tu yóok'lal p'aax, áantaj wa bo'ol patanil, u yoksa'al máak meyaj bey soldadoe', tumeen lelo'oba' k'a'abet u yaax xak'alta'al tumeen Cámara de Diputado'ob.

I. Tuláakal u yáax ts'íibil jump'éel a'almajt'aane' yaan u yáax xak'alta'al tumeen le máaxo'ob ku meyaj te'e tu'ux kun k'ubbilo', chen ja'alil wa ku máan jump´éel winal k'u'ubuk ti' máaxo'ob unaj u yáax jets'ikjo'ob u táakbesa'al ichil le xaak'alilo', ba'ale' ma' u k'ub u ju'unil ba'ax ku ya'alik tu yóok'lali', tumeen wa beyo' le a'almajt'aana' je'e u béeytal u máansa'al tun ti' le u láak' junjaats tia'al u xak'alto'.

J. U noj njala'achil Méxicoe' ma'atan u béeytal u y'a'alik mixba'al tu yóok'lal ba'ax ken u jets' mix junjaats' ti' le cámaras, wa tumeen táan u meyajo'ob bey cuerpo electoral wa jurado, beeytun xan wa cámara de diputados ku ya'alik k'a'abet u ta'akal u pool juntúul wa máax ku meyaj ichil wa máakalmáak ti' u najilo'ob u meyaj jala'ach tumeen ku beetik wa ba'ax ma' unaj yéetel yaan u bo'ol si'ipilil ichil u meyaje'.

Ma'atan xan u béeytal u ya'alik mixba'al tu yóok'lal wa congreso ku payalt'antik u much'ikuba'ob meyaj kex ma' ichil le k'iinoob jets'a'an unaj u meyajo'obe'.

Yóox xóot': Tu yóok'lal ba'ax u meyaj Congreso

Artículo 73. Ti' Congresoe' yaan u páajtalil:

I. U k'amik ka'a beetachajak jump'éel túumben petenlu'umil ichil tuláakal u noj méek'táanlu'umil México;

II. Luk'sa'an.

III. Tia'al u beeta'al jumpéel túumben petenlu'umil ichil le yaano'obo', k'a'abet:

1o. Le junbúuj wa u jaatsalo'ob le petenlu'umiloo'ob u k'áat u beeto'ob jump'éel túumen petenlu'umo', k'a'abet hyaan kex jach ciento veinte mil u kajnáalilo'ob.

2o. Ka'a u ye'es tu táan congreso yaanti' tuláakal u páajtalil tia'al u kuxtal no'oja'an bey jump'éel túumben petenlu'umile'.

3o. ka'a u'uya'ak ba'ax ku ya'alik u diputado'il yéetel u senaroilo'ob le petenlu'umo'ob tu'ux u taal le kaaj taak u jatskuba'obo', tia'al u yojéelta'al u k'a'ana'anil wa ma' u beeta'al jump'éel túumben petenlu'um, ba'ax jets'a'an yaan u beetiko'ob ichil wakp'éel winal, ku káajal u xook chen p'el u ts'a'abal u yojéelto'ob u k'áata'al ka'a beetchajak jump'éel túumben petenlu'um.

4o. Ka'a xan u'uya'ak ba'ax ku ya'alik u noj jala'achil u noj lu'umil México, máax ti' yaan tak ukp'éel k'iin tia'al u ya'alik ba'ax ku tukultik tu yóok'lal, ku xook chen p'el u k'áata'al ka'a beeta'ak jump'éel túumben petenlu'umil.

5o. Ka'a chíimpolta'ak tumeen ka'ajaats ti' óoxjaats ti' tuláakal diputado'ob yéetel senadoro'ob kun kula'antal tu kúuchil u meyajo'ob le k'iin kun jets'bilo'.

6o. Ka'a chíimpolta'ak tumeen u ya'abil u diputado'ilo'ob tuláakal u petenlu'umilo'ob México, ba'ale' yáax yaan u xak'altiko'ob tuláakal u ju'unilo'ob tia'al u jets'iko'ob wa tumeen u diputadoilo'ob le petenlu'umo'ob ku táakpajalo' ts'o'ok u chíimpoltik ka'a ja'atsak.

7o. Wa u diputadoil le petenlu'umo'ob kun táakpajal ichil le lu'um kun jatsbil ma'atan u éejentiko'obo', chen kun béeytal u beeta'al kex beyo', wa tumeen ka'ajaats ti' u yóoxjaatsil ti' u diputado'ilo'ob tuláakal u petenlu'umilo'ob México ku chíimpoltiko'ob.

IV. luk'sa'an.

V. Tia'al u béeytal u su'utul u jala'chilo'ob México táanxel kaajile' k'a'abet:

VI. Luk'sa'an.

VII. Tia'al u jets'o'ob bo'ol patan tia'al u much'ik le beyka'aj taak'in k'a'abet tia'al u meyaje';

VIII. Tia'al u jets'iko'ob u tuukulil bix úuchak u béeytal u beetik jala'ach jump'éel p'aax ichil le ku béeytale', tia'al éejentiko'ob u beeta'al jump'éel p'aax yéetel u chíimpoltiko'ob yéetel u túuxtiko'ob bo'otbil u p'aax México. Ma'atan u béeytal u beeta'al mix jump'éel p'aax wa ma' tia'al u beeta'al jump'éel noj meyaj yaan u taasik túumben taak'in tia'al u meyaj jala'ach, ba'ale' ma' beey le kun beetbil tia'al regulación monetaria, tia'al u k'exik u taak'in u noj kaajil México wa le kun jets'bil u beeta'al tia'al u táakmuk'ta'al jump'éel noj talamil kun jets'bil tumeen u noj jala'achil México je'ex u ya'alik artículo 29 ti' le noj a'almajt'aana'. Beeyxan u chíimpoltiko'ob ja'abmanja'ab le beyka'aj p'aax k'a'abet u beeta'al tia'al u chúukbesa'al le beyka'aj taak'in k'a'abet u xupik tia'al u meyaje', le k'a'abet tia'al u meyaj u jala'achil Distrito Federal u jala'achil u petenlu'umilo'ob México, bey je'ex jets'a'anil ichil u a'almajt'aanilo'obe'. U noj jala'achil u noj lu'umil Méxicoe' yaan u ts'áak u yojéelt Congreso de la Unión tuláakal ja'abo'ob bix u bin xupik u taak'inil le p'aaxo', beeyxan u jala'achil Distrito Federal yaan u túuxtik u ts'óolts'íibil bix u bin u xupik u taak'inil le paax tu beetaajo'.

U jala'achil u noj kaajil Distrito Federale' yaan xan uts'áak u yojéelt cámara de representantes ti' Distrito Federal bix u bin u xupik u taak'inil u meyaj.

IX. Tia'al u kaalantik ma' u we'et'el wa ba'ax le ken úuchuk máan wa koonol ichil jump'éel petenlu'umil yéetel u láak';

X. Tia'al u jets'iko'ob a'almajt'aan ichil tuláakal u noj méek'táanlu'umil México tu yóok'lal hidrocarburo'ob, minería, sustancias químicas, explosivos, pirotecnia, industria cinematográfica, comercio, báaxalo'ob yéetel sorteo tu'ux ku táakpajal taak'in, intermediación y servicios financieros, energía eléctrica y nuclear yéetel tia'al u jets'iko'ob u áantaj a'almajt'aanil artículo 123;

XI. Tia'al u beeta'al wa u tse'elel meyajo'ob ichil u najilo'ob u meyaj jala'ach yéetel tia'al u ts'aak k'ajóoltbil, u ya'abkuunsa'al wa u p'íitkuunsa'al u taak'inil u meyaj;

XII. Tia'al u jets'ik u beetik yaaltáambal ti' u láak' kaaj, le ken e'esa'ak ti' tumeen u noj jala'ach México u k'a'abetil;

XIII. Tia'al u jets'ik a'almajt'aano'ob tia'al u ya'ala'al wa ma'alob wa ma' ma'alob jump'éel presa ti' k'áak'náab wa ti' lu'um, yéetel tia'al u je'ets'el u a'almajt'aanil u páajtalil u ba'ate'ta'al wa u yantal jets'óolal tu yóok'lal k'áak'naab;

XIV. Tia'al u wa'akuunsik yéetel u táakmuk'tik u mola'ayilo'ob k'abtuuno'ob, je'e bix: Ejército, Marina de Guerra y Fuerza Aérea tia'al tuláakal u noj lu'umil México, yéetel tia'al u jets'ik bix ken u tsolikubáa yéetel bix kun meyaj;

XV. Tia'al u jets' bix kun meyaj, u ts'aa u nu'ukulil ts'oon yéetel u nu'ukt Guardia Nacional; ba'ale' yaan u p'atik ti' le máaxo'ob kun táakpajal ichilo' u páaybesiko'ob máax kun jo'olbesiko'ob wa po'optiko'ob, yéetel ti' u jala'achil petenlu'umilo'ob u noj meyajil u ka'ansik u meyajil u beelalo'ob bey je'ex jets'a'anil ichil le a'almajt'aano'obo';

XVI. Tia'al u je'ets'el u a'almajt'aano'ob tu yóok'lal u k'a'amal máak bey u kajnáalil jump'éel kaaje', u k'a'amal juntúul máak sijnal táanxel kaajil, u chíimpolta'al máak bey u kajnáalil jump'éel kaaje', u yu'ulabta'al máak, u tia'alintik máak jump'éel kaaj, u bin máak kajtal táanxel noj lu'umil yéetel u toojóolal tuláakal u kajnáalilo'ob.

1a. U Noj Mola'ayil toojóolale' yaan u p'áatal juntaats' yáanal u t'aan u noj jala'achil u noj lu'umil México, ba'ale' ma'atan u táakpajal mix jump'éel Secretaría de Estado, yéetel tuláakal ba'ax ken u jets'e' yaan u súutul a'almajt'aanil tia'al tuláakal u lu'umil México.

2a. Wa ku taal jump'éel nojoch báankab k'oja'anil jach talam wa jump'éel k'oja'anil ma' k'ajóola'an yéetel ku taasik sajbe'entsilil tu yóok'ol u kajnáalilo'ob Méxicoe', u noj najil u kaalaanta'al u tojóolal kajnaalo'obe' yaan u jets'ik tu séeblakil tuláakal ba'ax k'a'abet tia'al u kaalanta'al u tojóolal, kex yanak u xak'alta'al tu jeel k'iin tumeen u noj jala'achil u noj lu'umil México.

3a. U jalaáchilo'ob u kaalanta'al u tojóolal kaaje' jach nojba'al u meyajo'ob leti' beetike' je'e ba'alak ka' jets' k'a'abet u beeta'al tia'al u kalaanta'ale', tuláakal jala'acho'ob k'a'abet u ts'o'okbesik.

4a. Le ba'ax tu ya'alaj consejo k'a'abet u beeta'al tia'al u péeksilil u xu'ulsa'al káaltalil yéetel u ko'onol ba'alo'ob ku k'askuunsik u k'ik'el máake' yéetel ku beetik u yóotsiltal u ch'i'ibal wíinike', beeyxan tuláakal le ba'ax ku beta'al tia'al u kalaanta'al yéetel u xu'ulsa'al u k'askuunta'al yóok'ol kaabe', yaan u xak'alta'al tu paachil k'iin tumeen Congreso de la Unión tak tu'ux ku náakal u meyajoobe';

XVII. Tia'al u je'ets'el a'almajt'aano'ob tu yóok'lal vías generales de comunicación, yéetel tu yóok'lal postas yéetel correos; tia'al u jets'ik a'almajt'aano'ob tia'al u k'a'abetkuunsa'al yéetel u jóok'sa'al u yutsil tuláakal ja'ob yaan ichil u lu'umil México;

XVIII. Tia'al u ts'a'abal jump'éel naj tia'al u k'e'exel taak'ine', yaan u jets'iko'ob tuláakal bix unaj u meyaj; u je'ets'el bajux ken u tojolt u taak'in México tu táan u taak'in táanxel kaajil yéetel u je'ets'el jump'éel sistema general tia'al u p'i'isil u aalil, u nojjochil wa u chowakil wa ba'ax;

XIX. Tia'al u je'ets'el bix kun beetbil tia'al u k'a'abetkuunsa'al, u tia'alinta'al wa u ko'onol x-tokoy lu'umo'ob yéetel bajux u tojolo'ob;

XX. Tia'al u jets'o'ob u a'almajt'aanil bix kun meyaj tuláakal máako'ob ku meyaj ichil cuerpo diplomático yéetel cuerpo consular mexicano;

XXI. Tia'al u jets' ba'axo'ob si'ipilil yéetel ba'al ma' nu'uka'an ku beeta'al tu yóok'lal federación yéetel u je'ets'el bix ken bo'otbil u si'ipillilo'ob; u je'ets'el a'almajt'aan tu yóok'lal secuestro, ka'a u jets' ba'ax u jejelas si'ipililo'ob ku taasik yéetel bix kun bo'olbilo'ob, ba'ax ken u beet u jejelasil jala'acho'ob yéetel bix ken u yáantuba'ob ichil Federación, Distrito Federal, u petenlu'umilo'ob México yéetel u méek'táankaajilo'ob; beeyxan u jets'ik u a'almajt'aanil delincuencia organizada.

Autoridades federalese' unaj xan u k'ajóoltik tuláakal si'ipililo'ob kun beetbil ti' fuero común, le ken núupuko'ob yéetel delito federalo'ob;

Tia'al je'e ba'alak múul meyajil bey je'ex jets'a'anil ichil le a'almajt'aana', a'almajt'aan federale' yaan u jets'ik bix kun múul meyaj u jala'achilo'ob si'ipil ti' fuero común yéetel máakalmáak tu'ux kun táakpajal yéetel kun utskiinsbil tu yóok'lal delitos federalesi';

XXII. Tia'al u luk'es si'ipilo'ob tu yóok'lal si'ipililo'ob k'a'abet u xak'alta'al chen tumeen Tribunal Federalo'ob;

XXIII. Tia'al u jets'ik a'almajt'aano'ob tu'ux ku tso'olol bix kuno'ob múul meyaj Federación yéetel Distrito Federal, u petenlu'umilo'ob México yéetel méek'tankaajo'ob, beeyxan tia'al u beeta'al yéetel u tso'olol ba'ax ken u beet yéetel bix kun táakpajal u mola'ayil u meyajo'ob seguridad pública tia'al si'ipililo'ob federal, bey je'ex jets'a'anil ichil artículo 21 ti' le noj a'almajt'aana'.

XXIV. Tia'al u jets'ik u a'almajt'aanil tia'al nu'uktik u meyaj u mola'ayil Fiscalización Superior de la Federación yétel u láak'o'ob tia'al tsolnu'uktik bix kun meyaj, bix kun nu'uktbil yéetel kun xaka'albil u ts'o'okbesik u beelal poderes de la unión yéetel je'e máakalmáak u mola'ayil u meyaj federación.

XXV. Tia'al u ts'a'abal, u tsolnu'ukta'al bix kun meyaj yéetel u táakmuk'ta'al u najilo'ob xook ichil tuláakal u noj méek'táanlu'umil México, ichil mejen kaajo'ob, tia'al u kanik máak xook yéetel ts'íib, ka'anal xook, secundaria tak profesional; u najilo'ob u yúuchul ka'anal xak'alna'at, bellas artes yéetel tia'al u ka'ansa'al máak meyaj, u najil u ka'ansa'al máak meyaj lu'um wa paak'alo'ob yéetel minería, de artes y oficios, museos, bibliotecas, observatorios yéetel u láak' mola'ayilo'ob tia'al u táakmu'kta'al u miatsil u kajnáalilo'ob u noj méek'táanlu'umil México yéetel u beetiko'ob u a'almajt'aanil tia'al nu'uktik u meyaj le mola'ayilo'oba'; tia'al u beetiko'ob u a'almajt'aanil le úuchben tuunil najo'obo' wa u baakel úuchben ba'alche'ob wa k'aaxo'ob, monumentos arquelógicos, artísticos e históricos, ku tukulta'al jach k'a'ana'an ma' u cha'abal u ch'éejel wa u mina'antal tumeen kaaj; beeyxan u jets'iko'ob a'almajt'aan tia'al u kalaanta'al u keet t'o'oxol ichil tuláakal federción, u petenlu'umilo'ob México yéetel méek'táankaajo'ob ka'alikil u ts'o'okbesa'al xookil yéetel le taak'i k'a'abet u ts'a'aal tia'al u meyajo'obo', ka'alikil u kaxanta'al u p'éelili'kuunsa'al yéetel u nu'ukta'al tuláakal ka'ansajil ichil tuláakal u méek'táanlu'umil México.

Tuláakal páajtalil kun ts'aabil tumeen le kúuchilo'ob páaybesa'al u tia'ale'ku ch'a'achi'ita'alo' k'a'abet u ts'o'okbesa'al tumeen tuláakal u múuk'táanlu'umilo'ob México. Tia'al u beto'ob u a'almajt'aanil derechos de autor yéetel u láak' u chíikulilo'o ba'alo'ob ku tia'alinta'al tumeen máax pa'ajo'oltik wa ja'a ba'alak u láak' ba'al yaan u yila'a yéetel le je'elo'oba'a.

XXVI. Tia'al u ts'aa u páajtalil u noj jala'achil México u p'atik u meyaj yéetel tia'al u beetikuba u jo'olpo'opil yéeytáambalil yéetel u ts'áak u jeel u noj jala'achil México, tia'al wa ku p'atik u meyaj jumpuli' bey noj jala'ache', beeyxan wa chen ku p'atik tia'al wa jeyp'éel k'iin, wa chen ku jáan majan p'atik, bey je'ex jets'a'anil ti' artículos 84 yéetel 85 ti' le noj a'almajt'aana';

XXVII. Tia'al u k'am u ju'unil tu'ux ku ya'alik u noj jala'achil México táan u p'atik jumpuli' u beetik u noj jala'achil;

XXVIII. Tia'al u jets' u a'almajt'aanil bix u meyajta'al u taak'inil u meyaj jala'ach ba'ax yéetel kun nu'uktbil u xu'upul u taak'inil kaaj yéetel tia'al u takáalili'kuunsik bix kun tsolbil bix u péek u taak'inil u meyaj, beyka'aj yéetel tu'ux u taal taak'in, beyka'aj yéetel tu'ux ku bin, yéetel ba'axo'ob u ba'alubáa u noj jala'achil México, petenlu'umo'ob, méek'táankaajo'ob, Distrito Federal yéetel u molayilo'ob partido'ob yéetel tak tu'ux ku náakal u meyajo'ob, u tia'al ka'a béeyak u ma'alob meyajo'ob ichol tuláakal u méek'táanlu'umil México;

XXIX. Tia'al u jets'ik bo'ol patanil:

1o. U meyajil maan yéetel koonol;

2o. Tu yóok'lal u jook'sa'al u yutsil yéetel u k'a'abetkuunsa'al tuláakal ba'ax yaan yóok'ol kaab yéetel ch'a'achi'ita'an ichil jaatsal 4o yéetel 5o ti' artículo 27;

3o. Tu yóok'lal u najilo'ob u ts'a'abal taak'in p'axbil yéetel u mola'ayil u bo'ota'al u kaalanta'al u nu'uklul máak;

4o. Tu yóok'lal meyajo'ob ku beeta'al tu yóok'lal kaaj ts'a'an ti' wa máax máakil u meyajtej wa ku meyajta'al juntaats' tumeen u noj jala'achil u noj lu'umil México, yéetel,

5o. Ba'alo'ob jach páaybe'en tu yóok'lal:

a) U muuk' sáasil;

b) U pa'ak'al yéetel u k'a'abetkuunsa'al k'úutso'ob meyajta'an;

c) Gasolina yéetel láak' ba'alo'ob ku jóok'sa'al ti' petróleo;

d) Jiri'ich jop' yéetel tuláakal ba'al ku chéepel;

e) U ja'il kaab yéetel tuláakal ba'al ku cha'abal u chakikuba tu juunal, yéetel

f) U k'a'abetkuunsa'al je'e ba'alak che'ile', yéetel

g) U beeta'al yéetel u ko'onol cerveza uk'bil.

Tuláakal petenlu'umo'obe' yaan u táakpajal ichil u t'o'oxol le taak'in kun taal tu bo'ol patanil le ba'alo'ob je'ela', bey je'ex beeytak kun jets'bil tumeen áantaj a'almajt'aano'ob. U najilo'ob u pa'ajo'olta'al u meyaj jala'acho'ob tu petenlu'umilo'ob Méxicoe', yaan u jets'iko'ob beyka'aj kun ts'aabil ti' méek'tankaajo'ob ichil le taak'in kun okol tu yóok'lal u patanil u muuk' sáasil;

XXIX-B. Tia'al u jets'o'ob bix kun beetbil yéetel bix kun k'a'abetkuunsbil paam, escudo yéetel u noj k'aayil México;

XXIX-C. Tia'al u jets' bixi' yéetel tak tu'ux unaj u táakbeskuba múul meyaj u noj jala'achil México, u petenlu'umilo'ob yéetel méek'táankaajo'ob tia'al u nu'uktikoo'ob le kúuchil tu'ux ku beetik u kaajal junjaats máako'obo', lela' tia'al u kalaanta'al u ts'o'okbesa'al tuláakal ba'ax jets'a'an ichil u yóoxjaats artículo 27 ti' le noj a'almajt'aana'.

XXIX-D. Tia'al u beeta'al u a'almajt'aanil u tsolnu'ukil bix kun táakmuk'tbil u mu'uk'a'antal u taak'in kaaj yéetel u kuxtal kaaj, beeyxan tuláakal ba'ax yaan u yil yéetel u xookil kajnáalo'ob yéetel tu'ux kaja'ano'ob, tumeen k'a'abet ti' u nu'uktajil u kuxtal u noj kaajil México;

XXIX-E. Tia'al u jets' a'almajt'aano'ob tia'al u tsóolnu'ukta'al ba'ax kun beetbil, bix kun beetbil, máax yéetel kun mokt'aantbil yéetel kun beetbil tulákal meyajo'ob tia'al u meyajta'al u taak'in México, ba'ale' tia'al le je'ela' yaan u táanilkuunsa'al u yantal chuka'an ba'ax k'a'abet ti' kaaj yéetel u láak' ba'al yaan u yila'a yéetel u yantal tu k'iinil yéetel u t'o'oxol ba'al k'a'abet ti' kaaj, u meyajta'al kaaj tia'al u mu'uk'a'ankuunsa'al u kuxtal kaaj yéetel le ba'ax k'a'abet i' u kajnáalilo'ob México.

XXIX-F. Tia'al u beeta'al a'almajt'aano'ob k'a'abet tia'al u kaxanta'al ka' u ts'áa u taak'in u kajnáalilo'ob México meyaj weye', u tsolnu'ukta'al bix kun k'ambil u táak'in u kajnáalilo'ob j-táanxel noj lu'umilo'ob meyaj weye', u máansa'al u túumben nu'ukulilo'ob meyaj tu k'ab máax ku meyaj, u kaxanta'al túumben na'ato'ob, u ts'a'abal k'ajóoltbil yéetel beeta'al u meyaj túumben kaambalilo'ob wa u nu'ukulilo'ob tia'al u táakmuk'ta'al u mu'uka'antal kaaj.

XXIX-G Tia'al u jóok'es le a'alamjt'aano'ob kun jets'ik bix kun táakpajal múul meyaj u noj jala'achil u noj méek'táanlu'umil México, u jala'achilo'ob u petenlu'umil México yéetel méek'táankajo'ob, tuláakal tak le tu'ux ku náakal u meyajo'ob, tia'al u kalaanta'al u ba'aluba yóok'ol kaab, beeyxan u kalaanta'al yéetel ka'a mu'uk'a'ankuunsa'al yóok'ol kaab.

XXIX-H. Tia'al u jóok'es a'almajt'aano'ob ka u beet u yantal Tribunales de lo contencioso-administrativo, yaan u ts'o'okbesi u beelalo'ob tu juunalo'ob le ken u jets'o'ob bix kun p'áatal jump'éel t'aan, yéetel yaan u meyaj tia'al u xak'alta'al yéetel u je'ets'el bix kun p'áatal jump'éel takpoolil kun beetbil ichil je'e máakalmáak ti' u najilo'ob u meyaj u noj jala'achil México yéetel je'e máaxak u kajnáalilo'obe', yéetel beeyxab tia'al u jets' bo'ol si'ipilil ti' je'e máaxak ku meyaj ichil u najilo'ob u meyaj jala'che', je'e bix jets'a'anil tumeen a'almaj'taane', u tia'ale' yaan u jets'ik bix ken u tsoliluba máaxo'ob kun táakpajali', bix kun meyaj, bbix kun beetbil beeyxan chen bix úuchak u k'áatnúukta'al u t'aan;

XXIX-I. Tia'al u jóok'es le a'alamjt'aano'ob kun jets'ik bix kun táakpajal múul meyaj u noj jala'achil u noj méek'táanlu'umil México, u jala'achilo'ob u petenlu'umil México, Distrito Federal yéetel méek'táankajo'ob, tia'al u kalaanta'al u kuxtal kaaj, yéetel,

XXIX-J. Tia'al u beeta'al a'almajt'aano'ob tu yóok'lal ketlan baaxalo'ob, yéetel u jets'ik bix yaan u páajtalil u táakpajal múul meyaj u noj jala'achil u noj méek'táanlu'umil México, u jala'achilo'ob u petenlu'umil México, Distrito Federal yéetel méek'táankajo'ob; yéetel xan bix kun táakpajal sector social yéetel privado, yéetel,

XXIX-K. Tia'al u jóok'es le a'alamjt'aano'ob tu yóok'lal u taal máako'ob xíimbal, yéetel u jets'ik bix kun táakpajal múul meyaj u noj jala'achil u noj méek'táanlu'umil México, u jala'achilo'ob u petenlu'umil México, Distrito Federal yéetel méek'táankajo'ob, yéetel bix kun táakpajal sector social yéetel privado ichil.

XXIX-L. Tia'al u jóok'es le a'alamjt'aano'ob ba'ax yéetel kun jets'bil bix kun táakpajal múul meyaj u noj jala'achil u noj méek'táanlu'umil México, u jala'achilo'ob u petenlu'umil México, yéetel méek'táankajo'ob, tak le tu'ux unaj u náakal u meyajo'ob tu yóok'lal chuk kayil yéetel u meyajta'al kay ti' kúuchilo'ob beeta'an u tia'al, yéetel xan bix kun táakpajal sector social yéetel privado ichil, yéetel,

XXIX-M. Tia'al u jets'ik a'almajt'aano'ob tu yóok'lal u kalaanta'al u kuxtal kaaj, yéetel u je'ets'el tak tu'ux kun náakal u xaak'al le mola'a'ayo'ob kun táakpajalo'o.

XXIX-N. Tia'al je'ets'el u a'almaj'taanil bix kun beetbil, bix kun tsolbil máaxo'ob kun meyajtik, bix kun meyaj yéetel bix kun xu'ulul u meyaj jump'éel u mola'ayil cooperativa. Le a'alamajt'aano'oba' yaan u jest'iko'ob bix kun táakpajal u jala'achilo'ob u noj méek'táanlu'umilo'ob México, petenlu'umo'ob yéetel méek'táankaajo'ob yéetel Distrito Federal, tak le tu'ux unaj u náakal u meyajo'obe', tia'al u táakmuk'ta'al u meyaj nu'uka'an jump'éel cooperativa.

XXIX-Ñ. Tia'al u jets'ik a'alamajt'aano'ob kun tsolnu'uktik bix unaj u táakpajal u jala'achil u noj méek'táanlu'umil México, petenlu'umo'ob, méek'táankaajo'ob yéetel Distrito Federal tia'al u múul beetiko'ob meyaj tia'al u táakmuk'tiko'ob u chíikul u miatsil kaaj, ba'ale' ma'atan u táakpajal le ba'ax ku ya'alik junxóot' xxv ti' le junjaats a'almajt'aana'. Beeyxan yaan u jets'ik u tsolnu'ukil bbix kun táak´pajal sector social yéetel privado, tia'al u ts'o'okbeso'ob ba'ax jets'a'an ichil u bolonxóot'ol artículo 4o ti' le noj a'almajt'aana'.

XXIX-O. Tia'al u jets' u a'almajt'aanil bix úuchak u kaala'anta'al u datos personales tuláakal máak p'ata'an tu k'ab juntúul particular.

XXX. Tia'al u jets' tuláakal le a'a'almajt'aano'ob k'a'abet tia'al ka'a béeyak u ts'o'okbesik Poderes de la Unión tuláakal ba'ax jets'a'an unaj u beetik tumeen le noj a'almajt'aana'.

Artículo 74. Le ba'alo'ob kun tsóolts'íibtbila', chen ja'alil Cámara de Diputado'ob je'e u béeytal u beetike':

I. U jóok'sik u ju'unil tu'ux ku ts'a'abal u yojélt tuláakal u kajnáalilo'ob México u k'aaba' máax ts'o'ok u je'ets'el tumeen Tribunal Electoral del Poder Judicial de la Federación, máax ken u beet u noj jala'achil u noj méek'táankaajil México.

II. U jo'olbesik yéetel u xak'altik wa táan u ts'o'okbesik ma'alob u meyaj u noj mola'ayil fiscalizacion superior, bey je'ex jets'a'anil ichil a'alamajt'aano'obe', ba'ale' yaan u kaalantik u chíimpoltik u páajtalil le mola'ay tia'al u tsolik yéetel u beetik u meyaj tu jaanalo';

III. luk'sa'ana

IV. U jets'ik ja'abmanja'ab u taak'inil u meyaj u noj jala'achil México, le ken ts'o'okok u xak'altik ma'alob, u tsikbaltik wa ma'alob, yéetel u k'exik wa tumeen ka'abéet, u tsóolts'íibil kun túuxtbil ti'ob tumeen noj jala'ach, le ken ts'o'okok u jets'ik le bo'ol patanilo'ob ku tukultik k'a'abet u tia'al u chúukpajale'. Beeyxan je'e u béeytal u jets'ik ichil le taak'ino', le u láak' taak'ino'ob k'a'abet tia'al meyajo'ob ku beeta'al ichil ma' chen jump'éel ja'abe'e, le ku k'a'abetchajal tia'al u beeta'al nukuch meyajo'obe', ba'ale' lela' yaan u beetik bey je'ex jets'a'anil tumeen u áantaj a'almajt'aanilo'ob le noj meyajo'obo'; le u láak' taak'ino'ob k'a'abet tia'al u láak' ja'abo'obo' yaan u bin u jóok'sa'al ja'abmanja'ab ichil u taak'inil u meyaj noj jala'ch.

U noj jala'achil u noj méek'táanlu'umil Méxicoe' yaan u k'ubik ti' u noj najil u xak'alta'al u meyaj jala'ach, u ts'óolts'íibil u a'almajt'aanil tu'ux kun taal taak'in tia'al u meyaj yéetel u tsóolts'íibil bix ken u xupil, jach u xaanile' tak tu waxakk'iinil septiembre, ba'ax jach k'a'abet u bin k'ubbil tumeen máax jo'olbesik le kúuchil meyaj tia'al u tsoliko'. U najil Cámara de Diputado'obe' k'a'abet u jets'ik bix kun p'áatal le taak'in kun xupbilo', jach u xaanile' tak tu k'iinil 15 ti' u winalil noviembre.

Le keen u káajes u meyaj tu k'iinil jets'a'an tumeen artículo 83e', u noj jala'achil Méxicoe' yaan u k'ubik jump'éel u yáax tsóolts'íibil u a'almajt'aanil tu'ux kun taal taak'in tiala u meyaj yéetel beyka'aj yéetel bix ken u xupil tia'al tuláakal u meyaj, jach u xaanile' tak tu k'iinil 15 ti' u winalil diciembre.

Ma'atan u yantal mix jump'éel taak'in ma' ojéelta'an bix kun xupbili', jach chen ja'alil le kun jets'bil jach k'a'abet ichil u taak'inil u meyaj jala'ache'; yéetel le kun k'a'abetkuunsbil tumeen máaxo'ob jo'olbesik u kúuchilo'ob u meyaj jala'ache' yéetel beeta'an u ju'unil tumeen u noj jala'achil u noj méek'táanlu'umil México.

Chen ja'alil wa ku k'áata'al tumeen u noj jala'achil México, yéetel ku chíimpolta'al tumeen cámara wa tumeen Comisión Permanente jach k'a'abete', je'e u béeytal u ts'a'abal u láak' wa jayp'éel k'iin ti' tia'al u k'ubike', ba'ale' yáax k'a'abet u bin máax jo'olbesik u kúuchil u meyajya'al le taak'in tia'al u tsol ma'alob ba'axten k'a'abet u láak' k'iino'ob tia'al u k'ubiko'obo';

V. U ya'alik wa jaaj yaan wa mina'an ba'ax óok'lal u beeta'al u bo'otik u si'ipil juntúul u aj meyajil'o'ob jala'achil ku kaxtik u yantal u si'ipil bey je'ex jets'a'anil ichil artículo 111 ti' le noj a'alamajtaana'.

U yojéeltik ba'ax si'ipilil ku ts'a'abal tu yóok'ol je'e máaxak ku meyaj ichil u kúuchilo'ob u meyaj jala'ache' bey je'ex u ya'alik artículo 110 ti' le noj a'almajt'aana' yéetel u táakpajal bey máax ku takpóol le ken beeta'ak juicio político ti' je'e máaxak ichil u aj meyajilo'ob jala'achile'.

VI. U xak'altik u tsóolts'íibil bix xu'upik u taak'inil u meyaj jala'acho'ob yéetel bix úuchik u meyajta'al, u xak'altik tia'al u yojéeltik wa meyajta'ab bey je'ex tsolnu'ukta'anil le ka'aj meyajta'ab bajux yéetel bix kun xupbil le taak'ino', yéetel xan wa ts'o'okbesa'ab ba'ax jets'a'an ichil u tsóolts'íibil kun meyajtbil yéetel.

U xak'a'alta'al bix xu'upik le taak'ino' yaan u beeta'al tumeen u mola'ayil Fiscalización Superior de la Federación yaan ichil Cámara ti' Diputado'ob. Wa ichil le xaak'al ken u beet ku chíikpajal ma' juntakáalili' bix a'ala'abik kun xupbil yéetel bix úuchik u xu'upul, wa ma' le beyajka'aj yéetel le ba'ax ti' a'ala'ab kun xupbil xu'upo'o, yéetel mina'an tu'ux ku tso'olol jach ma'alob tu'ux yéetel bix úuchik u taal u láak' taak'in yéetel ba'axten beey xu'upiko', yaan u je'ets'el u bo'ol si'ipilil bey je'ex u ya'alik a'almajt'aano'obe'. Ba'ale' tia'al u xak'alta'al wa tumeen ma'aj ts'o'okbesa'ab ba'ax a'ala'ab kun meyajtbil yéetel le bix yéetel beyka'aj je'ets kun meyajtbil ichil u tsóolts'íibil u meyaj ja'ala'che'e, le mola'aya', chen kun béeyta'al u ya'alik bix unaj u ma'alobkuunsik u meyaj u kúuchilo'ob u meyaj jala'ach, bey je'ex jets'a'anil ichil le a'almajt'aano'oba'.

U tsóolts'íibil bix úuchik u meyajta'al u taak'in kaaje' unaj u k'u'ubul ti' Cámara Diputado'ob jach u xaanile' tak tu k'iinil 30 ti' u winalil abril ti' u láak' ja'abo'. Chen úuchak u béeytal u ts'a'abal u láak' wa jayp'éel k'iin tia'al u k'u'ubul bey je'ex jets'a'anil ichil u kanxóot'ol u ts'ook junjaats le artículo je'ela'; ba'ale' wa ku ts'a'abal ku p'a'atal tia'al tu jeel k'iin u k'u'ubule', lela' ma' unaj u máan ti' óoxlajun k'iino'obi', yéetel xane', yaan láayli' le beyka'aj k'iino'ob tia'al u xak'alta'al tumeen u noj mo!a'ayil Fiscalización Superior ti Federación tia'al u k'ubik u tsóolts'íibil bix tu yilajil le ken u xak'alt bix úuchik u xu'upule'.

U noj najil u je'ets'el bix kun meyaj jala'ache' yaan ti' tak jach u xaanil tu k'iinilóoxlajun ti' u winalil septiembre tu láak' ja'ab k'u'ubuk tia'al u ts'o'oksik u xak'altik, ba'ale' tia'al u beetike' yaan u yilik bix tsóolts'íibta'abik yéetel bix jóok'ik u xaak'al u noj mola'ayil Fiscalización Superior ti' Federación, ku ch'a'achi'ita'al tumeen artículo 79 ti' le noj a'almajt'aana', ba'ale' lela' ma' u k'áat u ya'ale'e wa ma'atan u béeytal u bin u yutskiinsa'al wa u ts'o'okbesa'al ba'ax ila'ab ma' nu'uka'an meyajta'abiki', yéetel a'ala'ab tumeen u noj mola'ayil Fiscalización Superior ti' Federación, k'a'abet u yutskiinsa'al ba'ax ma' nu'uk wa ma' chuka'an beeta'abik, bey je'ex u ya'alik le artículo ts'o'ok u cha'achi'itpajalo'o.

U noj najil u je'ets'el bix kun meyaj jala'acho'obe' yaan u xak'altik bix u meyaj u noj mola'ayil Fiscalización Superior ti' Federación, yéetel tia'al u ts'o'okbesike' je'e u béeytal u k'áatik ti' ka' u k'ub u tsóolts'íibilo'ob bix úuchik u beetik u xaak'alo'ob;

VII. Luk'sa'an.

VIII. Tuláakal u láak' ba'axo'ob jets'a'an tumeen le noj a'almajt'aan unaj u táanaltiko'.

Artículo 75. U noj najil u je'ets'el bix kun meyaj jala'acho'ob, le ken u jets' u taak'inil u meyaj jala'acho'obe', jach najmal u ch'a'achi'itik u k'a'abetil u bo'ota'al ma'alob tuláakal meyaj ku beeta'al bey je'ex jets'a'anil tumeen la noj a'almajt'aana'; yéetele' wa chen ma'a xaan tu yóok'lal wa ba'ax ka'a p'áatak ma' u jets'ik beyka'aj unaj u náajaltik máax ku meyaje'e, lela' u ch'a'abal bey u ch'a'achi'itmaje' yéetel yaan u ts'o'okbesa'al bey je'ex jets'a'anil ti' u ts'óoltsíibil bix kun meyajtbil u taak'in kaaj ti' le ja'ab máaniko' wa le bix jets'a'anil ichil u a'almajt'aanil meyajile'.

Je'e bixake', le ba'ax kun a'albila' k'a'abet u chíimpoltik ba'axo'ob ku ya'alik artículo 127 ti' le noj a'almajt'aana' yéetel u láak' a'antaj a'almajt'aan kun beetbil tu yóok'lal tumeen congreso generalo'.

Tu yóoxjaatsil u noj kúuchil u meyaj jala'acho'ob legislativo, ejecutivo yéetel judicial, yéetel u láak' mola'ayo'ob chíimpolta'an tumeen la a'almajt'aan u páajtalil u meyajo'ob tu juunalo'ob, ku je'ets'el u taak'inil u meyajo'ob ichil u tsóolts'íibil u taak'inil u meyaj jala'acho'obe', k'a'abet u táakbesik ichil u ts'óolts'íibil bajux yéetel ba'ax ti' ken u xupe', babajux ken u náajalt tuláakal yéetel jujuntúulil le máako'ob kun meyajo'obo'o. Ichil le ts'óolts'íiba' unaj u tso'olol xan bix kun jets'bil u bo'ota'al máaxo'ob ku meyajo'obi', bey je'ex a'ala'anil unaj u je'ets'el u taak'inil u meyaj jala'acho'ob ichil u kanjaats u xóoxot'al artículo 74 ti' le noj a'almajt'aana', yéetel u láak' áantaj a'almajt'aano'ob k'a'abet u táakbesa'al ichile'.

Artículo 76. Chen ja'alil senado úuchak u béeytal:

I. U xaka'ltik ja'abmanja'ab u tsóolts'íibil bix úuchik u meyaj u noj ja'alachil México yéetel u láak' u jo'olpo'opilo'ob, tia'al u yilik bix úuchik u bisikuba yéetel u láak' kaajo'ob yóok'ol kaab, ba'ax k'a'abet u k'ubik tuláakal ja'ab ti u noj najil u pa'ajo'lta'al bix kun meyaj jala'acho'ob.

Yéetele', yaan u chíimpoltik tuláakal tratado'ob yéetel mok'taano'ob diplomático ken u beet u noj jala'achil México, beeyxan wa ku jets'ik u ts'o'oksik, u takik u pool, u xu'ulsik, u k'exik, u yutskiinsik, u tselik wa ba'ax yéetel u ts'áak ojéeltbil wa ba'ax tu yóok'lal;

II. U ts'ok jetsik máako'ob kun páaybesbil tumeen u Noj Jala'achil u noj méek'táankaajil México tia'al u jo'olbeso'ob Procuraduría General de la República, ministro'ob, agente'ob diplomatico'ob, cónsul generalo'ob, u no'oj k'abilo'ob u najil u bo'ota'al patam, noj k'abtuuno'ob yéetel u láak' u noj jo'olpo'opilo'ob k'abtuuno'ob, armada yéetel Fuerza Aérea tia'al tuláakal u noj méek'tanlu'umil México, bey je'ex jets'a'anil tumeen a'almaj'taano'obe';

III. U ts'áak u páajtalil ti' u Noj jala'achil México tia'al ka'a páatak u jóok'ol u múumuch'al k'abtuuno'ob tak táanxel lu'umilo'ob ti' México, u béeytal u máan u k'abtuunilo'ob táanxel noj méek'tanlu'umilo'ob ichil u noj lu'umil México wa u taal u k'abtunilo'ob táanxel lu'umil u kulkiinsuba'ob wey t-lu'umil tak máanja'an ti' jump'éel winal, wa ichil u ja'il Méxicoe';

IV. U éejentik tia'al ka'a páatak u bisik u noj jala'achil México, u múumuch'al Guardia Nacional táanxel petenlu'umil, chen yéetel ka' u jets' jaytúul k'a'abeti';

V. U jets'ik, le ken p'áatak mina'an máax jo'olbesik tuláakal poderes constitucionales ti' jump'éel petenlu'umile', u jach k'a'abetil u majan ts'a'abal u jeel u noj jala'achil, yéetel xan leti' kun payalt'antik u yéeytáambalil tia'al u ts'a'abal u jeel, bey je'es jets'a'anil ichil u noj a'almajt'aanil le petenlu'umilo'. Tia'al u majan ts'a'abal u jeel u noj jala'achil le petenlu'umilo', u noj lala'achil Méxicoe' yaan u páaybesik óoxtúul máako'ob, ichilo'ob túun kun yéeybil máax kun beetik wa tumeen ku éejenta'al tumeen ka'a jaats ti' u yóoxjaatsil le senadoro'ob kun táakpajal ichil le yéeytáambalo', wa ku yúuchul le je'el ichil u k'iinil u je'elelo'obe', yaan u yéeya'al tumeen Comisión Permanente, bey je'ex jets'a'anil ichil u áantaj a'almajt'aanile'. Le máax kun ts'aabil u majan beet u jala'achile' ma'atan u béeytal u táakpajal ichil u yéeytáambalil u jeel u noj jala'achil le petenlu'umil ken u beet u payalt'aanilo'. Ka'alikil mina'an ichil u noj a'almaj'taanil le petenlu'umilo', leti' le a'almajt'aan kun ts'o'okbesbila';

VI. U yáantaj tia'al u nu'uta'al k'éexóolal político wa ku yantal ichil je'e máakalmáak ti' u yóoxjaatsil jala'acho'ob ti' le petenlu'umilo', yéetel ku bino'ob u k'áato'ob ti' senado ka'a áantajnak, beeyxan wa tu yóok'lal le ba'alo'ob beya' ku jóobol bix u jala'achtikubáa kaaj yéetel ku yok'ol u ba'atelil yéetel ts'oon wa u láak' ba'al tia'al u loobiltikubáa kaaj. U tia'al le beya' senadoe' yaan u jets'ik ba'ax kun beetbil, ba'ale' u tia'ale' yaan u táanilkuunsik ba'ax ku ya'alik u noj a'almajt'aanil u noj lu'umil México yéetel u noj a'almajt'aanil le petenlu'umilo'.

U áantaj a'almajt'aanil, bix kun u ts'o'okbes le páajtalila' yéetel xan le yaan jump'íit ka'analo'.

VII. Ti' leti' kun ts'aabil u yojéelt le ken k'aata'ak juicio político yóok'ol je'e máaxak ku meyaj ichil u najil jala'acho'ob wa ku beetiko'ob ba'ax ma' unaji' beeyxan wa ma'atan u beetiko'ob ba'ax ts'a'an u beete, ku ts'o'okole' ku beetik k'aas ti' kaaj yéetel tumeen ma'atan u ts'o'okbesik bey je'ex unaj ba'ax ts'a'an u beete, bey je'ex ku ya'alik artículo 110 ti' le noj a'almajt'aana'.

VIII. U ts'aak máax ken u beet u ministroil ti' Suprema Corte ti' Justicia tu noj lu'umil México, ichil ti' le óoxtúul máak kun páaybesbil tumeen u noj jala'achil México, beeyxan u k'amik wa u ya'alik ma'atan u béeytal le ken u k'áat juntúul máak u páajtalil u jáan p'atik u meyaj ichil wa jayp'éel k'iin wa tia'al u p'atik jumpuli' le meyaj ts'a'an u beet, le ken k'áata'ak tumeen le aj meyajo';

XI. U ts'aak wa u luk'sik u noj jo'olpo'opil Distrito Federal bey je'ex jets'a'anil ichil noj a'almajt'aana';

X. U jóok'sik u ju'unil tu'ux ku ya'alik ma'alobil wa tumeen ka'ajaats ti' tu yóoxjaatsil senadoro'ob ku chíimpoltik u mokt'aan ka'ap'éel wa máanja'an ti' u peenlu'umilo'ob u noj méek'tánlu'umil México;

XI. U jets'iko'ob jumpuli' tuláakal k'éexóolal wa k'uuxilil tu yóok'lal tu'ux ku náakal u lu'umil ka'ap'éel wa máanja'an ti', u petenlu'umil México, wa tumeen ku k'aata'al tumeen u jala'achilo'ob yéetel ku chíimpolta'al tumeen ka'ajaats ti' tu yóoxjaatsil le máaxo'obm kun táakpajalo'o;

XII. Tuláakal u láak' ba'ax kun k'ubeentbil ti' tumeen le a'almajt'aana'.

Artículo 77. Tu ka'a jaatsil le camara'obo', yaan u béeykunsik tu juunal yéetel ma' u táakpajal u láak' junjaatso'o:

I. U jets'ik bajux ken u xup ichil wa yéetel u kúuchil u meyaj;

II. U tsikbal yéetel u láak' junjaatso' ba'ale' beeyxan yéetel u noj jala'achil México tia'al u jets'ik bix kun múul meyajo'ob, lela' yaan u ts'o'okbesa'al tumeen máaxo'ob kun páaybesbil tia'al u beetej;

III. U ts'áak u yuumilo'ob máax kun meyaj ichil u kúuchil u meyajo'ob yéetel u beetik u tsóolts'íibil bix kun meyaj, yéetel,

IV. U jóok'sik u payalt'aanil, jach u xaanile' tak ichil óoxlajun k'iino'ob p'áatak mina'an máax jo'olbesik, tia'al jump'éel x-chukul yéeytáambal kun beetbil tak ichil 90 k'iino'ob tia'al u yéeya'al u jeel máax ken u p'at u meyaj ichilo'ob, bey je'ex jets'a'anil tumeen artículo 63 ti' le noj a'almajt'aana', u tia'al wa ku p'atik u meyaj juntúul diputado wa senador ti' Congreso de la Unióne' yaan u yéeya'al bey je'ex ku ya'alik u nu'uktajt'aanil mayoría relativa, ba'ale' ma' beey wa le máax ku p'atik u meyaje' ku p'atik ichil u ts'ook u ja'abil u meyajo'ob bey legisladore'.

Kanxóot': Tu yóok'lal Comisión Permanente

Artículo 78. Tia'al le k'iino'ob jets'a'an ma'atan u meyajo'ob congreso de la unione' yaan u p'atiko'ob junjaats u yet meyajo'ob bey Comisión Permanente, kun beetibil tumeen 37 u túulul máako'ob, 19 diputado'ob yéetel 18 senadoro'ob, máaxo'ob yaan u yéeya'alo'ob tumeen u noj najil u meyajo'ob tu k'iinil jach ta'aytak u p'atik u meyajo'ob. Le máaxo'ob jo'olbesik tu ka'a jaatsil camarae' yaan xan u yéeyik máax kun beetik u meyaj ka'alikil ma kula'ani'.

Comisión Permanentee', jumpáay ti' le ba'ax jets'a'an tumeen le a'almajt'aan k'a'abet u meyajtika' yaan xan u beetik le je'elo'oba':

I. U núukik éejenil u beeta'al u meyaj Guardia Nacional tia'al le ba'axo'ob yéetel le bix u ya'alik u kanjaats artículo 76e';

II. U k'amik wa tumeen bey ku yúuchul u káantik máak yéeya'an tia'al u beet u noj jala'chol México;

III. U jets'ik bix kun p'áatal tuláakal ba'ax yaan ba'al u yila'a yéetel u meyaj; u k'amik ka'alikil táan u je'elel u láak' u yet meyajo'ob u yáax ts'óolts'íibil a'almajt'aano'ob yéetel je'e ba'alak u tuukulil meyak kun k'ubbil ti' le camara'obo' yéetel u máansik ti' le ba'ax comisionil unaje' u tia'al u xak'alta'al ka ila'ak wa ma'alob beeta'anil yéetel wa chuka'an, yéetel tia'al ka'a meyajta'ak chen p'el u káajal u meyajo'ob tu ka'atéen;

IV. U jets'ik u tuukulil u beeta'al wa tumeen ku k'áata'al tumeen noj jala'ach México, u payalt'anta'al u much'ikubáa congreso wa chen jump'éel cámara tia'al u x-chukul much'ikubnáa u meyajto'ob wa ba'ax, ba'ale' u tia'ale' yaan u ka'abetkuunsa'al u chíimpolta'al tumeen ka'ajaats ti' tu yóoxjaatsil le máaxo'ob kun táakpajalo'o. Le payalt'aano' yaan u t'áalkab a'alik ba'ax wa ba'axo'ob u beelal ken u much'uba'ob;

V. U ts'áak wa u ya'alik ma'atan u k'amik u ts'a'abal máak u beet u Procurador General de la República, le ken páaybesa'ak tumeen u noj jala'achil u noj méek'táanlu'umil México;

VI. U ts'áak ti' u noj jala'achil México u páajtalil u p'atik tak tu yóok'lal óoxlajun k'iino'ob u meyaj yéetel u ts'áak máax meyaj tu jeel le ken mina'anchajak;

VII. U chíimpoltik tumeen ku k'amik ma'alobil le máaxo'ob kun ts'aabil tumeen u noj jala'achil México tia'al u beet u ministroil, agentes diplomáticos, consules generales, u noj meyajilo'ob u kúuchil bo'ol patan, coronelo'ob yéetel u láak' noj k'atuno'ob, armada yéetel fuerza aérea nacionales, bey je'ex ku jets'ik u a'almajt'aanilo'obe', yéetel,

VIII. U yojéeltik yéetel u jets'ik bix kun p'áatal le ken u k'áat juntúul diputado wa senador u p'atik u meyaj tia'al wa jaypéel k'iin.

Jo'oxóot': Tu yóok'lal Fiscalización Superior ti' Federación

Artículo 79. U noj mola'ayil xak'al Superior de la Federación, cámara ti' diputado'obe', yaan u páajtalil u tsolik yéetel u meyaj tu juunal tia'al u ts'o'okbesik u beelal yéetel u jets'ik bix ken u tsolubáa meyaj, u tsóolnu'uktik ba'ax ken u beetej yéetel bix ken u nu'uktik, je'e bix kun jets'bil tumeen le a'almajt'aano'oba'.

U meyaj u xak'alta'al u xuup u meyaj jala'ache' yaan u beta'al yéetel u nu'uktajil posteridad, anualidad, legalidad, defitinividad, imparcialidad yéetel confiabilidad.

Le u mola'ayil u xak'alta'al u xuup jala'acho' superioro' yaan u meyajtik:

I. U xak'altik tu paach k'iin tu'ux ku taal u taak'in yéetel bix u xupupul; u meyajta'al, u líik'sa'al kaalantbil yéetel bix u meyajta'al u taak'in yéetel tuláakal u ba'alubáa tu yóoxjaatsil poderes de la unión yéetel tuláakal u mola'ayilo'ob u meyaj jala'ach, beeyxan u xak'altik wa ma'alob xuupik ka'alikil u ts'o'okbesik u beelalo'ob je'e bix tsola'anil ichil u tsóolnu'ukil meyajo'obe', ba'ax kun xak'altbil yéetel le u tsóolts'íibil kun k'ubbil tumeen le jala'acho'ob, bey je'ex jets'a'anil tumeen le a'almajt'aano'obo'.

Leti' xan jun taats' kun xak'altik tuláakal le taak'in kun túuxtbil tumeen u noj jala'achil u noj méek'táanlu'umil México, yéetel kun xupbil tumeen petenlu'umo'ob, méek'táankaajo'ob, Distrito Federal yéetel tuláakal mola'ay político-administrativo yaan ichil tak tu'ux ku náakal u meyajo'obe', chen ma'atan u táakpajal u xak'alt participaciones federales; beeyxan yaan u xak'altik tuláakal taak'in ken u k'am ti' u noj jala'achil u noj méek'táanlu'umil México je'e máakalm'aak mola'ayil wa chen máakil pública wa privada, yéetel le máansa'an ti' fideicomisos, mandatos, fondos wa je'e máakalmáak u láak' mola'ayile', ba'ale' yaan u beeta'al bey je'ex jets'a'anil ichil a'almajt'aanilo'obe' yéetel ma' u k'áat u ya'ale' wa ma' u béeytal u xak'alta'al tumeen u láak' mola'ayilo'ob páaybesa'an u tia'al wa u najmal máako'ob k'a'abetkuunsik sistema financiero.

Le mola'ayilo'ob kun xak'altbil ku ch'a'achi'ita'al te'e junxóot' ts'íib yaan yóok'ol le je'ela', unaj u beetik u tsóolts'íibil ba'ax meyajil tu beetaj, babajux tu xupaj, ba'ax tu manaj yéetel u ketik bajux tu k'amaj yéetel bix úuchik u xupik tuláakal le taak'in tu k'amaj wa kun máansbil ti' tumeen Federación, bey je'ex jets'a'anil tumeen a'almajt'aano'obe'.

Kex tumeen lo'obal k'a'abet ts'o'ok u máan u ja'abil le xuup ka'a k'ubuk u tsóolts'íibil bix úuchiko', u noj mola'ayil u xak'alta'al le xuup' ti' federacione', je'e u béeytal u k'aatyik yéetel u xaka'altik wa máakalmáak ti' le meyajo'ob yéetel u xuupil beeta'abo', beeyxan u láak' xuupo'ob beeta'ab ti' ja'abo'ob ts'o'ok u máan, ba'ale' ma' u k'áat u ya'ale'e wa táan u ka'a je'ebel tia'al u tsaypachta'al takbil u pool máaxo'ob beet le xuupo', lela' yaan u k'áata'al chen wa le taak'ino' káaj u jóok'ol ti' le ja'abo'ob ts'o'ok u máano' ba'ale' láayli' táan u meyajta'ale' wa láayli' táan u k'a'abetchajal taak'in tia'al ma' u xóot'ol u meeyjul wa u tso'oksa'al, ba'ale' beeyxan wa k'a'abet u xak'alta'al tumeen úuchik u xu'upule' ma' ts'o'okbesa'ab ma'alob le ba'ax u beelal jóoksa'ab le taak'ino'. Ikil u xaaka'al u mola'ayil u xaka'alta'al u xu'upul taak'in ku k'ubik u noj jala'achil Méxicoe', chen ku béeytal u t'aan tu yóok'lal le ja'ab ku yáalkabo', yéetel u ya'alik wa tso'okbesa'abi' wa ma' ts'o'okbesa'ab le meyaj yéetel le bix yéetel beyka'aj a'ala'ab kun beetbilo'.

Beeyxane', kex tumeen lo'obal k'a'abet ts'o'ok u beeta'al le meyaj yéetel u xuupil ka'a béeyak u xaka'alta'alo', chen ma'a xaan wa ka'a k'a'abetchajak bey je'ex jets'a'anil tumeen a'almajt'aane', tumeen ku ta'akal u pool tumeen wa máaxe', le u mola'ayil u xaka'alta'al u xu'upul taak'ino', je'e u béeytal u k'áatik ti' mola'ayo'ob unaj u xaka'alta'al u meyaje', ka' u xaka'lt le xuup táan u beetiko', tu yóok'lal le ba'ax ku ya'ala'al ma'atan u beetik ma'alobo' yéetel ka' u k'ub u tsóolts'íibil. Wa tumeen le ba'ax ku ya'ala'al ti' le mola'ayil meyaj ka' u xak'alt ma' tu ts'o'okbesik bey je'ex jets'a'anil tumeenaálmajt'aan ichil le k'ino'ob xan jets'a'ano', yaan u beeta'al u bo'otik u si'ipil bey je'ex jets'a'anil xan tumeen le a'almajt'aana'. U mola'ayil u xak'alta'al xuup ti' fedracione' yaan u k'ubik ti' cámara ti' diputado'ob u st'iibil tu'ux ku ya'alik bix tu yilajil le ba'ax beetik u yúuchul takpoolo', yéetel wa k'a'abete', yaan xan u jets'ik wa yaan u si'ipil yéetel beyka'aj wa u ya'alik ba'ax u láak' kuuch yaan tu yóok'ol le máax ma' tu ts'o'okbesaj u meyaj bey je'ex unaje'e.

II. Yaan u k'ubik ti' Cámara ti' Diputato'ob u ts'íibil bix p'áatik u xaak'al tu yóok'lal le taak'in k'u'ub ti' le mola'ayo', jach u xaanile' tak 20 ti' febrero tu láak' ja'abo', tu'ux ken u tsáa tia'al ka'a u je'ets' ba'ax unaj u beetchajal, le ts'íib ken u k'ubo' je'e u béeytal u k'ajóolta'al tumeen je'e máaxake'. Ichil le tsóolt'síib ken u k'ubo' yaan u tsáak xan u tsóolts'íibil bix xuupik le taak'ino', ba'ax ku ya'alaik tu yóok'lal bix xu'upik, u ts'íibil tu'ux ku ya'alik wa xu'up tu yóok'lal ba'ax u beelal ka'a ts'a'ab le taak'in ti' le mola'ayo'ob jets'a'an k'a'abet u xak'alta'al u meyaj, bey je'ex jets'a'anil ichil le junxóot' ts'íib yaan tu yóok'ol le je'ela', beeyxan u yila'al wa tumeen ts'o'okbesa'ab tu yéetel le ba'ax óok'lal jóoks'a'ab le taak'ino' yéetel el bix ku ya'ala'al unaj u meyajo', beeyxan junjaats ts'íib tu'ux ku ya'alik ba'ax ku núukik le kúuchil taka'an u pool, tu'ux yaan xan u bin junjaats tu'ux ku ya'alik le noj kúuchil xaak'al ti' federaciono', bix u yilik.

Tia'al u ts'o'okbesa'al le je'ela', ma'ayli' k'u'ubuk u ts'iibil bix p'áatike', yaan u ts'a'abal u k'ajóolt le mola'ayo'ob xaka'altabo', tia'al ka'a béeyak u k'ubiko'ob le ju'un tu binetaj ti'obe', wa u ma'alob tsoliko'ob ba'axtu binetaj, yéetel yaan xan u táakbesa'al ichil tumeen le mola'ay ku xaak'alo', tia'al ka'a béeyak u ya'alik jach bix kun p'áatal.

U jo'olpo'opil le noj mola'ay ti' Federación ku xaak'alo', yaan u túuxtik ti' le mola'ayo'ob xak'alta'abo', jach u xaanile' tak ichil lejun k'iino'ob k'u'ubuk ti' cámara ti' diputado'ob, u ts'óolts'íibil ba'ax kaxanta'ab ichil le xaak'al beeta'abo', ba'ax nu'uktajil tu ts'aaj ti' le mola'ay xak'alta'abo' yéetel ba'ax tu ya'alaj unaj u beeta'al tia'al ka' u yutskiins le ba'ax beetik u ta'akal u poolo', u tia'al le je'ela', yaan tak 30 k'iino'ob ti' le mola'ay xak'alta'abo', tia'al ka' u k'ub le ts'íib ku tukultik k'a'abet u kubik tia'al u ma'alobkuunsiko'. Ba'ale' wa ku máan le k'iino'ob ma' tu k'ubo'o yaan u náajaltik u beeta'al u bo'otik le si'ipilil jets'a'an ichil a'almajt'aano'obo'. Le ba'ax ku ya'alpajal jump'íit ka'anala', ma' najmal u ts'o'okbesa'al ichil u wáawalal u ts'íibil ba'ax ku ya'ala'al unaj u yutskiinsa'ali' wa tu'ux ku je'ets'el yaan u si'ipilil bix u yúuchul le meyajo', tumeen lelo'oba' yaan u táanalta'al je'e bix tsola'anil ichil u tsóolts'íibil le meyajo' yéetel le bix jets'a'anil ichil le áantaj a'alamajt'aano'ob kun beetbil tia'al u nu'ukta'al u meyajile'.

U noj mola'ayil u xak'alta'al u xuuupul taak'in tu noj méek'táanlu'umil Méxicoe' yaan u ya'alik u t'aan tu yóok'lal ba'ax ku núukik le mola'ay'o'ob xak'alta'ab u meyajo', jach u xaanile' tak ichil 120 u k'iinilo'ob ts'a'abak k'ajóoltbil, wa tumeen ku máan le jayp'éel k'iin ma' tu ya'alaj mixba'alo'o, yaan u cha'a'bal bey ts'o'okbesa'an tuláakal ba'ax kun ya'ala'al tu yóok'lale'.

Tu yóok'lal le ba'ax kun a'alabil ti' le mola'ayo'ob kun xak'altbil u meyajo', k'a'ana'an u jel nu'uktiko', leti'obe' k'a'abet u k'ubiko'ob ti' le mola'ay ku xaak'alo', u tsóolts'íiibil ba'ax ku beetiko'ob tia'al u nu'uka'ankuunsik u meyaj, wa u ya'aliko'ob ba'axten ma' najmal u beetiko'ob le ba'ax ku ya'ala'al u beeto'obo'.

U noj najil jala'ach tia'al u xak'alta'al u xuup u mola'ayilo'oib jala'ache' unaj u k'ubik ti' cámara ti' diputado'ob tu yáax k'iinilo'ob u winalil mayo yéetel noviembre ti tuláakal ja'ab, jump'éel u tsóolts'íibil bix u bin u ts'o'okbesa'al tuláakal ba'ax tu jets'aj k'a'ana'an u jel nu'ukta'al, u yutskiinsa'al wa u k'e'exel bix u bin wa tak le bo'ol si'ipilo'ob tu jets'aj tu yóok'ol le mola'ayo'ob xak'alta'ab u meyajo'obo'.

Le noj mola'ay xak'altik u meyaj u láak' u mola'ayilo'ob u meyaj jala'acho' k'a'ana'an u ta'akik tuláakal u ts'íibil le meyaj ku beetik yéetel le ba'ax ku ya'alik k'a'abet u jel nu'ukta'alo', tak tu k'iinil ken u k'ub xan u tsóolts'íibil u meyaj ti' cámara ti' diputado'ob bey je'ex u ya'ala'al ti' le junxóot' a'almajt'aana'; aa'almajt'aan kun jets'ik ba'ax si'ipilil yaan ti' máax ma'atan u ts'o'okbesik beya';

III. U xaka'altik je'e ba'alak ba'alil ka' u beet wa ka'a p'áatak ma' u beetik máaxo'ob ts'a'an meyaj yéetel ku taasik jump'éel ba'al ma' unaj u yúuchul ichil taak'in ku k'amik jala'ach, ku xupik, bix u xupik, u kalaantik yéetel u beeta'al u meyaj tulaákal taak'in yéetel u ba'alubáa Federación, beeyxan u xíimbaltik u najilo'ob le meyajo', tia'al u k'áatik ka'a e'esa'ak ti' tuláakal u áanalte'il, u ju'unil yéetel je'e ba'alak líik'sa'an ku k'a'abetchajal tia'al u xak'alta'al bix u bin u xuupil le meyajo', yéetel u ts'o'okbesa'al ba'ax yéetel bix tsola'anil unaj u beetchajal, ba'ale' tia'al u beetike', ka'abet u ts'o'okbesik bey je'ex jets's'anil unaj u beeta'al jump'éel kaxan xaak'ale', yéetel.

IV. U jets'ik beyka'aj loobil yéetel k'aasil ku beetik ti' u taak'in kaaj federal wa ti' u ba'alubáa u najilo'ob u meyaj jala'ach yéetel u jets'ik xan juntaats' beyka'aj taak'in k'a'abet u bo'otik yéetel ba'ax u láak' bo'olsi'ipilil yaan tu yóok'ol máax yaan u si'ipil, ba'ale' beeyxan u beetik u táakpajal u láak' jala'acho'ob tia'al u xaka'lto'ob wa yaan u láak' u si'ipil le máax beetik ba'ax ma' unaj ichil u meyajo'o; u kaxantik u je'ets'el beyka'aj u si'ipil le máax beetik ba'ax ma' unaj bey je'ex u ch'a'achi'itik u kamp'éel título yaan ti' le a'almajt'aana', u takik u pool máak yaan u si'ipil yéetel u yilik u xak'almeyajta'al tumeen le máakalmáak jala'achil unaje'; yéetel u táakpajal ichil u meyajil tak le bix ku ya'alik a'almajt'aano'ob unaj u táakpajale'e.

Le bo'ol si'ipil ken u jets' le u noj mola'ayil u xak'alta'al u xuup jala'ach yéetel u láak' ba'alo'ob ken u ya'al najkmal u ts'o'okbesa'alo', úuchak u béeytal u k'áatnúukta'al tumeen le mola'ayo'ob ku xak'alta'al u meyajo'obo', wa xan tumeen le máako'ob ku meyajo'ob te'ej mola'ayil ku yu'ubiko'ob táan u loobilta'alo'obo', tu táan le mola'ay ku xaak'alo' wa tu táan tribunalo'ob bey je'ex ch'a'achi'ita'anil Fracción XXIX-H ti' artículo 73 ti' le noj a'alamajt'aana' yéetel bey je'ex ichil u áantaj a'almajt'aanile'.

U noj najil diputado'obe' yaan u jets'iko'ob máax kun jo'olbesik u mola'ayil u xak'alta'al u xuup jala'acho'ob, wa tumeen ku chíimpolta'al tumeen ka'ajaats ti' tu yóoxjaatsil le máaxo'ob kun kula'antal le ken beeta'ako'. A'almajt'aan kun jets'ik bix kun beetbil tia'al u éejenta'al. Le máak kun ts'aabil jo'obesiko' yaan u xáantal tak waxak ja'abo'obi', ku ts'o'okole' je'e u béeytal u ka'a ts'a'abal u beet tak chen u láak' juntéene'. Chen kun béeytal u luk'sa'ale', wa ku beetik jach noj núumyajilo'ob bey je'ex jets'a'anil ichil le a'almajt'aanilo'obo', ba'ale' k'a'abet xan ka'a beeta'ak bey je'ex bix ts'a'abike', beeyxan tu yóok'lal yéetel le bix unaj u beta'al jets'a'an te'ej título cuarto ti' le noj a'alamajt'aana'.

Tia'al ka'a páatachajak u beetik máak u jo'olpo'opil u noj mola'ayil ti' Federación u xak'alta'al u xuup jala'ache', k'a'abet u béeykunsik, jumpáay ti' le ba'axo'ob tsóolts'íibta'an ti' u xóoxot'al I, II, IV, V yéetel VI ti' artículo 95 ti' ke noj a'almajt'aana', yéetel le ken u jets' u áantaj a'almajt'aanilo'obo'. Ka'alikil táan u beetik u jo'olpo'opile' ma'atan u béeytal u táakpajal ichil mix jump'éel mola'ay político, mix u k'amik u beetik mix jump'éel meyaj, u jo'olbesik u jeel mola'ayil wa u beetik jump'éel k'uben meyaj, chen ja'alil wa ikil u beetike' ma'atan u k'amik mix jump'éel taak'in bey bo'olile', wa le kun beetchajal ichil jump'éel u mola'ayil kaxan na'ate', ka'ansajil, miatsil wa je ba'alak mina'an u náajalile'.

Tu yóox jaatsil u meyaj jalach, u petenlu'umilo'ob México yéetel tuláakal mola'ayo'ob najmal u xak'alta'al u meyaje' yaan u k'ubik tuláakal áantaj k'a'abet ti' u noj mola'ayil u xak'alta'al u xuup jala'ach, tia'al u ts'o'okbesik u beelal, wa tumeen ma' tu beetaje'e, yaan u náajaltiko'ob u beeta'al u bo'otik u si'ipilo'ob bey je'ex jets'a'anil ichil le a'almajt'aano'obo'. Beeyxan tuláakal u aj meyajil u najilo'ob u meyaj ja'alach federal wa local, yéetel tuláakal mola'ayil wa máak pública wa privada, fideicomiso, mandato wa fondo, wa je'e máakalmáak u láak' mola'ayil ku k'amik wa ku meyaj yéetel taak'in ku ts'a'abl tumeen u noj jala'achil u noj méek'táanlu'umil Méxicoe', k'a'abet u k'ubik u tsóolts'íibil yéetel tuláakal u ju'unil kun k'áatbil ti' tumeen u noj mola'ayil u xak'alta'al u xuup jala'ache', ka'alikil táan u beeta'al bey je'ex jets'a'anil ichil a'almajt'aano'obe', ba'ale' ma' u k'áat u ya'ale'e wa u láak' jala'acho'obe' ma'atan u béeytal u ts'o'okbesik u beelalo'ob tu táan, beeyxan máaxo'ob k'a'abetkuunsik u meyaj sistema financiero. Wa ma' tu k'ubik tuláakal ba'ax ku k'áata'al ti'e, le máaxo'ob jo'olbesiko' yaan u náajaltik u beeta'al u bo'otik u si'ipilo'ob bey je'ex jets'a'anil ichil le a'almajt'aano'obo'.

U noj jala'achil Méxicoe' yaan u beetik u máanil bey je'ex jets'a'anile' tia'al ka'a páatak u k'amik tuláakal le bo'ol yaan u beetik le máak yaan u si'ipilo' wa u sutik u jeel le taak'in tu xupaj chen beyo' yéetel xan ka'a béeyak u beeta'al u bo'otik u si'ipilil bey je'ex u ya'alik u xóot'ol IV ti' le junxóot' a'almajt'aana'.

Capítulo III: Tu yóok'lal Poder Ejecutivo

Artículo 80. Ku k'u'ubul u noj páajtalil u jo'olbesa'al jala'achil ichil tuláakal jala'acho'ob, chen ti' juntúul máak yaan u k'aaba'tik "u Noj Jala'achil u Noj Méek'táanlu'umil México".

Artículo 81. U yéeya'al máax ken u beet u noj jala'achile' yáan u beeta'al directa yéetel bey je'ex ken u jets'il u áantaj a'almajt'aanil yéeytáambale'.

Artículo 82. Tia'al u beetik máak u noj jala'achil México'e k'a'abet:

I. Sijnáal máak wey tu noj méek'táanlu'umil Méxicoe', ma' wet'a'an ti' mix jump'éel u sijnal najmali', u yuum yéetel u na'e' sijnal xan wey tu noj méek'táanlu'umil Méxicoe' yéetel wa tumeen p'áat kajtal wey tu noj méek'táanlu'umil México ichil junk'aal ja'abo'obe'.

II. Ts'o'ok 35 u ja'abilo'ob le ken k'uchuk tu k'iin le yéeytáambalo';

III. Kuxlaj wey ichil u noj méek'táanlu'umil México tuláakal le ja'ab táant u máan ken k'uchuk tu k'iin le yéeytáambalo'. Wa chen ku jáan bin táanxel lu'umil tak ichil óoxlajun k'iino'obe' ma' u k'áat u ya'al wa bin kajtaql táanxelili'.

IV. Ma' u táakpajal ichil máaxo'ob jo'olbesik u mola'ayil k'ujnajo'ob mix wa leti' ku wa'atal payalt'aan tu táan kaaj.

V. wa tumeen táakpaja'an ichil u mola'ayil k'abtuuno'obe', ka'abet tu p'ataj u meyaj tak wak winalo'ob ma'ayli' k'uchuk tu k'iin le yéeytáambalo'o;

VI. Ma' táan u meyaj bey no'ojk'ab, wa áantaj no'ojk'ab, procurador general ti' u noj méek'táalu'umil México, u jala'achil wa máakalmáak ti' u petenlu'umilo'ob México, mix u jo'olpo'opil u jala'achil Distrito Federal, chen ja'alil wa ku p'atik tak wak winalo'ob u bin u k'uchul tu k'iin le yéeytáambalo'; yéetel

VII. Mina'an ti' mix jump'éel ti' le ba'axo'ob ku ya'alik artículo 83 ka' u beet ma'atan u béeytal u táakpajalo'o.

Artículo 83. U noj jala'achil México'e yaan u k'amik le noj k'ubena', tu yáax k'iinil diciembre yéetel yaan u xáantal tak wak ja'abo'obi'. Juntúul máak yáax ts'a'an u beet u noj jala'achile' ichil jump'éel yéeytáambal tia'al u ts'o'okes u jala'chil juntúul máak ma' tu ts'o'oksaje'e, wa chen ku majan ts'a'abal u beete' wa ku ts'a'abal tu jeel juntúul mina'anchaje', jumpuli' yéetel tu' yóok'lal mixba'al úuchak u béeytal u ka'a ts'a'abal u beet le noj k'ubena'.

Artículo 84. Wa ichil le yáax ja'abo'ob unaj u beetik u noj jala'achil, ku p'áatal mina'an le máax ti' k'ubeenta'an u beetiko', yéetel wa u Noj mola'ayil u pa'ajo'olta'al u meyaj jala'ach táan u meyaj ti' le k'iino'obo', leti' ken u cha'a tu k'ab u beetikubáa bey colegio electorale', yéetel wa tumeen ku kula'antal ka'ajaats ti' tu yóoxjaatsil ti' tuláakal le máaxo'ob táakpaja'ano'o u tia'al ka' u ta'aka'an páaybeso'ob yéetel u chíimpolal tuláakalo'ob, juntúul máak tia'al u majan beet u noj jala'achil u noj méek'táalu'umil México; ba'ale' le u mola'ayil u pa'ajo'olta'al u meyaj jala'acho' yaan u ts'áak k'ajóoltbil u payalt'aanil tia'al u ka'a beeta'al jump'éel yéeytáambal tia'al u yéeya'al máax kun ts'o'oksik le wak ja'abo'ob unajo'; ba'ale' le yéeytáambala' yaan u beeta'al ichil kanlajun tak waxaklajun winalo'ob p'áatak mina'an noj jala'ach.

Wa tumeen u noj mola'ayil u pa'ajo'lta'al u meyaj jala'ach ma' táan u meyaj ti' le k'iin ken mina'anchajak noj jala'acho'o, Comisión Permanente yaan u ts'áak juntúul máak u majan beet u noj jala'achil yéetel yaan u payalt'antik tuláakal congreso tia'al jump'éel x-chukul meyaj, tia'al tun ka'a béeyak leti'ob u ts'áako'ob juntúul máak u majan beet u noj jala'achil yéetel u payalt'antiko'ob tun jump'éel túumben yéeytáambalil tia'al u yéeya'al juntúul túumben noj jala'ach bey je'ex u ya'alik le junxóot' ts'íib yaan tu yóok'ol le je'ela'.

Wa tumeen ts'o'ok u p'áatal chen kampl'éel ja'ab u bin u ts'o'okol u meyaj ka'a p'áatak mina'an u noj jala'achil u noj méek'táanlu'umil Méxicoe', wa tumeen u noj mola'ayil u pa'ajo'olta'al u meyaj jala'ach táan u meyaje', leti'on kun ts'áak u jeel máax kun beetik tak tia'al u ts'o'oksik; wa tumeen u noj mola'ayil u pa'ajo'olta'al u meyaj jala'ach ma' táan u meyaje', Comisión Permanente kun majan ts'áak u jeel yéetel yaan u payalt'antik u noj mola'ayil u pa'ajo'olta'al u meyaj jala'ach ka' u x-chukul much'uba'ob tia'al ka' u jo'olbeso'ob jump'éel yéeytáambalil tia'al u yéeya'al u jeel.

Artículo 85. Wa le ken káajak jump'éel periodo constitucional ma' tu tíip'il le máax yéeya'an u beet u noj lala'achil tu noj méek'táanlu'umil México u ch'a'ajo'olt u meyaj, wa ma' béeychaj u ts'o'okbesa'al bey je'ex unaj le yéeytáambal tak ken k'uchuk u yáax k'iinil u winalil diciembreo', le máak táan u ts'o'okol u beetik u jala'achilo', yaan u p'atike' tia'al ka'a ts'a'abak tumeen u noj mola'ayil u pa'ajo'olta'al u meyaj jala'ach, juntúul máak u majan beet u noj jala'achil, ba'ale' wa ma' táan u meyaj u noj mola'ayil u pa'ajo'olta'al u meyaj jala'ach, Comisión Permanente kun majan ts'áak máax kun jo'olbesik, bey je'ex jets'a'anil ti' le junxóot' a'almajt'aan yaan yóok'ol le junxóot' je'ela'.

Wa ku mina'antal u noj jala'achil u noj méek'táanlu'umil México chen tia'al ichil wa jayp'éel k'iine', u noj mola'ayil u pa'ajo'olta'al u meyaj jala'ach wa Comisión Permanente, leti' ku ts'áak juntúul máak tia'al u majan jo'olbesik ka'alikil mina'an máax ti' ts'a'an le noj k'ubena'.

Wa tumeen u noj jala'achil u noj méek'táanlu'umil México, ku minaantal tak máanja'an ti' óoxlajun k'iino'obe' yéetel ma' táan u meyaje' u noj mola'ayil u pa'ajo'olta'al u meyaj jala'ache', Comisión Permanente yáan u payalkt'antiko'ob tia'al ka' u x-chukul much'uba'ob tia'al u jets'iko'ob wa ku béeytal u p'atik u meyaj le noj jala'acho' yéetel u ts'aak u jeel.

Wa tumeen kex chen tu jáan p'ataj u beetik u noj jala'achil máax ts'a'an u beete', ba'ale' ma'atan u suut u ka'a ch'a'ajo'olte', yaan u ts'o'okbesa'al xan le ba'ax jets'a'an te'e junxóot' ts'íib yaan yóok'ol le junxóota'.

Artículo 86. Juntúul máak páaybesa'an u beet u noj jala'achil u noj méek'táanlu'umil Méxicoe', chen ku béeytal u ya'alik ma'atan u ts'o'okbesik tu yóok'lal jump'éel jach noj nuumyajil, yéetel chen ja'alil congreo de la unión kun a'alik wa k'ambene'.

Artículo 87. Le máax kun ts'aabil u beet u noj jala'achil u noj méek'táanlu'umil Méxicoe', yaan u káantik tu táan u noj mola'ayil u pa'ajo'olta'al u meyaj jala'ach jump'éel éejent'aan ku ya'alik beya': "kin káantik in ts'o'okbesik yéetel in beetik u ts'o'okbesa'al le u noj a'almajt'aanil u noj méek'táanlu'umil Méxicoa', pa'te' yéetel tuláakal le áantaj a'almajt'aan ken u taase' yéetel in k'ubik in kuxtal tia'al in ts'o'okbesik tu yóok'lal u nojbe'enil in noj méek'táanlu'umil u noj k'ubenil in beetik in noj jala'achil ku k'u'ubultena', ka'alikil in kalaantik u nojbe'enil yéetel u mu'uk'a'antal u méek'táanlu'umil, yéetel wa ma' tin ts'o'okike' in noj méek'táanlu'umil kun takik in pool tu yóok'lal.

Artículo 88. U noj jala'achil u noj méek'táanlu'umil Méxicoe' úuchak u béeytal u bin táanxel noj lu'umil chen tak ichil ukp'éel k'iin, chen ka'abet u yáax ts'áak u yojéelt Cámara ti' Senadores wa ti' Comisión Permanente, ba'ax óok'lal ku jóok'ol yéetel xan bix jóok'ik l meyajo'ob bin u beeto'. Wa yaan u máan ukp'éel k'iin bija'ane', k'a'abet u éejenta'al ti' tumeen Cámara ti' Senadoro'ob wa tumeen Comisión Permanente tia'al ka'a béeyak u bin.

Artículo 89. Lelo'oba' leti' ba'axo'ob ku béeytal u beetik yéetel najmal u ts'o'okbesik u noj jala'achil u noj méek'táanlu'umil Méxicoa':

I. U ts'áak k'ajóoltbil yéetel u ts'o'okbesik a'almajt'aano'ob kun jóok'sbil tumeen u noj mola'ayil u pa'ajo'olta'al u meyaj jala'ach, yéetel u yáantik tuláakal u mola'ayilo'ob u meyaj tia'al ka' u ts'o'okbeso'ob;

II. U ts'áak yéetel u luk'sik chen tu t'aan yóolaj tuláakal secretario del despacho, u luk'sik agentes diplomático'ob, yéetel u noj jo'olpo'opilo'ob u najil bo'ol patan, yéetel u ts'áak wa u luk'sik chen tu t'aan yóolaj tuláakal u láak' u aj meyajilo'ob jala'ach, wa tumeen tia'al u ts'a'abal yéetel u luk'sa'ale' ma' jets'a'an yaanal bix tumeen le noj a'almajt'aana' wa u láak' áantaj a'almajt'aano'ob;

III. U ts'áak ministro'ob, agentes diplomático'ob yéetel consules generalo'ob wa tumeen ku chíimpolta'al tumeen senadoro'ob;

IV. U ts'áak, wa tumeen ku chíimpolta'al tumeen senado, coronelo'ob yéetel u láak' u noj jo'olpo'opilo'ob k'abtuuno'ob, armada yéetel fuerza aérea ti' u noj méek'táanlu'umil México, yéetel u noj jo'olpo'opilo'ob u najil bo'ol patan;

V. U ts'áak u láak' u aj meyajilo'ob k'abtuuno'ob, Armada yéetel Fuerza Aérea Nacional, bey je'ex ku ya'alik a'almajt'aano'obe';

VI. U kalaantik u kuxtal u kajnáalilo'ob yéetel tuláakal u lu'umilo'ob u noj méek'táanlu'umilo'ob México, yéetel u yantal yáanal u t'aan tuláakal Fuerza Armada Permanente, wa ka'a jel a'ala'ake', ejército, armada yéetel Fuerza Aérea tia'al u kalaant u kuxtal ichil u kaajil México yéetel ti' u láak' kaaj.

VII. U jo'olintik guardia nacional láayli' u tia'al le ba'alo'oba', bey je'ex jets'a'anil ichil artículo 76e';

VIII. U káantik yaaltáambalil tu k'aaba' u noj méektáanlu'umil México, le ken ts'o'okok u je'ets'el tumeen u noj mola'ayil u pa'ajo'olta'al u meyaj jala'ache';

IX. U ts'áak, wa tumeen ku chíimpolta'al tumeen senadoro'ob, máax kun u beet u procurador general de la república;

U nu'uktik política exterior yéetel u beeti mokt'aano'ob yéetel u láak' noj méek'táanlu'umo'ob, beeyxan u ts'o'oksik, u takik u pool, u xu'ulsik, u k'exik, u yutskiinsik u tselik nojbe'enil yéetel u ts'áak k'ajóoltbil ba'ax ku tukultik tu yóok'lal le ba'alo'oba', ba'ale' yaax yaan u ts'áak ojéetbil tumeen senado. Tia'al u ts'o'okbesik le u nu'uktajil meyaja', u noj jala'achil u noj méek'táanlu'uil México, yaan u nu'uktikubáa yéetel le áantaj a'almajt'aanooba': u páajtalil kaajo'ob u ts'o'okbesik u najmalil u jo'olbesik j kuxtal tu juunal; ma' u táakbesikubáa jump'éel kaaj ichil u kuxtal u láak'; u béeytal u xu'ulsa'al ti' k'éexóolalo'ob ich jets' óolal; u cha'abal u máan tu k'iin u k'a'ayta'al jump'éel ba'atelil wa u k'a'abetkuunsa'al u mola'ayil yaaltáambalil tu táan u láak' méekt'aanlu'umil; u keetil u najmal sijnalil tuláakal u kajnáalil noj méek'táanlu'umilo'ob; u paklan áantkubáa jejelas noj méek'táanlu'umo'ob tia'al u mu'uk'a'antal u kuxtal; yéetel u kaxanta'al u yúuchul kuxtal ich jets'óolal yéetel u múul kaalantik u jetsóolal tuláakal noj méek'táanlu'umo'ob;

XI. U payalt'antik congreso tia'al u x-chukul much'ikuba meyaj wa tumeen ku je'ets'el tumeen Comisión Permanente;

XII. U ts'áak tuláakal le áantaj k'a'abet ti' poder judicial tia'al u ts'o'okbesik je'ebix najmal, u beelale';

XIII. U je'ek meyaj je'e jayp'éel puertos k'a'abete', u ts'aak aduana marítima'ob, froterizo'ob, yéetel u jets'ik tu'uxo'ob kun ts'aabil;

XIV. U jáalk'a'atik, bey je'ex jets'a'anil ichil a'almajt'aano'obe', máako'ob k'ala'ano'ob tumeen yanchaj u si'ipilo'ob tu táan Tribunalo'ob Federal, yéetel máako'ob k'ala'an tu yóok'lal si'ipilo'ob común tu noj kaajil Distrito Federal;

XV. U ts'áak u páajtalil chen ichil jets'a'an bajun k'iino'ob, bey je'ex jets'a'anil ichil u áantaj a'almajt'aanilo'obe', u tia'aliintik máax yáax kaxantik wa ba'ax, máax yáax patik wa ba'ax wa máax ts'o'ok no'oja'ankuunsik jump'éel wa ba'ax ti' le ku k'aaba'tik industriao';

XVI. Le k'iin u mola'ayil senadoro'ob ma' táan u táats' meyajo'obe', u noj jala'achil u noj méek'táanlu'umil Méxicoe' je'e u béeytal u ts'áak máak jo'ol mola'ayilo'ob bey je'ex le ku ch'a'ach'itik u xóoxot'al III, IV yéetel IXF', chen wa ku chíimpolta'al tumeen Comisión Permanente;

XVII. Luk'sa'an.

XVIII. U k'ubik u ts'óolts'íibil u k'aaba' óoxtúul máako'ob máax ichilo'ob kun yéeybil tumeen senado, máaxo'ob ken u betil u ministro ti' u noj mola'ayil justica yéetel u k'áatik ti' senado wa ku béeytal u jáan p'atik u meyajpo'ob wa jayp'éel k'iin beeyxan wa ku ya'alik u p'atik u meyajo'ob jumpuli';

XIX. Luk'sa'an.

XX. Le u láak' ba'alo'ob t'aalkab jetsa'anil tumeen le a'almajt'aana'.

Artículo 90. U noj mola'ayil u meyaj jala'ache' yaan u jo'olbesa'al tu noj kaajil México yéetel yaan u meyaj bey paraestatal bey je'ex jets'a'anil tumeen u Ley Orgánicail kun jóok'esbil tumeen congresoe' yéetel yaan u t'oxik u mola'ayil u meyaj jala'ach je'ex bix kun tsolbil tumeen federacione', ba'axo'ob kun yantal yáanal u k'ab Secretarías ti' Estado yéetel yaan u jets'ik u tsóolnu'ukilo'ob tia'al u beeta'al jump'éel mola'ay pataestatal yéetel bix kun táakpajal u noj jala'achil u noj méek'táalu'umil México ichil u meeyjul.

A'almajt'aano'ob kun jet'sik bix ken u bisilubáa mola'ayo'ob paraestatal yéetel u noj jala'achil u noj méek'táanlu'umil México, wa ichil le je'elo'ob yéetel u láak' u noj mola'ayilo'ob u meyaj jala'acho'.

Artículo 91. Tia'al u beetikuba máak secretario del despachoe' k'a'abet: chíimpolta'an u najmal máak sijnalil wey Méxicoe' yéetel xan ma' wet'a'an mix jump'éel u najmal máaki' yéetel ts'o'ok óoxlajun ja'abo'ob ti'.

Artículo 92. Tuláakal u tsóolnu'uktaj, ba'al ku jets'ik najmal u tso'okbesa'al, mokt'aano'ob yéetel tusbejil ken u jóok'es u noj jala'achil Méxicoe', unaj u firmarta'al tumeen le máakalmáak secretario ti' Estado k'ubeenta'ak u meyajt le ba'ax ku ya'ala'alo', wa tumeen mina'an u firma ti'e', ma' najmal u ts'o'okbesa'ali'.

Artículo 93. Tuláakal secretario ti' estadoe', le ken káajak u táats' meyaj congresoe', yaan u ts'áako'ob u yojéelt bix u yanil le meyaj ts'a'an tu k'ab u beeto'.

Je'e máakalmáak ti' le ka'ajaats cámarao' je'e u béeytal u payalt'antik máaxo'ob jo'olbesik Secretarías de Estado, procurador general ti' u noj méek'táanlu'umil México, máaxo'ob jo'olbesik yéetel meyajtik u taak'inil tuláakal mola'ay paraestatal, beeyxan máaxo'ob jo'olbesik mola'ayo'ob yaan u páajtalil u meyajo'ob tu juunalo'ob, tia'al ka' u tsa'ob ojéeltbil yéetel u káanil u ya'aliko'ob chen u jaajil, le ken xak'alta'ak jump'éel a'almajt'aan wa ken xak'alna'ata'ak jump'éel meyaj yaan ba'al u yala'a yéetel le ku meyajtiko' wa le ba'ax ku beetiko' wa tia'al u núuko'ob k'áatchi'ob wa u ch'a'achi'ita'alo'ob.

Tu ka'a jaats u mola'ayil u pa'ajo'olta'al u meyaj jala'ache', wa tumeen ku k'aata'al tumeen u junjaats ti' tu kanjaatsil diputado'ob yéetel chúumuk ti' tuláakal senadoro'obe', yaan u páajtalil ti'ob u beetiko'ob mola'ay tia'al u kaxan xak'alta'al bbix u bin u meyaj mola'ayo'ob descentralizado'ob yéetel u kúuchil máan wa koonol tu'ux u ya'abil tak'in ku meyaje' u noj jala'achil u noj méek'táankaajil México ts'aamajil. Le ba'ax ken u ye'es la xaak'ala' yaan u ts'a'abal u yojéelt u noj jala'achil u noj méek'táanluumil México.

Cámara'obe' je'e u béeytal u k'ubik u tsíibil wa jayp'éel k'áatchi'ob ti' u jo'olpo'opilo'ob u mola'ayil u meyaj u noj jala'ach u méek'táanlu'umil Méxicoe', tia'al xan ka' u k'ubo'ob u ju'unil wa u tsóolts'íibil, ba'ax kun k'áatbil, yéetel ka' u núuko'ob jach u xaanile' tak ichil jo'olajun k'iino'ob k'u'ubuk.

Tia'al u ts'o'okbesa'al le noj páajtalila'yaan u beeta'al bey je'ex jets'a'anil tumeen áantaj a'alamajtaanil u noj mola'ayil u pa'ajo'olta'al u meyaj jala'ache' yéetel u tsóolts'íibil bix kun nu'ukbile'.

Capítulo IV: Tu yóok'lal Judicial

Artículo 94. Ku k'u'ubul u noj páajtalil Poder Judicial ti' jump'éel suprema corte de justicia, ti' jump'éel Tribunal Electoral, ti' Tribunalo'ob Colegiado'ob yéetel Unitario'ob ti' Circuito yéetel juzgado'ob de distrito.

U meyajta'al u taak'inil, u kaalanta'al yéetele u beeta'al ka' u ts'o'obes no'oja'an u beelal Poder Judicial ti' Federacione', yaan u táanalta'al tumeen consejo de la judicatura federal, bey je'ex jets'a'anil tumeen u nu'ukta'ajilo'ob beeyta'an yéetel le noj a'alamajt'aan yéetel u áantaj a'almajt'aanilo'ob kun beetbilo', chen suprema Corte de Justicia ma'atan u yok'ol ichil le je'ela'.

Suprema Corte de Justicia de la nacione' yaan u beetchajal yéetel junlajun ministro'ob, máaxo'ob kun meyaj tuláakalo'ob jumpuul wa bey salase'.

Bey je'ex kun jets'bil tumeen a'almajt'aano'obe', u meyaj Suprema Corte de Justicia de la Nacione' yaan u beeta'al tu táan kaaj, chen yaan u meyaj k'albile' ma' tumeen ma' najmal u pa'ajal u subtal máaki', beeyxan wa ma' unaj u séeb ojéelta'al bix u bin u meyaji'.

Le ba'ax unaj u meyajtik suprema corte, wa ku meyaj tuláakalo'ob wa bey sala'obe', le ba'ax unaj u meyajtik tribunalo'ob ti' circuito'obe', jugado'ob ti' distrito yéetel Tribunal Electoral, beeyxan le si'ipililo'ob ken u najmalt'o'ob ka'alikil u meyajo'ob le máaxo'ob jo'olbesik Poder Judicial ti' Federaciono', yaan u nu'ukta'al yéetel ba'ax kun jets'bil ichil a'almajt'aano'ob, bey je'ex u je'ets'el ichil le noj a'almajt'aana'.

Consejo de la Judicatura Federale' leti' kun jets'ik jaytúul, bix ken u ja'ajatsiluba'ob, tak tu'ux kun náakal u meyajo'ob, yéetel ba'ax ken u meyajt le Tribunalo'ob Colegiadóo', le Unitario'ob ti' Circuito yéetel Juzgado'ob ti' Distrito.

Tu báankabil Suprema Corte ti' Justiciae', yaan u páajtalil ti' u beetik bajun mokt'aano'ob, tia'al ka'a béeyak u ma'alob t'oxik ichil tuláakal le sala'obo', tuláakal le meyajo'ob k'a'ana'an u k'ajóoltik yéetel u táanaltik le corteo', beeyxan u máansik tu k'ab Tribunalo'ob Colegiado ti' Circuito, tia'al ka' páatak u séeb je'ets'el bix kun p'áatal, tuláakal le ba'axo'ob chen leti' unaj u táanaltiko', wa le ba'alo'ob jets'a'an ichil le mokt'aano'ob tumeen le corte k'a'ana'an tia'al u beetchajal ma'alob justiciao'. Le mokt'aano'oba' chen yaan u káajal u chíimpolta'al le ken jóok'sa'ak ti' ts'albilju'un k'ajóoltbile'.

A'alamajt'aan kun jets'ik ti' ba'axo'ob jach najmal u táakpajal le kúuchilo'ob bey je'ex u jets'ik le Tribunalo'ob ti' Poder Judicial ti' federación tu yóok'lal bix kun na'atbil le a'almajt'aana', u áantaj a'almajt'aanilo'ob yéetel u nu'uktajilo'ob federalo'ob wa le beeta'ano'ob ti' petenlu'umilo'obo' yéetel le jets'a'an yéetel u láak' noj méek'táanlu'umilo'ob tumeen México, beeyxan ba'ax óok'lal kun xu'ulsbil wa kun k'exbil.

Le bo'olil ken u k'amo'ob tu yóok'lal le meyaj ku beetiko'ob le ministro'ob ti' Suprema Corte, magistrado'ob ti' circuito, juezo'ob ti' distrito yéetel consejero'ob ti' Judicatura Federal, ba'ale' beeyxan magistrado electoralo'obe', ma'atan u béeytal u yéensa'al ka'alikil táan u meyajtiko'ob.

Le ministros ti' Suprema Corte ti' Justiciao' yaan u xáantalo'ob ti' le meyaja' tak jo'olajun ja'abo'ob, yéetel chen kun béeytal u luk'sa'alo'obe'e, je'e bix ku ya'alik título cuarto ti' le noj a'almajt'aana' yéetel, le ken núup'uk le jo'olajun ja'abo'oba' u náajalmajo'ob jump'éel taak'in tumeen táan u p'atik u meyajo'ob.

Mix juntúul máak ts'o'ok u meyaj bey ministroe', ku béeytal u ka'a ts'a'abal u beet le meyaja', chen ja'alil wa chen majan ts'a'ab u meyajte', beeyxab wa chen óok meyaj tu jeel wa máax ku luk'uli'.

Artículo 95. Tia'al ka' yéeya'ak máak u beet u ministroil ti' Suprema Corte ti' Justicia de la Nacione', k'a'abéet:

I. Sijnal máak wey tu noj méek'táanlu'umil Méxicoe', yéetel ma' wet'a'an mix jump'éel ti' u najmal sijnalili', mix u Derechos Políticos wa Civiles;

II. Yaan kex jach óoxlajun ka'atak jo'op'éel ja'abo'ob ti' le ken k'uchuk tu k'iin u ts'a'abal u beet le meyaja';

III. Unaj ts'o'ok kex lajun ja'abo'ob yanak u ju'unil e'esik tu ts'o'oksaj u xokik licenciado ti' derecho, k'uba'an ti' tumeen juntúul máax ts'a'an u jo'olbes jump'éel najil xook ku ka'ansik le xookila';

IV. Chíimpolta'an u kuxtal yéetel u nojbe'enil yéetel mixjuntéen k'a'alak tak ichil junja'ab tumeen yanchaj u si'ipil; ba'ale' wa ookolnaj, tu tusaj máak yéetel u taak'in, tu tutus beetaj wa ba'ax ju'unil, tu sutaj u paach ti' máak u je'emaj u yóol ti', wa je'eba'alak u láak' ka'a beetik u pakta'al bey juntúul máak ma' no'oja'an tia'al u k'ub u yóol máak ti'e', yéetel lelo' ku p'áatal ma' no'oja'an tia'al u beet le noj k'uben meyaja', je'e beyka'aj ka'a beeta'ak u bo'otik u si'ipilile'.

V. Wa p'áat kajtal wey tu noj méek'táanlu'umil México ichil u ts'ook ka'ap'éel ja'abo'ob tak ken k'uchuk tu k'iin u ts'a'abal u beet le noj k'uben meyaja';

VI. Ma' u beet u no'ojk'abil ti' u noj jala'achil u noj méek'táanlu'umil Méxicoi', mix u Procurador General ti' Repúblicai' wa de Justicia ti' Distrito Federal, senador, diputado Federal mix noj jala'achil u petenlu'umil México wa u jo'olpo'opil Distrito Federal tak jump'éel ja'ab u bin u ts'a'abal u beet le noj k'uben meyaja'.

Tia'al u ts'a'abal máak u beet u ministroyle' najmal u yéeya'al ichil máako'ob ts'o'ok u ye'esiko'ob no'oja'ano'ob, kaambanaja'ano'ob yéetel jach no'oja'an u beetik justicia beeyxan wa tumeen jach chíimpolta'an tumeen ma'atech u tuus, yaan u páajtalil u beetik le meyaja' yéetel u ye'esik ts'o'ok u yáax beetik meyajo'ob beya'.

Artículo 96. Tia'al u ts'a'abal juntúul ministro ti' Suprema Corte de Justiciae', u noj jala'achil u noj méek'táanlu'umil Méxicoe', yaan u k'ubik ti' senado tia'al u yéey ichilo'ob, u k'aaba' óoxtúul máako'ob, senado tia'al u yéeyik máax kun ts'aabile' yaan u yáax payalt'antik tu yóoxtúulal tia'al u yu'ub bix u t'aano'ob, ku ts'o'okole' ku yéeyik máax kun p'áatal tu jeel le mina'an u yuumil meyajtiko'. Tia'al u yéeya'ale' k'a'abet u chíimpolta'al tumeen ka'ajaats ti' tu yóoxjaatsil le senadoro'ob kun kula'antal le k'iin ken yéeya'ako', yéetel yaan u beeta'al tak jach u xaanile', ichil óoxlajun k'iino'ob. Wa senado ma' tu jets'ik máax kun p'áatal ichil la óoxlajun k'iino'obo', u noj jala'achil u noj méek'táanlu'umil México kun jets'ik máax ichil le óoxtúul tu túuxtaj u k'aaba'o', kun p'áatal u beet u ministroil.

Wa tumeen senado ma'atan u éejentik mix juntúul ti' le óoxtúulo'ob túuxta'ab u k'aaba' ti'obo', u noj jala'achil u noj méek'táanlu'umil Méxicoe' yaan u túuxtik u k'aaba' u jeel óoxtúul, bey je'ex u ya'alik le junxóot' ts'íib yaan tu yóok'ol le junjaatsa', wa tumeen xan ma'atan u chíimpolta'al mix juntúul ti' le óoxtúulo'oba', u noj jala'achil u noj méek'táanlu'umil México kun jets'ik máax ti' ichil le u ts'ook óoxtúul kun p'áatal u beet u ministroilo'.

Artículo 97. Magistrado'ob ti' circuito yéetel juezo'ob ti' distritoe', yaan u ts'a'abalo'ob yéetel yaan u páatalo'ob yáanal u t'aan Consejo de la Judicatura Federal, ba'ale' yaan u jach kalaanta'al bix u yéeya'alo'ob yéetel yaan u bey je'ex jets'a'anile' yéetel xan bey je'ex u ya'alik a'almajt'aano'obe'. Yaan u xáantal tak wak ja'abo'ob ti' le k'uben meyaja', ba'ale' le ken ts'o'okoke' chen wa ku ka'a ts'a'abal u beete' wa ku ts'a'abal u beet u láak' meyaj chan ka'anal ti' lela', chen úuchak u béeytal u luk'sa'alo'ob te'ej mayaja' wa ku beetiko'ob wa ba'ax ma' unaji' yéetel yaan u beeta'al bey je'ex jets'a'anil ichil le a'almajt'aano'oba'.

Suprema Corte ti' Justicia tu noj méek'táanlu'umil Méxicoe' je'e u béeytal u ts'aak wa máakalmáak ti' ichilo'obe', wa juntúul juez ti' distrito, wa juntúul magistrado ti' circuito, u ts'áak juntúul wa jaytúul aj k'uben meyajo'ob, le ken u yila'a k'a'abete' ba'ale' beeyxan wa ku k'aata'alti'ob tumeen u noj jala'achil u noj méek'táalu'umil México, beeyxan wa máakalmáak ti' u ka'ajaatsil u mola'ayil u pa'ajo'olta'al u meyaj jala'ach, tumeen u jala'achil jump'éel u petenlu'umilo'ob México, chen tia'al u xak'alt jump'éel wa ba'ax, beeyxan wa ba'axo'ob ku taasik si'ipilil tumeen ku nuumsa'al wa máax wa ma'atan u ts'o'okbesa'al u najmal sijnalil wíinik. Beeyxan je'e u béeytal u k'áatik ti' Consejo de la Judicatura Federal ka' u xak'alt bix u meyaj juntúul juez wa magistrado federale'.

Suprema Corte ti' Justicia'e yaan u ts'aak yéetel u tselik u aj no'ojk'abil yéetel tuláakal u láak' jo'olpo'opo'ob yéetel u aj meyajilo'ob. Magistrado'ob yéetel juezo'obe' yaan u ts'áako'ob yéetel u tseliko'ob u jo'olpo'opo'ob yéetel u aj meyajilo'ob tribunalo'ob ti' circuito yéetel juzgado'ob ti' distrito, bey je'ex kun jets'bil tumeen u áantaj a'almajt'aanilo'ob carrera judicale'.

Láalaj kamp'éel ja'abe', tuláakalo'obe' yaan u yéeyik ichilo'ob máax ken u beet u jo'olpo'opil Suprema Corte de Justicia de la Nación, máax ma'atan u béeytal u ka'a ts'a'abal u beet jach chen p'el u núupul le kamp'éel ja'abo'.

Tuláakal máak kun okol u beet u ministroile', yaan u káantik u k'amik u beetik le meyaj tu táan senado, beya':

Noj jo'olpo'op: "Ka káantik wa a ts'o'okbesik yéetel tuláakal u jaajil a wóol yéetel tu k'aaba' u nojbe'enil u noj méek'táanlu'umil México, a beetik a ministroil ti' Suprema Corte de Justicia de la Nación ku k'ubeenta'altecha' yéetel a ts'o'okbesik beeyxan a beetik u ts'o'okbesa'al u noj a'almajt'aanil u noj méek'táanlu'umil México yéetel tuláakal áantaj a'almajt'aano'ob kun jóok'ol ichil, ka'alikil a kaalantik u yutsil yéetel u mu'uk'a'antal u noj méek'táanlu'umil".

Ministro: "Kin káantik".

U Jo'olpo'opil: "wa ma' ta ts'o'okbesik beyo', u noj méek'táanlu'umil México kun takik a pool".

Tuláakal magistrado ti' circuito yéetel juezo'ob ti' distritoe' yaan u káantik u k'amiko'ob le noj k'ubena' tu táan Suprema Corte yéetel Consejo de la Judicatura Federal.

Artículo 98. Wa tumeen ku máan junwinal mina'an juntúul ministroe', u noj jala'achil u noj méek'táanlu'umil Méxicoe' yaan u k'ubik ti' senado u k'aaba' máax ku tukultik unaj u yantal tu jeel, ba'ale' yaan u beetik bey je'ex jets'a'anil ichil artículo 96 ti' le noj a'almajt'aana'.

Wa ku mina'antal juntúul ministro tumeen ku kíimil, beeyxan wa tumeen ku yantal u p'atik jumpuli' u beetik le noj k'ubena', u noj jala'achil u noj méek't'aanlu'umil Méxicoe' yaan u k'ubik ti' senado u k'aaba' máax kun p'áatal tu jeel, bey je'ex u ya'alik artículo 96 ti' le noj a'almajt'aana'.

Juntúul Ministro ti' Suprema Corte de Justiciae' chen ku béeytal u p'atik u beetik le noj k'ubena', tu yóok'lal jump'éel jach nojoch nuumyajil; lela' yaan u ts'a'abal u yojéelt' u noj jala'chil u noj méek'táalu'umil México, ba'ale' wa tumeen ku k'amike', letie' yaan u túuxtik ti' senado tia'al ka' u chíimpoltej.

Tia'al u majan p'atik u beetik u ministroil juntúul máak wa ma'atan u xáantal jump'éel winale', tak chen Suprema Corte de Justicia de la Nación je'e u éejentike'; wa ku máan ti' junwinale', chen u noj jala'achil u noj méek'táanlu'umil México je'e u béeytal u ya'alik ma'alobile', ba'ale' k'a'abet u éejenta'al tumeen Senado. Mix juntúul ministro ku béeytal u p'atik le noj k'uben tak ichil ka'ap'éel ja'abo'.

Artículo 99. Tribunal Electorale' leti' u jach noj jala'achil jurisdiccional tia'al u yúuchul yéeytáambal yéetel chen leti' máax kun táanaltik ichil Poder Judicial de la Federación, chen ma'atan u táakpajal ichil yéetel le bix jets'a'anil ichil u ka'axóot' artículo 105 ti' le noj a'almajt'aana'.

Tia'al u ts'o'okbesik u beelale', tribunale' yaan u meyaj mantats' bey jump'éel sala superior beeyxan yéetel salas regionales; u meyaj tia'al u jets'ik bix kun p'áatal wa ba'ax ku xak'altike' yaan u beetik tu táan u yich kaaj, bey je'ex u jets'ik a'amajt'aano'obe'. Yaan u yantal ti' tuláakal máako'ob jurídico yéetel administrativo k'a'abet tia'al u meyaj ma'alobe'.

Ichil Sala superiore' yaan u táakpajal ukp'éel magistrado'ob electoralo'ob. U jo'olpo'opil le tribunalo' yaan u yéeya'al tumeen yéetel ichil le máaxo'ob táakpaja'an ichil sala superioro', yéetel yaan u beetik kamp'éel ja'ab tu meyaj.

Ti' Tribunal Electoral yaan u páajtalil u ts'ok jets'ik yéetel mixmáak úuchak u béeytal u kúulpacht'antik, bey je'ex jets'a'anil ichil le noj a'almajt'aan yéetel la áantaj a'almajt'aabo'obo', tu yóok'lal:

I. Tuláakal takpoolilo'ob ku beetbil yéeytáambal federalo'ob ti' diputado'ob yéetel senadoro'ob;

II. Takpoolilo'ob kun beetbil tu yóok'lal u yéeya'al u noj jala'achil u noj méek'táanlu'umil México, ba'ax chen yaan u meyajta'al tumeen sala superior.

Le salas superioro'ob yéetel regionalo'ob ti' tribunalo' chen úuchak u béeytal u jets'iko'ob ka' jel beeta'ak jump'éel yéeytáambale' tu yóok'lal ba'axo'ob jach jets'a'an ichil a'almajt'aano'ob.

Sala superiore' leti' kun ts'ok xokik jayp'éel voto yaanchaj tia'al u yéeya'al u noj jala'achil u noj Méek'táanlu'umil México, le ken u je'ets' bix kun p'áatal le takpoolilo'ob kun beetbil tu yóok'lalo', yaan u ya'alik, wa tumeen bey kun chíikpajalo', yaan u chíimpolta'al le yéeytáambalo' yéetel yaan túumben noj jala'ach tumeen leti' yanchaj u jach ya'abil voto ichil le máaxo'ob táakpaj ichil le yéeytáambalo'.

III. U ta'akal u pool tu yóok'lal bix u meyaj yéetel bix u jets'ik jump'éel autoridad electoral jump'éel yéeytáambalil, wa ma' leti' le ch'a'ach'i'ita'an ichil le ka'axóot' tsíib yaan yóok'ol, yéetel ku núumsik wa ku kúulpachtik ba'ax jets'a'an ichil nu'ukt'ajo'ob yéetel a'almajt'aano'ob;

IV. U ta'akal u pool u jo'olpo'opilo'ob u petenlu'umiloob u noj méek'táanlu'umil México, páaybesa'ano'ob tia'al u jo'olbeso'ob yéetel u chíimpolt bix úuchik jump'éel yéeytáambal yéetel tia'al u jets' bix kun p'áatal je'e ba'alak táakpoolil kun beetbil tu yóok'lale', wa tumeen bix u meyajtik wa bix u jets'ik jumpuli' bix kun p'áatal yéetel le bix ken u ya'alile' bey kun p'áatal. Le meyaj beya' yaan u k'a'abetkuunsa'al chen wa tia'al u yutskiinsa'al le ba'ax beetik u yúuchul le takpoolo' ku k'a'amal ma'alobil yéetel ku yila'al je'e u béeytale', tumeen ti' yaan ichil le a'almajt'aano'obo', tumeen ma' máanak tu k'iini' yéetel bey u yaalik ichil le k'iino'ob jets'a'an ichil le a'almajt'aano' beeyxan wa tumeen jets'a'an ichil u mokt'aanil páaybesa'abik máaxo'ob kun jo'olbesik le yéeytáambalo' wa le k'iin ka'a wa'alkuunsa'abo'ob u beeto'ob le yéeytáambalo'.

V. Takpoolo'ob kun beetbil tu yóok'lal bix u beetik u meyajo'ob yéetel bix u jets'iko'ob wa nuumsa'an u najmal kajnáalilo'ob yéetel u páajtalil u táakpajal tia'al u yéey u jala'achilo'ob, wa u yéeya'al u beet u jala'achil, beeyxan u táakpajal tu t'aan yóolal yéetel ich jets'óolalil tia'al ba'alo'ob yaan ba'al u yila'a yéetel asunto'ob político tu noj méek'táanluy'umil México, bey je'ex jets'a'anil tumeen a'almajt'aano'obe'. Tia'al ka'a béeyak u táakpajal juntúul u kajnáalil México u beet jump'éel takpool tu táan tribunale' tumeen nuumsa'ab u najmalil tumeen jump'éel partido político tu'ux u ts'aamaj u mokt'aanil u táakpajale'e, unaj ts'o'ok u yáax máan tu táan le u láak' kúuchilo'ob bey je'ex jets'a'anil tumeen u tsóolnu'ukt'aanilo'obe', a'almajt'aan unaj u jets'ik bix kun beetbil yéetel ba'axk'iin;

VI. U k'éexóolalilo'ob wa takpolilo'ob meyaj kun yanta ichil tribunal yéetel u aj meyajo'ob.

VII. U k'éexóolalilo'ob wa takpolilo'ob meyaj kun yanta ichil Instituto Federal Electoral yéetel u aj meyajo'ob;

VIII. U je'ets'el yéetel u ts'a'abal bo'ol si'ipilo'ob ti' u mola'ayilo'ob político'ob, máako'ob tu juunal wa u much'majuba'ob tumeen u noj mola'ayil yéeyt'aambal federal, wa tumeen ku náajaltik u yantal u si'ipilo'ob tu táan ba'axo'ob u jets'maj le noj a'almajt'aana' yéetel áantaj a'almajt'aano'obo', yéetel,

IX. Tuláakal u láak' ken u jets' a'almajt'aano'obe'.

U salasil tribunal electorale' yaan u k'a'abetkuunsik tuláakal ba'ax k'a'abet tia'al u chok'ik máak u ts'o'okbes tu séeba'anil ba'ax bo'ol si'ipilil ken u jets'e wa bix kun p'áatal wa ba'ax, je'ex u ya'alik a'almajt'aane'.

Kex tumeen ma'atan u kúulpacht'aantik ba'ax jets'a'an tumeen artículo 105 ti' le a'almajt'aana', u salasil tribunale' je'e u béeytal u jets'ik ma'atan u ts'o'okbesik ba'ax ku ya'alik a'almajt'aano'ob tu yóok'lal yéeytáambalil ku kúulpacht'antik le a'almajt'aana'. Le ba'axo'ob ken u jets' tu yóok'lal u ts'o'okbesik u meyajo' yaan u ts'o'okbesik jach chen tu yóok'lal le ba'ax ts'a'an u beete'. U tia'al le je'elo' sala superiore' yaan u ts'áak u yojéel Suprema Corte de Justicia de la Nación.

Le u jets' jump'éel sala ti' Tribunal Electoral u tsóolt'aanil ma' ts'o'okbesa'ab u noj a'almajt'aanil u noj méek'táanlu'umil México le ka'aj beeta'ab jump'éel meyaj wa ka'a je'ets' jump'éel nu'uktajil, wa le bix na'ata'abik jump'éel ba'ax ku ya'alik noj a'almajt'aane', yéetel wa le ba'ax je'ets' ku kúulpacht'antik jump'éel u t'aan le sala'ob wa tumeen tuláakal u báankabil Suprema Corte de Justicia, wa máakalmáak ti' le ministro'obo', le sala'ob wa junjaatsti'obo', je'e u béeytal u ts'áak ojéetbil le kúulpach t'aana', bey je'ex ku ya'alik noj a'almajt'aano', tia'al ka'a béeyak u je'ets'el tumeen tuláakal máaxo'ob táakpaja'an ichil suprema corte de justicia de la nación, máakalmáak ti' le jets'tuukulo'ob kun ch'a'abil utsilo'o. Le ba'ax kun jets'bil tia'al u ts'o'oksa'al le ba'ax beetik u yúuchul takpoolo' ma'atan u k'exik mixba'al ts'oka'an u yáax je'ets'el bix kun p'áatal.

U tsóolol tribunal, ba'ax unaj u beetik sala'ob, le bix ken u meyajtik le ba'axo'ob ts'a'an tu k'ab u táanalto', yéetel xan bix ken u nu'uktil tia'al u jets'ik ba'ax a'almajt'aanilo'ob unaj u táakbesik tia'al u xak'altik u meyaje', leti' le kuno'ob jets'bil tumeen la noj a'almajt'aana' yéetel u áantaj a'almajt'aanilo'obo'.

Le Sala Superioro' úuchal u béeytal tomeen sijnal najmal u beetik le ken k'áata'ak tumeen máax táakpaja'ani' wa tumeen wa máakalmáak ti' le Sala Regionalo'obo', u ch'a'ak tu k'ab u meyajt le takpoolo'ob kun káajal u meyajta'al tumeen le je'elo'oba'; beeytun xan je'e u béeytal u túuxtik ti' le Sala Regionalo'ob le meyajo'ob leti'ob unaj u táanaltiko'obo' tia'al u k'ajóolto'ob yéetel tia'al u jets'o'ob bix kun p'áatal. A'almajt'aan kun jets'ik u nu'uktajilo'ob yéetel bix kun beetbil tia'al u ts'o'okbesik u beelal.

U meyajta'al u taak'inil, u kalaanta'al yéetel u chíimpoltik tuláakal u aj meyajilo'ob Tribunal Electorale' yaan u kaalanta'al tumeen jump'éel comisión ti' le Consejo de la Judicatura Federalo', tu'ux kun táakpajalo'ob u jo'olpo'opil le tribunal electoralo', máax kun jo'olbesik; juntúul magistrado electoral te'ej Sala Superior kun yéeybil ichil u k'aaba' tuláakal le máaxo'ob ku táakpajalo'; yéetel óoxtúul le máaxo'ob táakpaja'an ichil le Consejo de la Judicatura Federalo'. Tribunale' yaan u ya'alik ti' u jo'olpo'opil Suprema Corte de Justicia de la Nación bajux k'a'abet tia'al u meyaj tia'al u táakbesik ichil u tsóolts'íibil bajux kun k'a'abetchajal tia'al tuláakal u mola'ayil Poder Judicial ti' Federación. Beeytunxane', leti' le tribunal kun jóok'sik u ts'óolnu'uktajts'íibil bix kun meyajo' yéetel tuláakal u mokt'aanilo'ob tia'al ka'a béeyak u meyaj ma'alobo'.

Le magistrado'ob electoral kun táakpajalo'ob ichil Sala Superior yéetel regionalo'obo' yaan ts'a'abal u k'a'aba'ob tumeen

Suprema Corte de Justicia de la Nación tia'al u yéeya'alo'ob tumeen ka'ajaats ti' tu yóoxjaatsil le senadoro'ob kun kula'antal le ken yéeya'ako'. Jujuntúulil kun bin u yéeya'alo'ob bey je'ex yanil tu áantaj a'almajt'aanilo'ob yéeel kun jóok'ol ichil le a'almajt'aano'obo'.

Le magistrado'ob electoral kun táakpajal ichil le Sala Superioro' k'a'abet bey u máakilo'ob je'ex ku k'áata'al tumeen a'almajt'aane', lelo'oba' k'a'abet xan bey je'ex le máako'ob ku k'áata'al tia'al u beet u ministroil ti' Suprema Corte de Justicia ti' u noj méek'táanlu'umil Méxicoe', yéetel yaan u xáantal bolon ja'ab u beetik le noj k'ubena', ba'ale' ma'atan u béeytal u ka'a ts'a'abal u beet le ken ts'o'okok. Tia'al u p'atik u meyaj, u luk'ul tu'ux ku meyaj, u majan p'atik u meyaj tia'al wa jayp'éel k'iin juntúul magistrado electorale' ti' le Sala Superioro', yáax yaan u kaxanta'al máax yantal tu jeel yéetel yaan u ts'a'abal le páajtalila' tumeen le sala ku ch'a'achi'ita'ala', bey je'ex jets'a'anil ichil artículo 98 ti' le noj a'almajt'aana'.

Le magistrado'ob electoral kun táakpajalo'ob ichil le salas regionaleso' unaj bey u máakilo'ob je'ex ku k'áatik a'almajt'aano'obe', ku ts'o'okole' ma' kaabal ti' le bix u k'áata'al u yuumil tia'al u beet u magistrado ti' Tribunal Colegiado ti' Circuitoe'. Yaan u xáantal bolon ja'ab u beetik le meyaja', ma'atan u béeytal u ka'a ts'a'abal u beet le ken ts'o'okok, chen ja'alil wa ku ts'a'abal meyaj ti' jump'éel meyaj ka'anal ti' le tu'ux yaan ka'acho'.

Wa tumeen juntúul máak ku p'atik jumpuli' u meyaje' yaan u ts'a'abal juntúul túumben magistrado tia'al le beyka'aj k'iin ku binetik u núup'ul u k'iinil u meyajo'.

Le máaxo'ob ku meyajo'ob ichil le tribunalo', yaan u chíimpoltiko'ob u tsóolnu'ukil aj meyajo'ob ti' Poder Judicial ti' u noj méek'táanlu'umil México yéetel xan ti' le bix u jets'mayil a'almajt'aane'.

Artículo 100. Consejo de la Judicatura Federale' yaan u meyaj bey jump'éel u mola'ayil Poder Judicial ti' le Federaciono', ba'ale' yaan u meyaj tu juunal tia'al u ts'o'okbesik u beelal yéetel u jets'ik k'éexóolalo'ob.

Le consejo yaan u beeta'al tumeen uktúul máako'ob, juntúul ichilo'obe' leti' ken u beet u jo'opo'opil Suprema Corte de Justicia, máax xan yaan u jo'olbesik consejo; óoxtúul ti' le consejero'obo' yaan u ts'a'abal tumeen u báankabil le corteo', wa tumeen ku chíimpolta'al u ya'abil wa kex waxak u túulul ti' tuláakalo'ob, le magistrado'ob ti' circuito'ob yéetel juezo'ob ti' distrito; ka'atúul ti' le consejero'obo' yaan u ts'a'abal tumeen senado, yéetel juntúule' tumeen u noj ja'ala'chil u noj méek'táanlu'umil México.

Tuláakal le máax ken u beet u consejeroylo'obo', unaj bey u máakilo'ob je'ex le ku k'áatik artículo 95 ti' le noj a'almajt'aana' yéetel k'a'abet juntúul máak jach chíimpolta'an tumeen no'oja'an yéetel kaambanaja'an tia'al u beet le meyaja', ma'atech u tuus yéetel chíimpolta'an u nojbe'enil ti' tuláakal ba'ax ku beetik, tia'al le kuno'ob ts'aabil tumeen le Suprema Corte de Justiciao', k'a'ana'an xane', chíimpolta'an u meyaj ichil u mola'ayil judicial.

Le consejóo' yaan u meyaj tu báankabil wa bey comisionese'. Ichil tu báankabile' yaan u jets'ik u ts'a'abal, u táakbesa'al, u ts'ok chíimpolta'al wa u tse'elel magistrado'ob yéetel juezo'ob, beeyxan tuláakal u láak' ba'alo'ob kun jets'bil a'almajt'aano'ob.

Tuláakal le u láak' consejero'obo', ba'ale' ma' bey u jo'olpo'opilo'obe', yaan u xáantal jo'op'éel ja'abo'ob ti' le noj k'uben meyajo', yéetel yaan u bin u k'e'exelo'ob jujuntúulil, yéetel ma'atan u béeytal u ka'a ts'a'abal u beeto'ob le meyaja'.

Le consejero'obo' ma' táan u bino'ob wa'atal meyaj tu yóok'lal le máaxo'ob ts'áako'o, leti' beetik yaan u meyajo'ob tu t'aan yóolalo'ob, tu juunalo'ob yéetel ma'atan u nu'ukta'alo'ob tumeen mixmáak. Ka'alikil táan u beetiko'ob le noj k'uben meyaja', chen ku béeytal u tse'elelo'ob bey je'ex jets'a'anil ichil ichil título cuarto ti' le noj a'almajt'aana'.

Noj a'almajt'aano'obe' leti' kun jets'ik u nu'uktaj tsóolts'íibil bix kun kaambal yéetel bix ken u túumbenkuuns u kaambal u aj meyajilo'ob, beeyxan tia'al u beeta'al jum'péel noj xookil tia'al u kaambal judicial, ba'ax unaj u beetchajal jach tajan ma'alob, noj kaambalil yéetel chen ichilo'ob.

Bey je'ex ken u jets'il a'almajt'aano'obe', le consejóo' yaan u páajtalil ti' u jóok'sik tuláakal le mokt'aano'ob k'a'abet tia'al u ts'o'okbesik u beelale'. Suprema Corte de Justiciae' je'e u béeytal u k'áatik ti' le consejo ka' u jóok'es je'e beyka'aj mokt'aano'ob ku tukultik k'a'abet tia'al u béeytal u beetik tuláakal ba'ax k'a'abet tia'al u ts'o'okbesik u beelal ichil Jurisdicción Federale'. Tu báankabil corte je'e xan u béeytal u xak'altik, yéetel wa k'a'abete', u wask'esik tak ba'axo'ob ts'o'ok u je'ets'el tumeen consejo, wa tumeen kex waxaktúul ichil ti' tuláakalo'ob bey ku chíimpoltiko'. A'almajt'aan kun jets'ik bixi' yéetel ba'axten bey ken u ts'o'okbesik tuláakal u beelalo'obo'.

Le ba'axo'ob ken u jets' le consejo jach bey kun p'áatalo', ma'atan u béeytal u k'e'exel mix u kúulpacht'anta'al, ma'atan u béeytal u k'áatnúukta'al mix u k'áata'al ka'a jel xak'alta'ak, lela' chen ku béeytal le ken ts'a'abak, ken táakbesa'ak, ken jéets' chíimpolta'ak wa ken ts'e'elek juntúul magistrado wa juez, ba'axo'ob yaan u béeytal u xak'alta'al tumeen Suprema Corte de Justicia, chen tia'al u yilik wa tumeen beeta'ab bey je'ex jets'a'anil ichil u tsóolnu'ukts'íibilo'ob u áantaj a'almajt'aanil u meyaje'.

U noj mola'ayil justiciae' yaan u beetik u tsóolts'íibil beyka'aj taak'in k'a'abet ti' tia'al u meyaj, ka'alikil consejo'e yaan u beetik u tia'al tuláakal federacioni', lela' mixba'al yaan u yila'a yéetel le ba'ax jets'a'an ichil u ukxóot'ol artículo 99 ti' le noj a'almajt'aana'. Tuláakal u tsóolts'íibil bajux k'a'abet tia'al u yúuchul meyaje' yaan u túuxta'al ti' u jo'olpo'opil Suprema Corte tia'al u táakbes xan ichil u tsóolts'íibil bajux ken u k'a'abetkuuns tia'al u meyaj, ba'ax yaan xan u táakbes'al ichil le taak'in k'a'abet ti' tuláakal u noj jala'achil mexico tia'al u meyaje'. U kalaanta'al meyaj u taak'in Suprema Corte de Justiciae' yaan u táanalta'al tumeen u jo'olpo'opil.

Artículo 101. Tuláakal Ministro'ob ti' Suprema Corte ti' Justicia, Magistrado'ob ti' Circuito, Juezo'ob ti' Distrito, u no'oj k'abo'ob, yéetel Consejero'ob ti' Judicatura Federal, ba'ale' beeyxan magistrado'ob ti' sala superior ti' Tribunal Electorale', jumpuli' ma'atan u béeytal u k'amiko'ob mix u beetiko'ob mix jump'éel meyaj wa k'uben meyaj ti' federación, u petenlu'umilo'ob México, Distrito Federal wa ti' chen máak, chen ja'alil le mina'an u bo'olilo'ob ku beetik u mola'ayilo'ob xak'alkaambal, ka'ansajil, ik'il t'aan wa tia'al u yáanta'al kaajo'.

Le máako'ob ts'o'ok u meyajo'ob bey ministro ti' Suprema Corte de Justiciao', magistrado'ob ti' circuito, juez ti' distrito wa consejero'ob ti' Judicatura Federal, beeyxan Magistrado'ob ti' Sala Superior ti' Tribunal Electoralo', ichil le u láak' ka'ap'éel ja'ab u p'at u meyajo'obo', ma'atan u béeytal u beetik u patronoilo'ob, u aj tokbesajil wa máax táanaltik u láak' máak ti' jump'éel takpoolil tu táan Poder Judicial ti' Federación.

Ichil le ka'ap'éel ja'abo', le máako'ob meyajnaja'ano'ob bey ministro'obo', chen ja'alil wa tu beetajo'ob chen bey jump'éel majan meyajo', ma'atan u beetiko'ob le meyajo'ob ch'a'achi'ita'an te'e tu kanjaats artículo 95 ti' le noj a'almajt'aana'.

Le ba'ax ku ya'alik le junxóot' noj a'almajt'aana', yaan xan u ts'o'okbesa'al tia'al máako'ob ku meyajo'ob bey judicialo'ob u majan p'atmaj u meyajo'obo'.

Le máax ma'atan u ts'o'okbesik le junxóot' noj a'almajt'aana', yaan u tse'elel tu meyaj ichil le Poder Judicial ti' Federación tia'al u beeta'al u bo'otik u si'ipil, beeyxan tuláakal áantajil yéetel bo'olil kun k'uchul tu paach k'iin, lela' jumpáay ti' le bo'ol si'ipilo'ob jets'a'an ichil le a'almajt'aano'obo'.

Artículo 102.

A. A'almajt'aan kun tsolik bix kun meyaj Ministerio Público de la Federación, máaxo'ob kun ts'aabil wa kun tselbil tumeen u noj jala'achil México, bey je'ex jets'a'anil tumeen u áantaj a'almajt'aanilo'obe'. Ministerio Público ti' Federacione' yaan u jo'olbes'aal tumeen juntúul procurador general ti' República máax kun ts'áabil tumeen u noj jala'achil México yéetel k'a'abet u chíimpolta'al tumeen Senado, wa tumeen Comisión Permanente wa táan u je'elel Senadoro'ob. Tia'al u beetik u procuradoril juntúul máake' k'a'abet: sijnal wey tu noj méek'táanlu'umil Méxicoe'; ts'o'ok treinta y cinco u ja'abilo'ob tak le k'iin kun ts'aabil u beet le meyaja'; yaan kex lajun ja'abo'ob ts'o'okok u xokik licenciado ti' derecho; chíimpolta'an u kuxtal tumeen kaaj yéetel mix juntéen k'a'alak tu yóok'lal jump'éel si'ipil u yóolili' u beete'. Procuradore' je'e u béeytal u luk'sa'al tumeen u noj jala'achil Méxicoe'.

U meyaj Ministerio Público ti' Federación u tsaypachta'al tak tu táan Tribunalo'ob tuláakal si'ipililo'ob Federal; leti' beetik xan ti' leti' yaan u páajtalil u k'éetik ku jóok'sa'ak u ju'unil tia'al ka'a páatak u ma'achal juntúul máak k'albil; u kaxantik yéetel u k'ubik tuláakal ba'ax e'esik jaaj yaan u si'ipil máax taka'an u pool; u kalaantik ka'a ts'o'okbesa'ak bey je'ex unaj tuláakal takpoolile', tia'al ka'a beeta'ak justicia ma'alob yéetel séeba'an; u k'áatik ka'a beeta'ak u bo'otik u si'ipil máax yaan u si'ipil yéetel u táakpajal ichil tuláakal le meyajo'ob kun jets'bil tumeen a'almajt'aane'.

Procurador General ti' República mexincanae' yaan u táakpajal ichil u káatnúukta'al t'aan yéetel u láak' ba'alo'ob bey je'ex jets'a'anil tumeen artículo 105 ti' le noj a'almajt'aana'.

Ichil tuláakal péektsil tu'xu kun táakpajal federación, ichil tuláakal ba'al yaan u yil yéetel diplomático'ob yéetel cónsul generalo'ob yéetel tuláakal u láak' tu'ux unaj u táakpajal Ministerio Público ti' Federacione', procurador general kun táakpajali', wa jach leti' wa chen u agente'ob.

Procurador general ti' República yéetel u aj meyajo'obe', yaan u bo'otik u si'ipilo'ob tu yóok'lal je'e ba'alak ma' nu'uka'an ken u beete' wa ma'atan u beetik bey jets'a'anil tumeen a'almajt'aano'obe' ichil u meyaje'.

U meyaj consejero jurídico ti' jala'ache' ti kun yantal yáanal u t'aan u noj jala'achil u noj méek'táanlu'umil México, tia'al tuláakal ba'ax kun jets'bil tumeen a'almajt'aano'.

B. U noj najil u pa'ajo'olta'al u meyaj u noj jala'achil u noj méek'táanlu'umil Méxicoe' yéetel le yano'ob te'ej petenlu'umilo'obo', tak tu'ux ku náakal u meyajo'obe', yaan u beetiko'ob u mola'ayilo'ob derechos humanos jets'a'an tumeen a'almajt'aano'ob México, yéetel yaan u k'ájooltiko'ob takpoolilo'ob tu yóok'lal ba'ax ku beetik wa ma'a tu beetik mola'ayo'ob kun taal ti' je'e máakalmáak jala'achile' wa le máax jo'olbesiko', chen ma'atan u táakpajal ichil le ku meyajo'ob ichil Poder Judicial ti' Federación, kun nuumsik u najmalilo'obe'.

Le mola'ayo'ob ku ch'a'achi'itpajal ichil le junxóot' ts'íib yaan yóok'ol le je'ela', yaan u ya'alik tu táan kaaj ba'ax ku tukultik unaj u beetik, bix unaj u yúuchul takpool tu táan jala'acho'ob.

Le mola'ayo'ob je'ela' ma'atan u béeytal u táakpajalo'ob tia'al yéeytáambalil, meyajil wa ichil u meyaj u láak' mola'ayil.

Le mola'ay ken u beet Congreso de la Unióno' yaan u k'aaba'tik Comisión Nacional de los Derechos Humanos; yaan u béeytal u meyaj tu juunal yéetel u kalaantik u taak'in, yaan u yantal u personalidad jurídica yéetel u nu'ukulil u meyajo'ob.

U mola'ayil Comisión Nacional de los Derechos Humanos yaan u yantal u consejo consultivo ba'ax kun beetbil tumeen lajun u túulul u consejero'ob máaxo'ob kun yéeybil tumeen ka'ajaats ti' tu yóoxjaatsil tuláakal máaxo'ob táaka'an ichil Cámara ti' Senadoro'ob, ba'ale' wa táan u je'elelo'obe', tumeen Comisión Permanente ti' Congreso de la Unión. A'almajt'aan kun jets'ik bix kun beetbil tia'al u páaykunsa'al máaxo'ob ku tukulta'al u ts'a'abal tumeen Cámara. Tuláakal ja'ab yaan u ke'exel le máaxo'ob ts'o'ok u jach úuchtal okok meyajo'o, chen ma'atan u k'e'exel máaxo'ob kun jets'bil u ts'a'abal u p'áatal u beet u láak' junjeets'i'.

U jo'olpo'opil Comisión Nacional ti' Derechos Humanos, máax yaan xan u beetik u jo'olpo'opil consejo consultivoe', yaan u yéeya'al bey je'ex jets'a'anil ichil le junxóot' ts'íib yaan yóok'ol le je'ela'. Yaan u beetik jo'op'éel ja'ab ti' le k'uben meyaja', yéetel je'e u béeytal u ka'a ts'a'abal chen juntéen u ka'a beete' yéetel xan je'e u béeytal u luksa'al bey je'ex ku ya'alik título cuarto ti' el noj a'almajt'aane'.

U jo'olpo'opil le Comisión Nacional de los Derechos Humanoso' yaan u ja'abmanja'ab u tsóolts'iibil u meyaj. Tia'al lelo' yaan u bin tu táan u cámaraylo'ob congreso tia'al u káant bey je'ex kun jets'bil tumeen a'amajt'aano'obe'.

U mola'ayil Comisión Nacional de los Derechos Humanose' yaan u k'ajóoltik tuláakal kéexóolalo'ob kun beetbil tu yóok'lal ba'ax ku ya'alik unaj u beeta'al, tu yóok'lal mokt'aan wa ba'ax ma'atan u beetik le mola'ayo'ob yaan tu petenlu'umilo'ob Méxicoe'.

Artículo 103. Tribunalo'ob ti' Federacione' yaan u jets'ik bix kun p'áatal tuláakal k'éexóolal kun yantal ichil:

I. Tu yóok'lal a'almajt'aano'ob wa ba'ax ku beetik jala'acho'ob ku nuumsiko'ob u najmal wíiniko'ob;

II. Tu yóok'lal a'almajt'aano'ob wa ba'ax ku beetik jala'ach ka' u nuums wa u loobilt u noj najmal u petenlu'umilo'ob México wa tak tu'ux ku náakal u meyaj Distrito Federal, yéetel

III. Tu yóok'lal a'almajt'aano'ob wa ba'ax ku beetik jala'ach u petenlu'umilo'ob México wa Distrito Federal ka'a u táakbesubáa ichil ba'ax chen u noj jala'achil u noj u méek'táanlu'umil México unaj u meyajtik.

Artículo 104. Ti' tribunalo'ob ti' federación yaan u páajtalil u meyajtik:

I. Tuláakal k'áatnúukt'aan kun yantal ti' orden civil wa criminal tu yóok'lal u ts'o'okbesa'al wa u beeta'al ba'ax ku ya'alik u a'almajt'aanilo'ob México wa noj mokt'aano'ob beeta'al tumeen u láak' noj méek'táanlu'umilo'ob tu'ux ku táakpajal u petenlu'umilo'ob México. Wa le k'áatnúukt'aan chen ku loobiltik u najmal chen wíiniko'obo', uchak xan u béeytal u k'ajóoltik, wa tumeen ku k'áata'al tumeen máax táaka'ani', juezo'ob yéetel tribunalo'ob ti' orden común ti' u méek'táankajilo'ob México yéetel Distrito Federal. Le ken yáax je'ets'ek bix kun p'áatal jump'éel ba'ale' je'e u béeytal u ya'alik máak ma' ki'imak yóol yéetele'e, tu táan u nojoch le juez máax yáax k'ajóolt le tak poolilo'.

I-B. Tu yóok'lal ba'alo'ob kun k'ubbil tia'al u k'áata'al ka'a jel xaka'alta'ak jump'éel ba'al ts'o'ok u ts'ok je'ets'el tumeen tribunalo'ob ti' contencioso-administrativo ku ch'a'achi'ita'al ich fracción XXIX-H ti' artículo 73 yéetel Fracción IV, inciso e) ti' artículo 122 ti' le noj a'almajt'aana', ba'ale' chen ti' le tu'ux ku je'ets'el tumeen a'almajt'aano'obe'. Le xaak'alo'ob unaj u táanaltik le tribunalo'ob colegiado ti' circuito, chen yaan u béeyal u beeta'al u máanil bey je'ex jets'a'anil tumeen u áantaj a'almejt'aanilo'ob artículo 103 yéetel 107 ti' le noj a'alamajt'aan ku ya'alik úuchak u beetchajal tia'al u béeytal u xak'alta'al ichil jump'éel amapro directo, yéetel tu contra ba'ax ts'o'ok u jets'ik tribunalo'ob colegiado ti' circuito tu'ux ma'atan u béeytal u beeta'al juicio wa mix u láak' u jeel wa baax;

II. Tuláakal k'áatnúukt'aan kun yanatal tu yóok'lal derecho marítimo;

III. Ti' tuláakal takpool tu'ux kun táakpajal Federación;

IV. Tuláakal k'áatnúukt'aan yéetel xan tuláakal ba'ax ku ch'a'achi'itik artículo 105, ba'axo'ob chen ja'alil Suprema Corte de Justicia de la Nación unaj u k'ajóoltike';

V. Le kun yantalo'ob ichil jump'éel u petelu'umilo'ob México yéetel le u láak'o'ob yaan tu tséelo', yéetel

VI. Tuláakal le yaan ba'ax u yila'a yéetel cuerpo diplomático yéetel consulare'.

Artículo 105. Suprema Corte ti' Justicia de la Nacione' yaan u k'ajóoltik, bey je'ex jets'a'anil tumeen a'almajt'aano'obe', le je'elo'oba':

I. Tuláakal k'áatnúukt'aano'obo'ob tu yóok'lal le noj a'almajt'aana'; chen ba'ale' ma'atan u táakbesa'al le yaan u yila'a tu yóok'lal yéeytáambalil yéetel le ba'ax jets'a'an ichil artículo 46 ti' le noj a'almajt'aana', yéetel kun yantal ichilo'ob:

a) Federación yéetel u petenlu'umilo'ob México wa Distrito Federal;

b) Federación yéetel méektáankaajo'ob;

c) Poder Ejecutivo yéetel u noj najil u pa'ajo'olta'al u meyaj jala'ach; leti' yéetel je'e máakalmáak ti' tu ka'ap'éelal le Camara'obo', w ti' le je'ela' wa yéetel Comisión Permanente, yéetel je'e máakalmáak ti' órganoob federalo'obe' wa Distrito Federal.

d) Jump'éel petenlu'umil yéetel u láak';

e) Jump'éel petenlu'umil yéetel Distrito Federal;

f) Distrito Federal yéetel jump'éel petenlu'umil;

g) Ichil ka'ap'éel u méek'táankaajil jejelas petenlu'umilo'ob;

h) Ichil ka'ajaats jala'acho'ob ti' jump'éel petenlu'umil, tu yóok'lal wa yéetel u meyaj táan u ts'o'okbesik wa ma' ba'ax jets'a'an ti' noj a'almajt'aan wa je'e ba'alak u láak' ka' u beete';

i) Ichil jump'éel petenlu'umilo'ob yéetel jump'éel u méek'táankaajil tu yóok'lal wa ku ts'o'oksik a'almajt'aano'ob yéetel u meyaj wa nu'uktajo'ob ku jóok'sik;

j) Ichil jump'éel petenlu'umilo'ob yéetel jump'éel u méek'táankaajil u yaanal petenlu'umil, tu yóok'lal wa yéetel u meyaj táan u ts'o'okbesik wa ma' ba'ax jets'a'an ti' noj a'almajt'aan wa je'e ba'alak u láak' ka' u beete':

k) Ichil ka'ap'éel u mola'ayilo'ob u meyaj u jala'achil Distrito Federal, tu yóok'lal wa yéetel u meyaj táan u ts'o'okbesik wa ma' ba'ax jets'a'an ti' noj a'almajt'aan wa je'e ba'alak u láak' ka' u beete'.

Je'e ba'alak k'iin ka'a yanak jump'éel k'áatnúukt'aan yaan ba'al u yila'a yéetel ba'ax ku jets'ik u beetik jump'éel petenlu'umil, wa méek'táankajilo'ob ka'a beeta'ak tumeen Federación, tumeen jump'éel méekt'aankaaj ka'a k'áatnúukta'ak tumeen petenlu'umil, wa le ba'axo'ob ku ch'a'achi'itik incisos c), h) yéetel k) yaan yóok'ol le junxóot'a', yéetel wa Suprema Corte ti' Justicia ku jets'ik bey mina'an u beelale', le ba'ax kun jets'bilo' yaan u ts'o'okbesa'al wa tumeen chíimpolta'an tumeen kex jach waxak u túulul ti' le ministro'obo'.

Tia'al je'e máakalmáak u láak' ba'alile', le ba'ax ken u jets' Suprema Corte ti' Justiciae' yaan u ts'o'okbesa'al chen tu yóok'lal le ba'ax beetik u yúuchul le takpoolilo'.

II. Tu ba'ax ku beeta'al tu'ux ma'atan u ts'o'okbesa'al ba'ax jets'a'an tumeen noj a'almajt'aan yéetel wa tumeen ku kantantik u jets'ik tu'ux ku kúulpacht'antikuba jump'éel áantaj a'almajt'aan yéetel le noj a'almajt'aana'.

Tia'al u ya'ala'al táan u beeta'al jump'éel ba'al tu'ux ma'atan u ts'o'okbesa'al ba'ax jets'a'an tumeen noj a'almajt'aan, k'a'abet u beeta'al u takpoolil jach u xaanile' ichil óoxlajun k'iino'ob jóok'sa'al u ts'albilju'unil le áantaj a'almajt'aano', tumeen:

a) U treinta y tres por ciento ti' tuláakal máaxo'ob tákpaja'an ichil Cámara ti' Diputado'ob ti' Congreso de la Unión, tu yóok'lal a'almajt'aano'ob federal wa ti' Distrito Federal jóok'sa'an tumeen Congreso de la Unión;

b) U treinta y tres por ciento ti' tuláakal máaxo'ob tákpaja'an ichil Senado, tu yóok'lal a'almajt'aano'ob federal wa ti' Distrito Federal jóok'sa'an tumeen Congreso de la Unión wa tumeen tratados intenacionalo'ob mokt'aanta'ano'ob tumeen México;

c) Procurador General ti' República, tu yóok'lal, tu yóok'lal a'almajt'aano'ob federal, estatal wa ti' Distrito Federal, beeyxan tu yóok'lal tratado'ob internacionalo'ob mokt'aanta'an tumeen México.

d) U treinta y tres por ciento ti' tuláakal máaxo'ob tákpaja'an ichil jump'éel ti' tu ka'ap'éelal órganos legislativos estatalo'ob, tu yóok'lal a'almajt'aano'ob jóok'sa'an tumeen leti'ob.

e) U treinta y tres por ciento ti' tuláakal máaxo'ob tákpaja'an ichil Asamblea de Representantes ti' Distrito Federal, tu yóok'lal a'almajt'aano'ob u jóok'smajo'ob leti'ob.

f) Partido'ob politico'ob u ts'íibtamajuba'ob ti táan Instituto Federal Electoral, kun wa'atal a'albil tumeen máaxo'ob jo'olbesik, tu yóok'lal u áantaj a'almajt'aanilo'ob yéeytáambal federal wa localo'ob; yéetel partido politico'ob u ts'íibtmajuba'ob ich petenlu'umilo'ob, kun a'albil tumeen máaxo'ob jo'olbesik, jach chen tu yóok'lal u a'almajt'aanilo'ob yéeytáambal jóok'sa'an tumeen u mola'ayil yéeytáambal tu petenlu'umil tu'ux k'ama'ano'ob.

g) Comisión Nacional ti' Derechos Humanos tu yóok'lal a'almajt'aano'ob federal, estatal wa ti' Distrito Federal, beeyxan tu yóok'lal tratado internacionalo'ob mokt'aanta'ano'ob tumeen México yéetel chíimpolta'ano'ob tumeen Senado ti' República, ka' u nuums u najmal wíinik jets'a'an tumeen le noj a'almajt'aana'. Beeyxan tumeen u mola'ayilo'ob u kalanta'al u najmal wíinik jets'a'an tu petenlu'umilo'ob México, tu yóok'lal a'almajt'aano'ob jóok'sa'an tumeen legislaturas estatalo'ob yéetel Comisión de Derechos Humanos del Distrito Federal, tu yóok'lal a'almajt'aano'ob jóok'sa'an tumeen Asamblea Legislativa ti' Distrito Federal.

Tia'al u ya'alik máak ma' ki'imak u yóol yéetel u áantaj a'almajt'aanilo'ob yéeytáambal tu táan le noj a'almajt'aana' chen leti' le bix jets'a'anil ichil le junxéet' aálmajt'aana'.

U áantaj a'almajt'aanilo'ob yéeytáambal federal yéetel localo'obe' unaj u ts'a'abalo'ob k'ajóoltbil yéetel u jóok'sa'al u ts'albil ju'unil kex jach noventa k'iino'on u bin u káajal u péektsilil u yúuchul le yéeytáamba'il tu'ux kun meyajo', yéetel ka'alikil táan u yúuchule' ma'atan u béeytal u k'e'exel mixba'al ti'.

Suprema Corte ti' Justicia ti' Nacione' chen kun béeytal u jets'ik ma' u chíimpolta'al le áantaj a'almajt'aano'ob kun k'áatnúukt'anta'alo', wa tumeen ku je'ets'el tumeen kex waxaktúul ti' le ministro'obo'.

III. Sijnal yaan u tsaypachta'al ba'ale' beeyxan wa ku k'áata'al ma'alob tumeen Tribunal Unitario ti' Circuito wa tumeen Procurador General de la Repúblicae', yaan u páajtalil u k'ajóoltik ba'axo'ob yéetel ku ye'esik yaan u páajtalil ti' u k'áatnúuktik ba'ax ts'o'ok u je'ets'el tumeen juez ti' distrito ichil takpoolo'ob tu'ux ku táakpajal federación yéetel wa tumeen tu yóok'lal u noj ba'alile' ku k'a'abetchajal u k'ajóoltik.

U ya'ala'al mina'an u beelal yéetel ku jo'obol jump'éel ba'a kex ts'o'ok u je'ets'el je'ex u ch'a'achi'ita'al tumeen u yáax yéetel u ka'ajaats le junxóot' a'almajt'aana', ma'atan u béeytal u ts'o'okbesa'al ti' u láak' ba'ax wa ma' leti' le ku ch'a'achi'ita'alo', ba'ale' ma' bey wa penal ba'ax ku xak'alta'ali', tumeen te'ela' yaan u ts'o'okbesa'al ba'ax jets'a'an ichil le a'almajt'aano'ob táanaltik le ba'alo'b beya'.

Chen ma'a xaan wa ma' u ts'o'okbesa'al le ba'ax ku ya'alik u yáax yéetel u ka'ajaats le junxóot' a'almajt'aana', yaan u ch'a'abal tia'al u ts'o'okbesa'al le ba'ax ku ya'alik jets'a'an ichil u yáax ka'axóot' ts'íibil Fracción XVI ti' artículo 107 ti' le noj a'almajt'aana'.

Artículo 106. Poder Judicial ti' Federación kun meyajtik bey je'ex jets'a'anil tumeen u a'almajt'aanile', tuláakal k'áatnúukt'aan, tu yóok'lal u meyajo'ob, kun yantal ichil tribunalo'ob ti' Federación, ichil le je'elo'ob yéetel Tribunalo'ob ti' petenlu'umilo'ob wa ti' Distrito Federal, ichil le yano'ob ti' petenlu'umilo'ob yéetel u láak'o' wa yéetel jump'éel petenlu'umil yéetel Distrito Federal.

Artículo 107. Tuláakal k'áatnúukt'aan je'ex ch'a'achi'ita'an te'e artículo 103o' yaan u ts'o'okbesa'al bey je'ex tsola'anil yéetel yéetel kun jets'bil tumeen a'alamajt'aano'obe' yéetel bey je'ex ku je'ets'el te'ala':

I. Jump'éel juicio de amparoe' yaan u táanalta'al wa tumeen ku k'áata'al tumeen máax nuumsa'an;

II. U je'ests'el bix kun p'áatal jump'éel takpoolc', yaan u ch'a'achi'itik chen wíiniko'ob jujuntúulil, yéetel chen ken u táanalto'ob yéetel u bo'oybes'o'ob jach chen tu yóok'lal le ba'ax taka'anil u poolo', ku ts'o'okole' ma'atan u béeytal u ya'alik mixba'al tu yóok'lal a'almajt'aano'ob mix tu yóok'lal u meyajil.

Tia'al jump'éel juicio de amparoe' wa ma' jach nu'uka'an wa no'oja'an beeta'anil le takpoolo'o, unaj u táakmukta'al yéetel ba'ax ken u jets' u áantaj a'almajt'aanil artículo 103 yéetel 107 ti' le noj a'almajt'aana'.

Le ken úuchuk jump'éel takpool tu'ux úuchak u taasik u páajtalil u luk'sa'al u ba'alubáa wa u páajtalil u meyajtik u lu'umil, ja', su'uk wa k'áax tu'ux ku yúuchul múul meyaj wa tu'ux u kulkíintmaj u kaajal sijnal u yúuchul múulmeyaj wa tumeen chen bey suuka'anil, beeyxan ti' ejidatario'ob wa comunero'obe', najmal unaj u kaxanta'al tuláakal ba'ax áantik tia'al e'esik jaaj le kaajo'ob wa le wíiniko'obo', beeyxan u je'ets'el u k'a'abetil u beeta'al tuláakal u máanil tia'al u je'ets'el u najmal tu yóok'ol le lu'umo', yéetel beeyxan bixi' yéetel ba'ax u kuuch le ba'ax beetik u yúuchul takpoolo'.

Tia'al jump'éel un'uktajil je'ex le ku cha'achi'ita'al ti' le junxóot' a'almajt'aana', ma'atan u béeytal, tumeen ku beetik loobiltik kajnáalo'ob yéetel máaxo'ob yaan u najmalo'ob tu yóok'ol le lu'umo', u k'a'alal u péektsilil chen tumeen xu'ul u meyajta'al yéetel ma'atan u máan tu k'iin u meyajta'al, ba'ale' jump'éel wa u láak'e' úuchak u béeytal u je'ets'el tia'al u yáant máax táaka'an ichil le takpoolila'. Le ken beeta'ak takpoolil tu'ux ku nuumyajkuunsa'al u najmal kaaje', ma'atan u béeytal chen ka'a u ya'al kaaj u p'atik chen beyo' mix chen ka'a u jáan núuk ma'alobil ba'ax ku ya'ala'al, le yáaxo' chen ja'alil asamblea úuchak u jets'ike' yéetel le u ka'ap'éelo' chen ja'alil ti' asamblea una u taale'.

III. Le ken beeta'ak takpoolil tu yóok'lal u meyaj Tribunal Judicial, administrativo wa tu yóok'lal meyajile', le amparo chen yaan u béeytal beya':

a) Tu yóok'lal u ts'ok je'ets'el bix kun p'áatal le takpoolilo' yéetel tu yóok'lal ts'íib ku k'alik, ba'ax yóok'lal ma'atan u béeytal u beeta'al mixba'al ti' le suuka'an tia'al u k'e'exel bix p'aatlile', kex wa tumeen le u loobilta'al wa u nuumsa'alo' ku beeta'al ichil wa ka'alikil u beeta'al le xaak'alo', yéeel ka' u loobilt u meyaj máax tokbesik le máax taka'an u poolo', yéetel ku beetik u k'éexel bix u p'áatal; lela' beey, wa tumeen ichil materia civile' ts'o'ok u k'áatnúukta'al le nuumsajil beeta'ab ichil u meyajul bey je'eex jets'a'anil tumeen a'almajt'aano' yéetel ch'a'achi'ita'ab bey ba'ax beet le loobil ichil segunda instancia wa tumeen beeta'ab ichil u yáax xaak'alilo'. Le ba'alo'ob beya' ma'atan u béeytal u k'áata'al ka'a ts'o'okbesa'ak tia'al jump'éel amparo tu yóok'lal sentencia'ob jets'a'an tu yóok'lal controversia'ob yóok'ol u meyaj estado civil beeyxan wa ku loobiltik u toojil u kuxtal kúuchkabalo'ob.

b) Tu yóok'lal bix u beeta'al juicio tu'ux ma'atan u béeytal u yutskiinsa'al le loobil beeta'ano', ma' ich juicioi' wa le ken ts'o'okoke', le ken xu'upuk tuláakal ba'ax unaj u k'a'abetkuunsa'alo', yéetel

c) Tu yóok'lal ba'alo'ob ka' u loobilt máako'ob mixba'al yaan u yila'a yéetel le juicio'.

IV. Wa administrativo le ba'ax ku meyajta'alo', le amparo yaan u meyaj xan, tu yóok'lal ba'alo'ob kun jets'bil ka' u beet loobil ma'atan u béeytal u yutskiinsa'al yéetel taak'in, juicio wa u yáantaj a'almajt'aano'ob. Ma' k'a'abet u xu'upsa'al lelo'oba' wa tumeen le a'almajt'aano' ku k'áatik ka' xu'ulsa'ak le ba'ax beetik u yúuchul le takpoolilo' ku k'áatik ka'a e'esa'ak ya'ab u láak' le ba'alo'ob jets'a'an tumeen u áantaj a'almajt'anil amparo tia'al u béeytal u je'ets'elo';

V. Ku béeytal u beeta'al jump'éel amparo tu yóok'lal u ts'o'ok je'ets'el yéetel u jóok'sa'al u ju'unil bix kun p'áatal yéetel ka' u ts'o'okes jump'éel juicio, kex tu wa le loobilo' úuch ka'alikil táan u beeta'al wa le bix je'ets'iko', yaan u kaxanta'al tu táan Tribunal Colegiado ti' Circuito tu'ux unaje', yéetel le bix ja'ajatsa'anil tak tu'ux kun náakal u meyajo'ob bey je'ex jets'a'anil tumeen u a'almajt'aanilo'ob Poder Judicial ti' Federacione', bey je'eex ku ya'ala'ala':

b) Ti' materia administrativae', le k'iin ken k'áata'ak tumeen chen máako'ob ka'a jel xak'alta'ak bix ts'ok je'ets'ik jump'éel takpoolil yéetel ku beetik u xu'ulsa'al le juicio tumeen Tribunalo'ob Administrativo wa Judicialo'ob, ma'atan u béeytal u yutskiinsa'al le loobil yéetel taak'in, u jel beeta'al le juicio wa yéetel u meyaj defensa legal.

c) Ti' materia civile', le ken k'áata'ak ka'a jel xak'alta'ak bix ts'o'ok je'ets'ik jump'éel juicio federalo' beeyxan ti' juicio mercantil, kex tun wa federal wa local le jala'ach máax jets'o', ba'ale' beeyxaan ti' juicio ti' orden común.

Tia'al juicio civilo'ob federalo'obe', le bix u je'ets'el bix kun p'áatal jump'éel takpoolile' je'e u páajtal u k'áata'al ka'a jel xak'alta'ake' tumeen je'e máakalmáak ti' le máaxo'ob táakpaja'ano', tak tumeen Federación, tia'al u kaxantik ka'a tokbesa'ak tuláakal u ba'alubáa, yéetel

d) Tu yóok'lal meyajil le ken k'áata'ak ka'a xak'alta'ak u ts'íibil bix p'áatik jump'éel ba'al jets'a'an tumeen Junta Local wa Federal ti' Conciliación yéetel Arbitraje, wa tumeen Tribunal Federal ti' Conciliación yéetel Arbitraje u tia'al u aj meyajilo'ob jala'ache'.

Suprema Corte ti Justicia, sijnal unaj u ch'a'apachtik ba'ale' beeyxan wa ku nu'uk k'áata'al tumeen Tribunal Colegiado ti' Circuito, wa tumeen Procurador General de la República, úuchak u béeytal u k'ajóoltik tuláakal amparo kun k'áatbil wa tumeen u k'áatil wa tumeen u nojba'alil.

VI. Tia'al le ba'alo'ob ku ch'a'achi'ita'al ichil junxóot' yaan yóok'ol le je'ela', u áantaj a'almajt'aanil artículo 103 yéetel 107 ti' le noj a'almajt'aana', leti'ob kun jets'ik bix kun beetbil yéetel ba'ax najmal u chíimpoltik Tribunalo'ob Colegiado ti' Circuito yéetel, Suprema Corte ti' Justicia wa tumeen ku k'a'abetchajal, u tia'al u jets'o'ob bix kun p'áatal.

VII. Jump'éel amparo tu yóok'lal jump'éel juicio, kex ma' ich juicio wa ku ts'o'okol jump'éel juicio, ka u loobilt máako'ob mixba'al yaan u yila'a yéetele', tu yóok'lal a'almajt'aano'ob wa tu yóok'lal juntpuul jala'ach administrativae', yaan u k'u'ubul tu táan le juez ti' distrito ku meyaj tu súutpach kaajil le tu'ux úuch le ba'ax ku k'áatnúukta'alo', ka'a ts'o'okbesa'ak wa ku kaxanta'al u ts'o'okbesa'alo', ba'ax jala'ache' chen k'a'abet u ts'áak ojéeltbil, tia'al ka'a payalt'anta'ak u ts'a'abal ojéeltbil yéetel u k'a'amal tuláakal ba'ax k'a'abet tia'al u ye'esik ba'ax ku ya'alik máak tu yóok'lal ichil le péeksilo'.

VIII. Tu yóok'lal bix u jets'ik tumeen juezo'ob ti' distrito wa Tribunal Unitario ti' Circuito jump'éel amparoe' ku béeytal u ka'a xak'alta'al. Lela yaan u k'ajóolta'al tumeen Suprema Corte ti' Justicia:

a) Wa tumeen k'áatnúukta'an jump'éel demanda de amparo, tumeen ku tukulta'al t'aalkab ku kúulpacht'antik le noj a'almajt'aana', le áantaj a'almajt'aan federalo'ob wa localo'ob, mokt'aano'ob beeta'an yéetel u láak' táanxel noj méekt'aanlu'umilo'ob, áantaj a'almajt'aano'ob jóok'sa'an tumeen u noj jala'achil México bey je'ex jets'a'anil ti' Fracción I ti' artículo 89 ti' le Noj a'almajt'aana' yéetel ti' tuláakal áantaj a'almajt'aano'ob localo'ob wa tumeen u jala'achil Distrito Federal, tu'ux kex beyo' ma'atan u sa'atal le ba'ax beetik u yúuchul le takpoola'.

b) Wa tumeen ku t'aan tu yóok'lal ba'alo'ob ch'a'achi'ita'an ichil Fracción II yéetel III ti' artículo 103 ti' le noj a'almajt'aana.

Suprema Corte de Justiciae' sijnal yaan u ch'a'apachtik ba'ale' beeyxan wa ku k'áata'al tumeen Tribunal Colegiado ti' Circuito, wa tumeen procurador general de la república, u k'áajóoltik tia'al u xak'alt amparo'ob, wa tumeen k'a'abet tu yóok'lal u noj ba'alil.

Tia'al je'e ba'alak u láak' ma' jets'a'an tumeen mix junjaats ti' le ts'íibo'oba'a, yaan u ch'a'abal tia'al xak'altbil tumeen Tribunalo'ob Colegiado ti' Circuito, ku ts'o'okole' le bix ken u jets'bile' bey kun p'áatalo', ma'atan u béeytal u xak'alta'al yéetel mixba'al.

IX. Tuláakal ba'ax ken u jets' Tribunalo'ob Colegiado'ob ti' Circuito tu yóok'lal amparoe', ma'atan u béeytal u xak'alta'al yéetel mixba'al, chen ja'alil wa ku chíikpajal ma'aj ts'o'okbesa'ab ba'ax ku ya'alik noj a'almajt'aan ka'alikil u meyajta'ale', ba'ale' beeyxan wa tia'al u je'ets'el bix kun p'áatale', na'ata'ab yaanal bix jump'éel ba'ax ku ya'alik noj a'almajt'aan, yéetel tumeen ku tukultik Suprema Corte de Justicia, unaj u ch'a'abal yaanal bix le ba'ax ku ya'aliko'. Chen tu yóok'lal le beya', yaan u béeytal u ka'a xak'alta'al tu táan Suprema Corte de Justicia, ba'ale' lela' yaan u xot'ik u xaak'al jach chen tu yóok'lal wa ts'o'okbesa'ab wa ma' ba'ax ku ya'alik noj a'almajt'aan;

X. Le ba'axo'ob ku k'áata'al ka xak'alta'ako' je'e u béeytal ma' u jáan ts'o'okbesa'al bey je'ex je'ets'iko', tumeen xan bey yanil ichil le a'almajt'aano'obo', u tia'al le je'elo' yaan u yila'al ba'ax loobil le beeta'ab ku ya'ala'alo', u talamil u yutskiinsa'al le loobil ucha'ano' yéetel ba'axo'ob k'aasill ken u taas yóok'ol u kuxtal le máax loobilta'ab ka'a je'etso', wa bix ken u loobilt xan yaanal máako'ob wa u jets'óolal kaaj.

Le ma' u ts'o'okbesa'al bey je'ex jets'a'anilo' yaan u yúuchul tu yóok'lal materia penal, le ken ts'a'abak u yojéelt ts'o'ok u yoksa'al jump'éel amparo, ba'ale' wa ti' materia civile', lela' yaan u béeytal le ken majan ts'a'abak jump'éel taak'in tumeen máax k'áatik amparo, tia'al ma'axaan ka' u loobilt wa u taas k'aas tu yóok'ol u jeel máaki', ba'ale' lela' yaan xan u p'áatal mixba'al u beelal wa tumeen le máax ku takpoolo' ku ts'áak xan contrafianza ba'ax yéetel ku jets'ik u ka'a sutik tuláakal bey je'ex yanil ka'ach le ma'ayli' oksa'ak le am'aroo' yéetel tia'al u bo'otik tuláakal loobil, nuumsajil ken u taase.

XI. U k'áata'al ma' u ts'o'okbesa'al bey je'ex ts'ook u je'ets'el wa tumeen ku yoksa'al jump'éel amparo juntaats' tu táan Tribunal Colegiado'ob ti' Circuitoe', u tia'al le je'elo' la jala'ach máax iliko' leti' kun jets'ik bix kun p'áatal. U tia'ale', le máax loobilta'ano' k'a'abet u yoksik le amparo tu yiknal le jala'ach bisik le takpoolilo', yéetel yaan u k'ubik xan u yóochel u ju'unil le takpoolo', ti' tuláakal máax táakpaja'an ichil, bey je'ex Ministerio Público yéetel tak tia'al ts'aabil ichil tuláakal u ju'unil líik'sa'ano'. Tia'al u láak' je'e ba'axake', yaan u k'ajóolta'al yéetel u je'ets'el bix kun p'áatal tumeen juzgado'ob ti' distrito wa tumeen Tribunal Unitario ti' Circuito;

XII. U loobilta'al najmalil jets'a'an ichil artículo 16, ti' materia penal, 19 yéetel 20e' yaan u beeta'al u takpolil tu táan u nojoch le Tribunal kun lobiko', wa tu táan juez de distrito wa tu táan le tribunal unitario ti' circuito tu'ux ku táakpajalo', yéetel úuchak u tia'al u je'ets'el bix kun p'áatale' úuchak u béeytal u ch'a'achi'ita'al bey je'ex jets'a'anil ichil Fracción VIII.

Wa le juez ti' distrito wa Tribunal Unitario ti' Circuito ma' ti' yaan te'ej kaaj tu'ux yaan le jala'ach máax bisik le takpoolo', a'almajt'aan kun jets'ik tu táan máakalmáak juezil wa tribunalil unaj u yoksa'al le amparo, máax unaj u majan jets'ik tu séeblakil ma' u ts'o'okbesa'al le ba'ax jets'a'ano', je'e bix jets'a'anil yéetel le bix kun jets'bil tumeen a'almajt'ano'obe';

XIII. Le k'iin le Tribunal Colegiado'ob ti' Circuito ku ye'esiko'ob yaan bix u kúulpacht'antiko'ob le juicio de amparo oksa'an tu yóok'lal u meyajo', le ministro'ob ti' Suprema Corte de Justicia, le procurador general de la republicao', le tribunalo'ob ch'a'achi'ita'ano'ob wa je'e máaxak táakpaja'an ichil le takpoolil ku kúulpacht'anta'alo', je'e u béeytal u takiko'ob xan u pool le kúulpacht'aan tu táan Suprema Corte de Justiciao', tia'al ka'a béeyak u je'ets'el tumeen tuláaklo'ob wa tumeen le sala unaje', ba'ax nu'ukt'aanil unaj u cha'abal tia'al u je'ets'el bix kun p'áatal.

Le k'iin le tribunal Suprema Corte de Justicia ku ye'esiko'ob yaan bix u kúulpacht'antiko'ob le juicio de amparo oksa'an yéetel yaan ba'al u yila'a yéetel u meyajo', je'e máakalmáak ti' le sala'obo', Procurador General de la República, wa le máax'o'ob ku táakpajal ichil le takpoolil, tu'ux ku kúulpacht'anta'allo', ku kúulpacht'anta'alo', je'e u béeytal u takiko'ob xan u pool le kúulpacht'aan tu táan Suprema Corte de Justiciao', máax ichil tuláaklo'ob unaj u jets'iko'ob ba'ax nu'ukt'aanil unaj u cha'abal tia'al u je'ets'el bix kun p'áatal.

Le bix ken u jets'il sala'o'ob wa tu báankabil Suprema Corte tu yóok'lal le ba'axo'ob ku ch'a'achi'itik le ka'axóot' ts'íib yaan yóok'ol le je'ela', u meyaje' jach chen u jets'ik ba'ax nu'utajt'aanil ken meyaj tia'al u je'ets'el bix kun p'áatal, ba'ale' ma'atan k'exik bix u yanil máax táaka'an ichil, tu táan justicia wa tumeen ts'o'ok u yáax je'ets'el yéetel tu'ux xaan taal u páajtalil le kúulpacht'aano';

XIV. Yaan u je'ets'el ma'aatan u béeytal u beeta'al mixba'al tu yóok'lal yéetel u k'a'alal le amparo, wa ku ya'ala'al máan tu k'iin u meyajta'al wa tumeen ku xúump'ajta'al tumeen máan okes wa tumeen máax táanaltik, ba'ale' beeyxan wa tumeen la ba'ax ku kúulpacht'anta'alo' táaka'an ichil orden civil o administrativo, beeyxan tu yóok'lal ba'axo'ob yéetel bix jets'a'anil tumeen a'almjt'aan, ba'ale' ma'atan u táakpajal ichil le ba'axo'ob ch'a'achi'ita'an tu ts'ook junxóot' Fracción II ti' le artículo je'ela'.

XV. Procurador general de la república wa agente ti' Ministerio Público Federale' kun páaykunsbil tia'al meyajtike', leti' kun bisik tuláakal juicio de amparo; ba'ale' letie' wa ku tukultik mina'an u beelal tumeen ma'atan u loobiltik yaanal máako'ob le ba'ax beetik le takpoolo', je'e u béeytal u ya'alik ma'atan u táakpajale'e;

XVI. Wa kex k'ama'an le amparo le jala'ach máax bisik le takpaalilo' láayli' u ya'alik ka'a jel beeta'ak le meyaj tu'ux u taal le k'áat'núukt'aano' wa xuulul táan u puts'lik ba'ax ts'o'ok u je'ets'el tumeen autoridad federale', ku ts'o'okole' Suprema Corte de Justicia ku ya'alik mina'an tu'ux u taal ma' u ts'o'okbesa'ale', le jala'ach je'elo', tu séeblakile' yaan u tse'elel tu meyaje' yéetel yaan u máansa'al tu táan juez de distrito. Wa tumeen yaan tu'ux u taal ma' u ts'o'okbesa'al bix ts'o'ok u je'ets'ele', yaax yaan u ts'a'abal ojéeltbil yaan u jel meyajta'ale', ku ts'o'okole' Suprema Cortee' yaan u t'anik máax meyajtike' ka' u jets' tak jayp'él k'iin yaanti' tia'al u jets'ik bix kun p'áatal. Wa jala'ach bisik le takpoolil ma'atan u jets'ik bix kun p'áatal ichil le k'iino'ob kun ts'aabil ti' tia'al u beetiko', Suprema Corte de Justiciae' yaan u ch'a'ajo'oltik u meyaj yóok'ol le bix yáax p'áatiko'.

Le k'iin tu yóok'lal ba'aax takpoolil ku beeta'al, Suprema Corte de Justicia, le ken ts'o'okok u jets'ik ma'atan u béeytal u ts'o'okbesa'al bey je'ex ts'o'ok u yáax p'áatal yéetel ma'atan u ka'a xak'alta'alo', tumeen bey ts'a'anil u páajtalil ti'o', je'e u béeytal u jel jets'ik bix kun ts'o'okol le amparo, wa le je'ela' ma'atan u noj loobiltik kaaj, mix u jeel máako'ob, ka'a máanak u nuumsaj ti' le beyka'aj taak'in ken u taas ti' le máax ku taakpoolo'. Ba'ale' beeyxan le máax ku takpoolo' je'e u béeytal u k'áatik tu táan le ja'ala'ach unaje', ka'a jel je'ets'ek bix unaj u ts'o'oksa'al le amparo, wa tumeen tu yóok'lal ba'ax si'ipilil yaane' ku béeytal beyo'.

Wa ku xu'ulul u meyajta'al yéetel ku xu'ulul u k'áata'al tumeen máax oksmajile', tuláakal ba'ax ku beeta'al tia'al ka' ts'o'okbesa'ak ba'ax ts'o'ok u jets'ik jump'éel amparoe', je'e u beetik u xúump'ajta'al bey je'ex jets'a'anil tumeen u áantaj a'almajt'aanilo'obe'.

XVII. Le jala'ach meyajtiko' yaan u máansa'al tu táan u jeel jala'ach, wa tumeen kex bey unaje' ma'atan u beetik ma' u ts'o'okbesa'al bix ts'o'ok u yáax je'ets'el le ba'ax ku k'áata'alo', ba'ale' beeyxan wa ku k'amik jump'éel fianza jach ma' bey je'ex unaje'e wa jach jump'íit, ba'ax kun na'atbil tune' bey táan u yáantik, kex ma' unaje'e, le máax a'alik u ts'áak le fianzao' yéetel le máax k'amiko, yéetel

XVIII. Luk'sa'an.

Título cuarto

Tu yóok'lal ba'ax kúuchil yaan ti' servidores públicos yéetel u ba'alubáa Estado

Artículo 108. Tia'al u na'ata'al máax ku yantal u kuuch wa u si'ipil bey je'ex jets'a'anil te'e junxóot' a'almajt'aana', yaan u ch'a'abal bey servidores públicose' tuláakal máak ku ts'a'abal u beet meyaj ku yéeya'al ichil jump'éel yéeytáambal, tuláakal máak ku meyaj ichil Poder Judicial Federal yéetel Poder Judicial ti' Distrito Federal, tuláakal máak ku ts'a'abal u beet jump'éel k'uben meyaj tumeen jala'ach yéetel tuláakal máak ku meyaj ichil jump'éel a mola'ayil jala'ach, tuláakal máak ku beetik je'e ba'alak meyajil ichil Congreso de la Unión, ichil Asamblea Legislativa ti' Distrito Federal wa je'e tu'uxak ti' administración pública federal wa Distrito Federal, ba'ale' beeyxan tuláakal máak ku meyaj ti' je'e ba'alak mola'ayil ts'a'an u autonomía tumeen le a'almajt'aana', máaxo'ob yaan bo'otiko'ob ba'ax ma' unaj ken u beeti' wa ma'atan u beetik ka'alikil táan ts'o'okbesik ba'ax ts'a'an u beet te'ej meyaj tu k'amaj u beetiko'.

U noj jala'chil u noj méek'táanlu'umil Méxicoe', ka'alikil táan u beetik le meyaja' chen kun béeytal u ta'akal u pool tu yóok'lal u sutik u paach ti México wa tu yóok'lal noj si'ipilo'ob ti' orden común.

U noj jala'achilo'ob u petenlu'umilo'ob México, diputado'ob localo'ob, magistrado'ob ti' Tribunal Superior ti' Justicia localo'ob, yéetel wa tumeen bey k'a'abete', le máaxo'ob ku beetik u Consejoroylo'ob ti' Judicatura Localo', yaan u bo'otik u si'ipilo'ob wa ma'atan u ts'o'okbesiko'ob le noj a'almajt'aana' yéetel tuláakal áantaj a'almajt'aan federal, ba'ale' beeyxan wa ku xupiko'ob bey je'ex ma' unaj u taak'in kaaj ku meyajta'al tumeen jala'ache'.

U noj a'almajt'aanilo'ob u petenlu'umilo'ob Méxicoe', yaan u jets'iko'ob bey je'ex ku ya'alik yáax junxóot' ti' le artículoa' yéetel tia'al u je'ets'el xan tak tu'ux ku náakal u kuuch, bix unaj u yuumil máaxo'ob kun ts'aabil meyaj, u beet u jo'olpo'opil wa kun ts'aabil u beet jump'éel k'uben meyaj ichil tuláakal petenlu'umil wa méek'táankajil.

Artículo 109. U noj mola'ayil Congreso de la Unión yéetel legislaturas estatalese', tak tu'ux ku náakal u meyajo'obe' yaan u jóok'siko'ob u áantaj a'almajt'aanil u kuuch máax ku yokol meyaj ichil u mola'ayilo'ob jala'ach yéetel xan tuláakal tsolnu'ukt'aano'ob k'a'ana'an tia'al u beeta'al u bo'otik u si'ipil máaxo'ob u k'ammaj u ts'o'okbesiko'ob le meyajo', ku beetiko'ob wa ku p'atik u beetiko'ob u beelalo'ob bey je'ex jets'a'anila':

I. Yaan u ts'a'abal u kuch jump'éel juicio político, yéetel u beeta'al u bo'otik u si'ipil bey je'ex jets'a'anil ti' artículo 110 ku t'aan tu yóok'lal servidores públicos ch'a'achi'ita'an te'e junxóot' a'almajt'aana', le k'iin ka'alikil u beetik u meyajo'obe' ku beetiko'ob ba'aax wa le bix ma' unaje'e, wa ku p'atik u beetiko'ob ba'ax yéetel le bix unaje' yéetel lela' ku loobiltik u noj beelal jala'ach yéetel u noj chíikul u meyaj.

Chen tu yóok'lal u ya'alik ba'ax ku tukultike', ma'atan u béeytal u beeta'al juicio político ti'.

II. Tia'al u je'ets'el ba'ax u si'ipil je'e máakalmáak servidor públicoyle' yaan u ch'a'apachta'al yéetel u beeta'al u bo'otik bey je'ex jets'a'anil tumeen legislación penale'; yéetel

III. Yaan u beeta'al u bo'otik taak'in juntúul servidor público tu yóok'lal ba'ax ku beetik wa ku p'atik u beetik ka' u loobilt u tojbe'enil, u honradez, lealtad, imparcialidad y eficiencia bix unaj u beetik u meyaj, u jala'chil wa u k'uben meyaj.

Tuláakal u mola'ayil meyaje' yaan u jets'ik tu juunal, u ts'olnu'ukil bix kun beetbil u bo'otik u si'ipil juntúul a aj meyaj. Ma'atan u béeytal u beeta'al u bo'otik máak ka'atéen, jump'éelili' si'ipile'.

A'almajt'aano'ob kun jets'ik bixi yéetel ba'axk'in unaj u k'a'alal juntúul máak ku meyaj ti' jump'éel u mola'ayil jala'ach, tia'al u beeta'al u bo'otik u si'ipil tu yóok'lal u jáan ayik'altal ka'alikil táan u beetik le meyaj k'ubeenta'ab ti'o', wa chen tu yóok'lal u meyaj, juntaats' leti', wa yéetel u yáantaj u láak' máak, chen ken jáan ya'abak u ba'alubáa, ku ts'o'okole' ma'atan u béeytal u ye'esik bix u tia'alintik. A'almajt'aano'ob penalo'obe' tia'al u beetim u bo'otik u si'ipile', yaan u tokik ti' máak le ba'alo'oba', ba'ale' yaan xan u ts'o'okbesik tu yóok'lal tuláakal u láak' ba'ax u jets'maj a'almajt'aano'ob.

Je'e máaxak kajnáalil, wa u yojel ba'ax u kuuch yéetel wa yaanti' tuláakal ba'ax k'a'abet tia'al u ye'esik jaaj ba'ax ku ya'alike', je'e u takik u pool juntúul aj meyaj tu táan Cámara ti' Diputado'ob ti' Congreso de la Unión, tu yóok'lal bix u meyaj, le ch'a'achi'ita'an te'e artículo je'ela'.

Artículo 110. Tuláakal senador yéetel Diputado'ob ti' Congreso de la Unione' je'e u béeytal u beeta'al juicio político ti'obe', beeyxan ministro'ob ti' Suprema Corte de Justicia de la Nación, consejero'ob ti' Judicatura Federal, secretari'ob ti' despacho, diputado'ob ti' asamblea ti' Distrito Federal, máax jo'olbesik gobierno ti' Distrito Federal, procurador general ti' república, procurador general ti' justicia ti' Distrito Federal, magistrado'ob ti' circuito yéetel juezo'ob ti' distrito yéetel juezo'ob ti' fuero común federal, consejero'ob ti' Judicatura ti' Distrito Federal, consejero presidente, consejero'ob electoral, yéetel secretario ejecutivo ti' Instituto Federal Electoral, magistrodo'ob ti' Tribunal Electoral, directoo'ob general yéetel u keetilo'ob ti' mola'ayo'ob descentralizado'ob, empresa'ob tu'ux u ya'abil taak'ine' jala'ach ts'aamajil, sociedado'ob yéetel asociaciono'ob táakpaja'an ichil yéetel fideicomiso'ob público.

U noj jala'achilo'ob u petenlu'umilo'ob México, diputado'ob localo'ob, magistrado'ob ti' Tribunal Superior de Justicia localo'ob, yéetel, wa k'a'abete', máaxo'ob táakpaja'an bey consejero'ob ti' judicatura locale', chen kun béeytal u beeta'al ti'ob juicio político bey je'ex u ya'alik le artículo je'ela', tu yóok'lal noj nuumsajil tumeen ma' u ts'o'okbesa'al le noj a'almajt'aana' yéetel je'e ba'alak áantaj a'almajt'aaneil federal ken u taas tu paache', ba'ale' beeyxan tu yóok'lal u xu'upul u taak'in kaaj yéetel fondos federalo'ob bey je'ex ma' unaje'e', ba'ale' u tia'al le je'ela' le ba'ax ken u ya'ale' chen tia'al u yójéelta'al ba'ax ku ya'alik yéetel yaan u ts'a'abal u yojéelt' legislatura'ob local tia'al ka' u beeto'ob ba'ax unaj u beetiko'ob tu yóok'lal.

Tia'al u beeta'al u bo'otik u si'ipil le servidor público, yaan u luk'sa'al tu meyaj yéetel u tse'elel u páajtalil u ka'a beetik le meyaja', u k'a'amal tia'al wa ba'ax u láak' mayajil, u k'amik u beetik je'e ba'alak k'uben meyajil tu'ux ku táanalta'al kaaje'.

Tia'al u ts'o'okbesa'al tuláakal le bo'ol si'ipil k'a'abet u k'amik le junxóot' a'almajt'aana', Cámara ti' diputado'ob kun beetik u takpoolil tu táan Cámara ti' Senadoro'ob, ba'ale' yáax táanil yaan u tso'olol ma'alob jaaj yaan si'ipil, u yu'uba'al ba'ax ku káantik le aj meyajo' yéetel je'ets'el tumeen u ya'abil le máako'ob táakpaja'an ti' le Cámara ken u much'uba tia'al u xak'altiko'.

Le ken u yojéelt le takpoolo' Cámara ti' Senadoro'obe', máax ku wa'aka'atikubáa tia'al u jets' bix kun p'áatale', yaan u ya'alik ba'ax yétel ken u bo'ot u si'ipil, ba'ale' u tia'al le je'elo' k'a'abet u táakpajal ka'ajaats ti' tu yóoxjaatsil ti' tuláakal le máaxoob kun táakpajalo'o, lela' yaan u beeta'al tak ken ts'o'okok u beeta'al tuláakal u máanil yéetel u yu'uba'al u t'aan le máax taka'an u poolo'.

Le ba'ax ku ya'ala'al tu yóok'lal yéetel u je'ets'el bix kun p'áatal tumeen le Cámaras ti' Diputado'ob yéetel Senadoro'ob ma'atan u béeytal u k'áatnúukta'al.

Artículo 111. Tia'al u béeytal u máansa'al diputado'ob wa senadoro'ob ti' Congreso de la Unión tu táan justiciae', ministro'ob ti' Suprema Corte de Justicia de la Naciono', magistrado'ob ti' Sala Superior ti' Tribunal Electoral, consejero'ob ti' Judicatura Federal, secretario'ob ti' despacho, diputado'ob ti' Asamblea ti' Distrito Federal, máax jo'olbesik u jala'achil Distrito Federal, Procurador General ti' República yéetel Procurador General ti' Distrito Federal, beeyxan consejero presidente yéetel consejero'ob electoralo'ob ti' consejo general ti' Instituto Federal Electoral, tu yóok'lal u lúubulo'ob ti' jump'éel si'ipilil ka'alikil táan u beetik u meyaje', u ya'abil diputado'ob ti' Cámara yaan u jets'iko'ob wa ku beeta'al u bo'otik u si'ipil le máak taka'an u poolo' wa ma'.

Wa Cámara ku jets'ik ma'atan u beeta'al u bo'otik u si'ipile', ma'atan u béeytal u beeta'al u jeel mixba'al, ba'ale', tu yóok'lal le je'elo' ma' u k'áat u ya'ale'e wa ma'atan u béeytal u k'áata'al ka'a beeta'ak u bo'otik u si'ipil le máak ta'aka'an u pool le ken ts'o'okok u beetik le k'uben meyajo', tumeen ba'ax ku ya'alik Cámarae' ma' u k'áat u ya'ale' wa ma' jaaj yaan u si'ipil máaki'.

Wa tumeen Cámara ku ya'alik jaaj yaan ba'ax óok'lal ku beeta'al le tak poolo', le máako' yaan u k'u'ubul tu k'ab jala'acho'ob máaxo'ob yaan u jets'iko'ob beyka'aj yéetel bix ken u bo'otil, bey je'ex jets'a'anil tumeen a'almajt'aane'.

Waa tu yóok'lal u noj jala'achil u noj méek'táanlu'umil Méxicoe', chen kun béeytal u ta'akal u pool tu táan Cámara ti' Senadoro'ob bey je'ex u ya'alik artículo 110. Wa tumeen ku yúuchul le je'ela', Cámara ti' Senadoro'obe' yaan u jets'iko'ob bix kun p'áatal yéetel le a'almajt'aan penal beeta'an u tia'ale'.

Tia'al ka'a béeyak u máansa'al u jala'achil u petenlu'umilo'ob México tu yóok'lal delito'ob federalo'obe', diputado'ob localo'ob, magistrado'ob ti' Tribunalo'ob Superior ti' Justicia ti' estado'ob yéetel, máaxo'ob táaka'an ichil Consejo ti' Judicatura localo'obe', yaan u beeta'al xan bey je'ex jets'a'anil ichil le artículo je'ela', chen ba'ale' tia'al le beya', u káanta'al jaaj yaane' chen ka'abet tia'al u ts'a'abal u yojéelt le legislatura localo'obo', tia'al ka'a u ts'o'okbeso'ob ba'ax unaj u beetiko'ob tu yóok'lal.

Le ba'ax ken u jets'o'ob Cámara'ob ti' Diputado'ob yéetel senadoro'obe', ti' mixmáak yaan u páajtalil u ya'alik mixba'al tu yóok'lal.

Tia'al u ts'o'okbesa'al u jets't'aanil yaan u beeta'al u bo'otik u si'ipil máax taka'an u poole' yaan u beeta'al u p'atik u meyaj ka'alikil táan u xak'alta'al le takpoolo'. Wa le ken je'ets'ek bix kun p'áatal ku chíikpajal mina'an u si'ipile' letie' je'e u béeytal u suut a ch'a'ajo'olt u meyaje'. Wa le ken je'ets'ek bix kun p'áatal ku chíikpajal jaaj yaan u si'ipil yéetel le je'ela' tu beetaj ka'alikil táan u beetik u k'uben meyaje', ma'atan u béeytal u sa'atsa'al u si'ipil.

Tia'al je'e ba'alak takpoolikl ka'a beeta'ak tu yóok'lal je'e máaxak servidor públicoyle' ma' k'a'abet u ya'alik mixba'al mix jump'éel ti' le camara'obo'.

Tuláakal bo'ol si'ipil penalo'obe' yaan u ts'o'okbesa'al bey je'ex ku ya'alik legislación penale', yéetele' wa le máaka' ka'alikil táan u beetik le ba'ax u yojel yaan u si'ipilil tu ch'a'aj taak'in wa tu beetaj k'aas ti' u ba'alubáa wa máaxe', yaan u kalaanta'al ka' u sut tuláakal le beyka'aj u tojol tuláakal le ba'axo'ob tu beetajo' ba'ale' beeyxan le loobil tu beetaj ka'alikil u beetik ba'ax ma' unajo'o.

Le bajux taak'in ken u bo'oto' ma'atan u béeytal u máan ti' óoxtéen le beyka'aj tu ch'a'ajo', wa ti' le loobil wa k'aas tu beetajo'.

Artículo 112. Le k'iin ku táakpajal juntúul servidor público ichil jump'éel si'ipilil ka'alikil u p'atmaj u meyaj bey je'ex ku ya'alik yáax párrafo ti' artículo 111e', ma' k'a'abet u ya'alik mixba'al Cámara ti' Diputado'ob tia'al u beeta'al u bo'otik u si'ipili'.

Wa le aj meyaj ts'o'ok u ka'a suut u beet le meyaj tu p'ataj wa ts'o'ok u ka'a ts'a'abal u beete wa yéeya'ab u beet jump'éel meyaj jela'an ti' le je'elo', ba'ale' k'a'abet u beeta'al ba'ax ku tsóol a'alik artículo 111e', yaan u ts'o'okbesa'al ba'ax a'ala'an te'e junxéet'a'.

Artículo 113. U a'almajt'aanilo'ob responsabilidades administrativa'ob ti' servidoro'ob púlbicoe' yaan u jets'iko'ob ba'ax jach najmal u beeta'al tia'al u ts'o'okbesa'al yéetel legalidad, honradez, lealtad, imparcialidad yéetel eficiencia tia'al u ts'o'okbesik u le ba'axo'ob kun ts'aabil u beeto', u meyaj, u k'uben meyaj yéetel tuláakal tusbejil; le bo'ol si´ipililo'ob úuchak u ts'a'abal u kuch tu yóok'lal ba'ax ku beetik wa ma' tu beetik, yéetel xan bix kun meyajtbil yéetel máakalmáak jala'achil kun ts'o'okbesik. Le bo'ol si'ipililo'oba', yaan u ts'o'okbesa'al yéetel u beeta'al u majan p'atik le meyaj ts'a'an u beeto', u tse'elel ti' yéetel we'et'el u ka'a k'a'amal u beet jump'éel meyaj ichil u mola'ayil u meyaj jala'ach, ba'ale' beeyxan u bo'otik taak'in, ba'ale' lela' yaan u je'ets'el yéetel beyka'aj taak'in tu ch'a'aj wa beyka'aj u tojol ba'ax tu topaj yéetel xan beyka'aj uchik loobiltik u ba'alubáa jala'ach yéetel u meyaj wa úuchik u p'áatal ma' tu beetik ba'ax ts'a'an u beete, bey je'ex u ya'alik Fracción III ti' artículo 109, ba'ale' ma' unaj a máan ti' óoxtéen ti' le beyka'aj u yutsil tu jóoksajo' wa ti' le loobil yéetel k'aasil tu beetajo'.

U noj mola'ayil u meyaj jala'ache' unaj u táats táanaltik ka'a su'utuk u jeel wa ka'a bo'ota'ak ba'a tu ch'a'aj, tu k'askuunsaj wa tu loobiltaj le aj meyaj ti' u ba'alubáa wa ti' u najmal wíiniko'. Tuláakal wíinik u kajnáalil le Méxicoe' sijnal yéetel u najmalil u bo'ota'al ti' ba'ax loobilta'an ti' bey je'ex, le beyka'aj yéetel le bix jets'a'anil tumeen a'almajt'aano'obe'.

Artículo 114. Tia'al u beeta'al jump'éel juicio político ti' juntúul u aj meyaj jala'ache', chen je'e u béeytal u káajsa'al ka'alikil táan u meyaje' wa tak ichil junja'ab u p'atej. Ba'ale' ma' unaj u cha'abal u máan jump'éel ja'ab k'aajak u xaka'alta'al tak ken beeta'ak u bo'otik u si'ipili'.

Tuláakal loobil ka' u beet wa si'ipilil ka'a yanak ti' juntúul máak ts'a'an u beet jump'éel meyaje', je'e u béeytal u ta'akal u pool tia'al u beeta'al u bo'otike', tak le beyka'aj k'iino'ob unaj bey je'ex jets'a'anil tumeen u a'alamjt'aanilo'ob penal, ba'ax ma'atan u yéemel ti' óoxp'éel ja'ab tumeen le ken máanak le bayka'aj k'iino'obo' ku p'áatal ma'atan u béeytal u beeta'al mixba'al. Ka'alikil le aj meyaj táan u beetik wa máakalmáak ti' le meyajo'ob ku ch'a'achi'itik artículo 111o', ma'atan u béeytal u beeta'al mixba'al tu yóok'lal u si'ipil.

A'almajt'aano'ob kun jets'ik beyaka'aj si'ipilil administrativo yaan ti' juntúul aj meyaj, tu yóok'lal ba'ax meyajil ku beetik yéetel ba'ax loobil ku taasik ba'ax tu beetaj wa ma' tu beetaj ichil u meyaj, bey je'ex ch'a'achi'ita'anil tumeen fracción III ti' artículo 109. Wa le ba'x tu beetaj wa ma' tu beetaj jach nojoch u si'ipilo'o, yaan tak óoxp'éel ja'ab tia'al u beeta'al u bo'otik u si'ipil.

Título quinto
Tu yóok'lal petenlu'umilo'ob yéetel Distrito Federal

Artículo 115. Tuláakal u petenlu'umilo'ob Méxicoe' yaan u bisik u jala'achil yéetel régimen republicano, representativo, popular, yéetel u chuun u jatsik u kaajilo'ob tia'al u méektanjala'achil yéetel u tsolik u meyaj ti' méekt'ankaajo'ob bey municipio libre, bey je'ex ku je'ets'ela':

I. Tuláakal méek'táankaaje' yaan u jo'olbesa'al tumeen jump'éel ayuntamiento kun yéeybil ich kaaj, tu'ux kun táakpajal juntúul presidente municipal yéetel le jaytúul regidoro'ob yéetel síndico'ob kun jets'bil tumeen le a'almajt'aano'. Tuláakal ba'ax ku ya'alik le noj a'almajt'aan unaj u beetik u jala'achil jump'éel méek'táankaaje' yaan u ts'o'okbesa'al jach chen tumeen ayuntamiento yéetel ma'atan u yantal mix juntúul u láak' jala'ach chúumuk ti' leti' yéetel u noj jala'achil u petenlu'ummil.

Tuláakal u noj jala'achil jump'éel méek'táankaaj, regidoro'ob yéetel síndico'ob kun páaykunsbilo'ob juntaats' ichil jump'éel yéeytáambale', ma'atan u béeytal u ka'a yéeya'alo'ob tia'al u ka'a okol u beeto'ob le meyaj bey jach jóok'ol ku beetiko'obo'. Je'e máaxak ka' yéeya'ak wa ka'a ts'a'abak tumeen wa máax jala'achil tia'al u beet wa máakalmáak ti' le meyajo'oba', je'e bixak ka' u k'aaba'te', ma'atan u béeytal u ka'a yéeya'al u beet bey jach táan u ts'o'okol le yáax k'ubeenta'an u beeto'. Tuláakal le máako'ob ts'o'ok u cha'achi'ita'al wa ku ts'a'abalo'ob bey propietario, ma'atan u béeytal u yéeya'al u beet u suplenteil tia'al le jala'achil ku taal tu paacho', ba'ale' le ku meyajo'ob bey suplenteo' je'e u béeytal u yéeya'al tia'al u beet u propietarioil tia'al le jala'achil ku taal tu paach le tu'ux yaano'.

U najilo'ob u pa'ajo'olta'al u meyaj jala'ach tu petenlu'umilo'ob Méxicoe', wa tumeen bey ku jets'ik ka'ajaats ti' tu yóox jaatsilo'obe', je'e u béeytal u tselik u jala'achil tu báankabil jump'éel ayuntamientoe', u ts'aak ojéeltbil luksa'an u jala'achilo'ob yéetel u tselik wa u luk'sik u ju'un wa máakalmáak ti' le máaxo'ob táaka'an ichilo', wa tumeen ku beetiko'ob jump'éel noj si'ipil bey je'ex le jets'a'ano'on ichil u a'almajt'aanil méek'táankaajo', ba'ale' yaax yaan u ts'a'abal u páajtalil ti' le máaxo'ob táaka'an ichilo', u ye'esiko'ob wa u ya'aliko'ob wa jaaj wa ma' jaaj le si'ipil ku ya'ala'al tu beeto'obo', tumeen bey jets'a'anil ich a'almajt'aabo'ob.

Wa juntúul ti' le máaxo'ob táakpaja'an ku p'atik u meyajo', yaan u yokol u suplente tu jeel, wa ku beeta'al le ba'ax jets'a'an ichil a'almajt'aano'obo'.

Wa ku je'ets'el mina'an u jala'achil jump'éel ayuntamiento, beeyxan wa ku p'atiko'ob wa ku mina'antal u ya'abil máaxo'ob unaj u beetike', beeyxan wa tu yóok'lal u ts'o'okbesa'al a'almajt'aan ma'atan u béeytal u k'am u jala'achjilo'ob le suplente'ob mix xan tu béeytal u jel beeta'al le yéeytáambalo', u noj najil tu'ux ku pa'ajo'olta'al u meyaj jala'ache' yaan k'ubeentik ti' junjaats u kajnáalilo'ob le kaajo' jump'éel Consejo Municipal tia'al u ts'o'okes; ichil le consejoa' yaan u táakpajal le jaytúul máako'ob kun jets'bil tumeen le a'almajt'aano', ba'ale' k'a'abet u jets'ik bix u yuumilo'ob ku béeytal u yéeya'alo'ob u tia'al;

II. Le méekt'aankaajo'obo' yaan u ts'a'abal u personalidad jurídica yéetel leti'ob kun ts'o'okol u t'aan tu yóok'ol u ba'aluba'ob bey je'ex jets'a'abil tumeen a'almajt'aane'.

Le méek'táankaajo'obo' yaan u páajtalil ti'ob u jóok'sik, bey je'ex jets'a'anil tumeen u a'almajt'aanilo'ob unaj u jóoksa'al tumeen u legislaturail u petenlu'umile', u t'aanil bix kun meyaj policía yéetel bix ken u bis u jala'achilo'ob, u áantaj a'almajt'aanil, k'ubent'aanil yéetel tuláakal disposiciono'ob administrativo jach k'a'ana'a u ts'o'okbesa'al ichil tak tu'ux ku náakal u meyaj, tia'al u nu'ukbes bix unaj u meyaj, u jets' ba'axo'ob, bixi', ba'x meyajil yéetel áantajil unaj u táanaltik yéetel bix ken u beet u táakpajal kaaj ichil.

U beelal le a'almajtaano'ob ku ch'a'achi'itala'al te'e junxóot'a':

a) U tsóolnu'ukilo'ob bix kun meyaj le administración pública municipalo' yéetel bix kun meyajtbil u taak'inil, ba'ale' beeyxan bixo'ob je'e u béeytal u beetik máak takpoolil, yéetel ba'axo'ob kúuchil yaan tia'al u je'ets'el bix kun páatal le takpoolil kun yantal ichil le ayuntamiento yéetel u kajnáalilo'obo', ba'ale' yaan u kalaanta'al u ts'o'okbesa'al yéetel igualdad, publicidad audiencia yéetel legalidad;

b) Ti' tuláakal ba'alo'ob tu'ux k'a'abet u mokt'aan ka'a jaats ti' tu yóoxjaatsil máaxo'ob jo'olbesik ayuntamiento tia'al u jets'ik bix kun p'áatal loobilo'ob que beeta'al tu yóok'ol u ba'alubáa wa tia'al u beeto'ob péektsilil wa mokt'aano'ob ka' u jets' u t'aanil jump'éel meyaj yaan u máan u xáantal ti' le ja'abo'ob kun xáantal u meyaj le ayuntamiento.

c) Tuláakal áantaj a'almajt'aan tia'al u nu'ukt bix kun beetbil mokt'aano'ob ku ch'a'achi'ita'al ichil fraciono'ob III yéetel IV ti' le junxóot'a', ba'ale' beeyxan ti' Fracción VII ti' artículo 116 ti' a'almaj'taana';

d) Tuláakal u tsolt'aanil chen bixi yéetel ba'ax óo'lal úuchak u yokol u noj jala'achil u petenlu'umil u beet jump'éel meyaj wa áantaj meyaj ichil le méek'táankaajo', le k'iin kex mina'an u mokt'aanil beeta'ane', legislatura estatale' ku tukultik le municipio mina'an ti' u páajtalil u beetik wa ts'áak; ba'ale' tia'al u béeytale', k'a'abet u je'ets'el tumeen ka'a jaats ti' u yóoxjaatsil le máaxo'ob jo'olbesiko', k'a'a káata'ak; yéetel

e) Tuláakal tsóolnu'uko'ob k'a'abet tia'al le ayuntamiento'ob ma'atech u jóok'siko'ob bando'ob wa áantaj a'almajt'aano'obo'.

U najilo'ob u pa'ajo'olta'al u meyaj jala'ache' yaan u jóok'siko'ob áantaj tsolnu'uko'ob kun jets'ik bix kun jets'bil tuláakal k'éexóolal kun yantal ichil jump'éel municipio yéetel u noj jala'achil u noj petenlu'umile', wa ichil méekt'ankaajo'ob tu yóok'lal u meyajo'ob ch'a'achi'ita'an te'ej inciso'ob c) yéetel d) yaan ka'anala';

III. Méek'táakajo'obe' leti'ob kun beetik le meyajo'oba' yéetel kun tsáko'ob ke ántajo'oba':

a) Agua potable, drenaje, alcantarillado, u meyajta'al yéetel u líik'sa'al ée'ek'ja'ob;

b) A sáasilkuunsa'al ich kaaj;

c) U míista'al, u mo'olol, u bisa'al yéetel tu'ux kun ts'aabil ta'amíis;

d) U kúuchil koonol yéetel ma'an.

e) U kúuchil muknal.

f) U kúuchil u kiinsa'al ba'alche'ob.

g) U bejilo'ob ich kaaj, kíiwiko'ob, jardino'ob yéetel tuláakal u un'ukulil;

h) U kalaanta'al kaaj, bey je'ex jets'a'anil ichil artículo 21 ti' le a'almajt'aana', aj kanankaajo'ob, policía de tránsito; yéetel

i) Tuláakal u láak' kun jets'bil tumeen le legislatura localo'ob tu yóok'lal bix u lu'umil yéetel beyka'aj óotsilil wa ayik'alil jump'éel kaaj, ba'ale' beeyxan tu yóok'lal u páajtalil yéetel bix yanil ti' u taak'inil tia'al u beetik u meyaj.

Ka'alikil u kalaanta'al u najmal jets'a'an ichil le a'almajt'aano' tu yóok'lal u beetik u meyaj wa u ts'áak le áantajo', le ayuntamiento yaan u ts'o'okbesiko'ob tuláakal ba'ax jets'a'an ichil a'almajt'aa federalo'ob yéetel estatalo'ob.

Le méektáankaajo'ob wa bey ku je'ets'el tumeen u ayuntamiento'obo', úuchak u béeytal u múul meyajo'ob wa u yáantikuba'ob tia'al u ma'alob ts'o'okbesik u beelalo'ob. Tia'al u much'ikubáa u méek'táankaajilo'ob ka'ap'éel wa u láak' petenlu'umo'obe', ka'abet u éejenta'alti'ob tumeen u legislatura'ob. Beeytun xan wa le ayuntamiento ku jets'ik k'a'abet u beetik mokt'aan yéetel u petenlu'umil tia'al ka' okok, wa leti' wa u jeel máax ken u t'an najan beetik, chen tia'al wa jayp'éel k'iin u meyaj, wa u múul ts'aa áantaj wa u múul beeto'ob meyaj etado yéetel le municipioo';

Tuláakal máasewal kaaj ichil jump'éel méek'táankaaje', úuchak u béeytal u múul meyaj wa u much'ikuba'ob bey je'ex ku ya'alik yéetel u tia'al le ba'ax jets'a'an tumeen le a'almajt'aano'obo'.

IV. Méek'táankajo'obe' u ka'akajo'ob u meyajto'ob u taak'in, ba'ax kun taal ti' bix u meyajtik tuláakal u ba'alubáa, ba'ale' beeyxan yéetel le kun ts'aabilti'ob tumeen legislatura'ob, wa ken u kaxto'ob táanxelilo', yéetel xan:

a) Yaan u moliko'ob patam, tak le ken u taas u na'aksa'al le bo'ol patanil tu yóok'lal najo'ob wa lu'umo'obo', tu yóok'lal u beeta'al najo'ob, u bu'ujul lu'um, consolidación, u su'utul jump'éel naj tu k'aaba' u jeel yuumil wa u ma'alobkuunsa'al, ba'ale' beeyxan wa chen ku ko'ojtal u tojol jump'éel naj.

Jump'éel méekt'aankaaje' je'e u béeytal u beetik mokt'aan yéetel u petenlu'umile' tia'al ka' okok le u ts'ooka', u áantajbeet wa máakalmáak ti' u meeyjul u mo'olol patan.

b) Tuláakal taak'in federal kun túuxtbil tumeen Federación ti' méekt'aankaajo'ob le bix jets'a'anile' yéetel le beyka'aj yéetel ba'axk'in jets'a'an ja'abmanja'ab tumeen legislatura'ob estatale'.

c) Tuláakal taak'in kun okol tu yóok'lal u beetik meyajo'ob.

A'almajt'aan federalo'obe' ma'atan u xulik ti' petenlu'umo'ob tak beyka'aj unaj patan unaj u k'áatik ti' kaaj ch'a'achu'ita'an ichil inciso a) yéetel c), ba'ale' ma'atan xan u béeytal u ya'alik ma' u bo'ol wa máax. A'almajt'aan estatalo'ob kun jets'ik máax ma'atan u bo'otik patan wa u ts'áak áantaj ti' chen wíinik wa ti' mola'ayil yéetel u taak'inil patan. Chen ma'atan u bo'otik patan tuláakal u ba'aluba federación, estado'ob wa municipio, chen ja'alil wa le ba'alo'oba' táan u meyaj ti' entidades paraestatalo'ob wa tumeen che kajnáalo'ob, je'e ba'alak óok'lale', tia'al wa ba'ax jela'an ti' le pata'anilo'.

Ayuntamiento'ob, tak le tu'ux ku náakal u meyajo'obe', yaan u ts'áak u yojéelt legislatura'ob tak bajux patan unaj u bo'ota'al tu yóok'lal derecho'ob, contribuciono'ob tia'al mejoras yéetel u tablas de velores unitarios de suelo yéetel u beeta'al naj tu'ux kun cha'a'bil u p'iis tia'al u beeta'al u bo'ota'al patan tu yóok'lal najo'ob.

U legislaturailo'ob petenlu'umile' yaan u jets'iko'ob u a'almajt'aanil tu'ux kun taal u taak'in méek'táankaajo'ob, yaan u xak'altiko'ob yéetel u kalantiko'ob ka'a meyajnak ma'alob. U ts'óolts'íibil bajux kun xuupe' yaan u je'ets'el tumee n le ayuntamiento'obo', tu yóok'lal beyka'aj taak'in ku k'amik, yéetel k'a'abet u táakbesik ichil, u tsóolts'íibil bajux ken u náajalt tuláakal máax kun meyaji', tia'al le je'elo' yaan u yilik ba'ax ku ya'alik artículo 127 ti' le noj a'almajt'aana'.

Le taak'in yaan ti' hacienda municipalo', ayuntamiento kun xupik juntaats', wa le máax ken u ts'áa ti' u páajtalile'.

V. Municipio'obe', bey je'ex jets'a'anil tumeen a'almajt'aane', yaan u páajtalil ti'ob:

a) U tsolik, u jets'ik yéetel u p'elik tu'ux yéetel bix ken u meyajtil desarrollo urbano municipal;

b) U táakpajal tia'al u je'ets'el yéetel u meyajta'al reservas territorialo'ob;

c) Yaan u táakpajal ichil u je'ets'el bix kun táanaltbil u mu'uk'a'ankuunsa'al u súutpaach, ba'axo'ob k'a'abet u núupul yéetel plan de desarrollo estatal. Le k'iin ken beeta'ak u tsóolts'íibil desarrollo regional tumeen Federación yéetel petenlu'umo'obe', yaan u kaalantik u táakpajal municipio'ob ichil.

d) U ts'áak upáajtalil, u ya'alik ma'alobil wa ma' yéetel u kalaantikbixuk'a'abeetkuunsa'allu'umichilu méek'táanlu'umil, ti' le ba'ax u meyaje';

e) U nu'uktik bix u tia'alinta'al u lu'umil noj kaaj;

f) U ts'áak u ju'unil u páajtal u beeta'al najo'ob;

g) U táakpajal ichil u páaykunsa'al yéetel u administrarta'al lu'umo'ob tia'al reserva ecológica yéetel u beeta'al beeyxan u ts'o'okbesa'al u tsóolnu'ukil ordenamiento ecológico;

h) U táakpajal tia'al u tsóolts'íibta'al u programail transporte público ti' máako'ob le k'iin ku yokolo'ob meyaje'e; yéetel

i) U beetik mokt'aano'ob tia'al u meyajta'al yéetel u kalaanta'al lu'umo'ob federalo'ob.

Tia'al tu'ux k'a'abete' yéetel le bix ku je'ets'el tumeen u yóox xóot' artículo 127 ti' le noj a'almajt'aana', yaan u beetik tuláakal le tsóolnu'ukts'íibo'ob k'a'abete';

VI. Le k'iin ka'ap'éel wa u láak' méek'táankaajo'ob ti' ka'ap'éel wa máanja'an ti' petenlu'umilo'ob ku bin u núupulo'ob tia'al u pa'te'chajal u kaajilo'obe', Federación, petenlu'umo'ob yéetel le méek'táankajo'ob táakpaja'ano'obe', tak le tu'ux ku náakal u meyajo'obe' yaan u múul jets'iko'ob yéetel u múul nu'uktiko'ob u táakmuk'ta'al le kaajo'obo', bey je'ex ku ya'alik a'almajt'aan federal tu yóok'lale'.

VII. Policía preventivae' yaan u meyaj yáanal u t'aan u noj jala'chil méek'táankaaj bey je'ex jets'a'anil ichil u a'almajt'aanil seguridad pública ti' le petenlu'umo'. Lela' yaan u ts'o'okbesik u t'aan u noj jala'achil petenlu'umil le k'iin ken ila'ak yaan jump'éel noj loobil wa x-wo'okinil ku jobik u kuxtal kaaje'.

Yáanal u t'aan u noj jala'achil México kun yu a'almajt'aanilo'ob petenlu'ume' yaan u kalaantiko'ob ka'a yanak representación proporcional le ken yéeya'ak ayuntamiento'ob ti' tuláakal méek'táankaajo'ob.

Tuláakal ba'ax yaan u yila'a yéetel meyaj ichil municipio yéetel u aj meyajo'obe', yaan u ts'o'okbesa'al yéetel le a'almajt'aan ken u jóok'es u legislaturail le petenlu'umo'ob yéetel le ba'ax jets'a'an te'ej artículo 123 ti' le noj a'almajt'aana', ba'ale' beeyxan le ba'ax yaan ichil u tsóolnu'ukt'aanilo'obe'.

IX. Luk'sa'an.

X. Luk'sa'an.

Artículo 116. Le poder público ti' le petenlu'umo'ob tia'al u meyajo' yaan u táanjatspajal bey Ejecutivo, Legislativo yéetel

Judicial, ba'ale' ma'atan u béeytal u poolinta'al ka'ap'éel wa tu yóoxp'éelal tumeen chen juntúulili' máak wa mola'ayil, mix u beeta'al legislativo tumeen chen juntúul máak.

Le podero'ob ti' petenlu'umilo'obo' yaan u tsolikuba'ob bey je'ex jets'a'anil tumeen u noj a'almajt'aanil jujump'éelile', ba'ale' bey je'ex u tso'olola':

I. U noj jala'achil le petenlu'umilo'obo' ma'atan u béeytal u máan ti' wak ja'abo'ob te'ej k'uben meyaja'.

U yéeya'al u noj jala'achilo'ob yéetel legislatura'ob ti' petenlu'umo'obe' yaan u beeta'al juntaats, bey je'ex u ya'alik u áantaj a'almajt'aanilo'obe'.

Máax ku beetik u noj jala'achil ti' jump'éel petenlu'um ku páaybesa'al ich yéeytáambal populare', tu yáax wa tu ka'atéen u beeta'ale', jumpuli' ma'atan u béeytal u ka'a ts'a'abal u beet le meyaj je'ela', mix chen tu jeel máax tu p'ataj u beetik u jala'achil, mix chen u majan beete', tia'al u ts'o'okes jumpuul jala'achil wa chen ka'a majan p'a'taki'.

Jumpuli' ma'atan u béeytal u jáan ka'a ts'a'abal wa táanili' u p'atike':

a) Tuláakal noj jala'ach constitucional ti' petenlu'umo'ob, wa kex chen ku ts'a'abal tia'al u ts'o'okes jumpuul jala'achil wa ku mina'antal máax ts'a'an beetik constitucionalmenteo', kex yaanal bix ka'a k'aaba'ta'ak.

b) Juntúul noj jala'ach ku ts'a'abal tu jeel máax tu p'ataj, ku chen majan ts'a'abal, wa je'e máaxak ka'a majan ts'a'abak tu jeel je'e jaytéen ka'a jáan mina'anchajak jala'ache', je'e bixak ka' u k'aaba'te', ba'ale' wa ku beetik le meyaj tu ts'ook ka'ap'éel ja'abo'.

Chen ku béeytal u beetik u noj jala'achil constitucional ti' jump'éel petenlu'ume', juntúul máak chíimpolta'an sijnalil bey Mexicanoe', sijnal te'ej petenlu'umil tu'ux ku yéeya'alo', wa kajlaj tu ts'ook jo'op'éel ja'abo'ob ma'ayli' úuchuk le yéeytáambalo'o, yéetel k'a'abet ts'o'ok lajun tu ka'ak'aal u ja'abilo'ob le ken úuchuk le yéeytáambalo', wa tak ma' u chuk ti', wa tumeen bey ku jets'ik u a'almajt'aanil le petenlu'umilo'.

II. Le jaytúul máak ken u beet diputadoilo' yaan u je'ets'el tu yóok'lal jaytúul máak kaja'an te'ej petenlu'umo'; ba'ale' jumpuli' ma'atan u béeytal u yéemel ti' uktúul ti' jump'éel petenlu'umil wa tumeen ma' k'ucha'an 400 mil u kajnáalilo'obi'; bolon u túulal le tu'ux ma' máanja'an ti' 800 mil u kajnáalilo'obe' yéetel junlajun wa máanja'an ti' le beyka'aja'.

Mix juntúul diputado ti' u legislaturail petenlu'umo'ob ku béeytal u jáan ka'a ts'a'abal u beet le meyaj wa jach pa'tbil u beetiko'. Tuláakal diputado suplente je'e u béeytal u yéeysa'al tia'al p'áatal bey propietarioil tia'al le ku taal tu paach le ku ts'o'oksik chen bey suplenteo', ba'ale' ka'abet mix juntéen ook meyaj tu jeel máax yéeya'abi, ba'ale' diputado'ob propietarioe' ma'atan u béeytal u ts'a'abal u beet u suplenteil bey jach táan u xu'ulul u beetik u propietarioilo'.

Tuláakal legilatura'ob locale' yaan u beeta'al yéetel diputado'ob yéeya'ano'ob yéetel mayoría relativa beeyxan yéetel representación proporcional, bey je'ex jets'a'anil tumeen u a'almajt'aanilo'obe';

Ti' u najil u pa'ajo'olta'al u meyaj jala'ach yaan u páajtalil u jets'el bajux taak'in kun meyaj ti' jala'ach. Tia'al u je'ets'el bajux ken u náajalt u aj meyajilo'ob jala'ache' yaan u beeta'al bey je'ex ku ya'alik artículo 127 ti' le noj a'almajt'aana'.

U mola'ayilo'ob Legislativo, Ejecutivo yéetel Judiciale', beeyxan le mola'ayo'ob chíimpolta'an u autonomía tu noj a'almajt'aanil u petenlu'umilo', k'a'abet u táakbesik ichil u tsóolts'íibil bajux ken u xupe', u tsóolts'íibil xan bajux ku ya'alik unaj u náajaltik juntúulil u aj meyajilo'ob. Le tsóolts'íibo'oba' unaj u beeta'al bey je'ex u ya'alik u nu'uk'taj ts'íibil tia'al u je'ets'el bajux taak'in k'a'abet tia'al u meyaj u jala'achil petenlu'umo'obe', yéetel xan bey je'ex u jets'ik a'almajt'aano'ob yéetel áantaj a'almajt'aano'ob k'a'abete'.

Tuláakal Legislatura'ob ti' petenlu'umo'obe' yaan u beetiko'ob mola'ayo'ob tia'al fiscalizacion, máaxo'ob yaan u ts'a'abal u autonomía técnica yéetel tia'al u meyaj, ka'alikil u ts'o'omkbesi u beelal, ba'ale' beeyxan u páajtalil tia'al u jets'ik bix ken u tsolikuba'ob, bey je'ex kun jets'bil tumeen u áantaj a'almajt'aanile'. U meyaj tia'al u xak'altik bix u bin u meyajta'al u taak'in kaaj tumeen le mola'ayo'obo' yaan u beeta'al yéetel principios de pesteridad, anualidad, legalidad, imparcialidad yéetel confiabilidad.

Le máax kun jo'olbesik u mola'ayilo'ob fiscalización ti' u petenlu'umilo'ob Méxicoe' yaan u yéeya'al tumeen ka'ajaats ti' tu yóoxjaatsil le diputado'ob kun kula'antalo', yéetel yaan u máan ukja'abo'ob táan u beetiko'ob le meyaja', yéetel k'a'abet ts'o'ok jo'op'éel ja'ab káajak u meyajtik control, auditoría financiera yéetel ti' responsabilidado'ob.

III. U Poder Judicial ti' petenlu'umo'obe' yaan u meyajta'al tumeen tribunalo'ob kun jets'bil tumeen u a'almajt'aanilo'ob.

U páajtalil u meyaj jumpáayil le magistrado'ob yéetel juezo'ob tia'al u ts'o'okbesik u beelalo'obo' k'a'abet u je'ets'el u najmalil ichil u noj a'almajt'aanil petenlu'umo'ob yéetel xan ichil u áantaj a'almajt'aanilo'ob bix kun meyaj, ba'axo'ob kun jets'ik bix kun okol, kun kaambal yéetel kun p'áatal le máaxo'ob kun meyaj ti' le Poder Judicialo'ob te'ej petenlu'umo'obo'.

Le magistrado'ob kun meyaj te'ej Poder Judicial localo'obo', k'a'abet bey u yuumilo'ob je'ex le ku ch'a'achi'it'a'al tumeen fracciono'ob I tak V ti' artículo 95 ti' le noj a'almajt'aana'. Ma'atan u béeytal u beetik u magistradoil máako'ob ts'o'ok u yáax meyajo'ob bey secretarioe' wa jump'éel ba'al oli' beyo', procurador tia'al justicia wa diputado local, tu petenlu'umo'ob, ichil le u ts'ook ja'abo'.

Tia'al u ts'a'abal máak u beet u magistradoil wa u juezil ichil le Poder Judicialo'ob localo', yaan u yéeya'alo'ob yáax táanil ichil máako'ob ts'o'ok u yáax e'esik no'oja'an yéetel yaan u yóolo'ob meyaj tia'al u beeta'al justicia, ba'ale' beeyxan wa ku najmaltik tu yóok'lal u nojbe'enil, u péeka'anil u yóol u beete yéetel tumeen ka'jóola'an u meyaj ti' u láak' tu'ux profesión jurídica.

Magistrado'obe' yaan u xáantalo'ob te'ej k'uben meyaja' *(sic)* le jayp'éel ja'abo'ob ku jets'ik a'almajt'aano'ob locale', je'e u béeytal u ka'a ts'a'abal u beeto'obe', ba'ale' wa ku ka'a ts'a'abalo'obe', chen yaan u béeytal u luk'sa'alo'ob bey je'ex ken u ya'alik noj a'almajt'aano'obe' yéetel u áantaj a'almajt'aanil ba'ax u beelal u aj meyajilo'ob u mola'ayil petenlu'umo'ob.

Le magistrado'ob yéetel juezo'obo' yaan u k'amiko'ob ma'alob bo'olilo'ob yéetel ma'atan u béeytal u luk'sa'alti'ob, mixtáan xan u béeytal u yéensa'al ka'alikil táan u beetik le k'uben meyaja'.

IV. U a'almajt'aanilo'ob yéetel u áantaj a'almajt'aanilo'ob petenlu'umo'ob tu yóok'lal yéeytáambale' yaan u beetik u ts'o'okbesa'al:

a) U yéeya'al noj jala'acho'ob, máaxo'ob ken u beet u legisladoril localo'ob yéetel máaxo'ob kun jo'olbesik ayuntamiento'ob, kun beetbil ichil noj yéeytáambalil, libre, secreto yéetel directo; ku ts'o'okole yaan u beeta'al chen tu yáax domingo tu winalil julio. Le méek'táankaajo'ob ken u beeto'ob yéeytáambal ti' jump'éel ja'ab tu'ux kun beetbil xan yéeytáamabal federal ba'ale' ma'a jach jump'éelili' u k'iinilo'obe', mixba'al yaan u yila'a yéetel le nu'uktaja';

b) Tia'al u ts'o'okbesa'al le yéeytáambalo' ken u beet u jo'olpo'opilo'ob yéeytáambalo', k'a'abet u beeta'al yéetel u le nu'uktajo'ob jets'a'an bey jaajil, imparcialidad, independencia, legalidad yéetel objetividad;

c) Le jala'acho'ob kun páatal tu k'abo'ob u jo'olbesik le yéeytáambalo'ob yéetel le jurisdiccionalo'ob kun jets'ik bix kun p'áatal kéex óolalo'ob ken u taaso', k'a'abet u béeytal u ts'o'okbesik u meyajo'ob jumpáayil yéetel u jets'iko'ob tuláakal tu juunalo'ob;

d) U jo'olpo'opilo'ob yéeytáambal administrativoe' je'e u béeytal u beetiko'ob mokt'aan yéetel Instituto Federal Electoral ka'a u ch'a'a tu k'ab u jo'olbesik yéeytáambalo'ob locale';

e) Le u mola'ayilo'ob político chen kun béeytal u beeta'al tumeen kajnáalo'ob ma' táakpaja'ano'ob ichil u láak' mola'ayo'ob gremialo'obi', wa yaanal ba'ax u beelalo'ob yéetel ma'atech u much'iko'ob máak tia'al u jeel ba'al. Ba'ale' beeyxan wa chíimpolta'an u páajtalilo'ob u k'áatik ka'a ts'a'abak u ju'unil ikil u chíimpolta'al máaxo'ob ken u ts'á'ob ketlam ichil yéeytáambalil popular, ba'ale' ma' bey je'ex jets'a'anil ichil artículo 2. apartado A. Fracciono'ob III yéetel VII ti' le noj a'almajt'aana';

f) U jo'olpo'opilo'ob yéeytáambale' chen yaan u páajtalil u táakpajalo'ob ichil ba'ax yaan u yila'a yéetel partido'ob jach chen ti' le ba'ax ku káanta'al tumeen:

g) Meyajtik lal beetchajal méek'táa, nkajo'obo'.jóol tak u xáantalo'ob buluk ts'a'abal il o wa bey encargado de despachoe' fuerza pública je'e tu'uxak ka'a yanake' jumpuli' wa chen tia'al wa jayp'éel k'iine'. Láayli xan bey kun jets'bil bix kun beetbil tia'al u kaxanta'al tu'ux kun ts'aabil u ba'alubáa yéetel u yaala' u taak'in le partido'ob ma'atan u béeytal u p'áatalo'ob yéetel u registróo'.

h) Ka'a je'ets'ek tak beyka'aj taak'in kun ts'aabil ti' le partido político'obo' tia'al u precampaña'ob yéetel campaña electoralo'ob', yéetel xan tak beyka'aj taak'in úuchak u béeytal u k'amiko'ob ti' máax tak'pachtiko'ob, ba'ale' tuláakale' ma' unaj u máan ti' u diez por ciento ti' tuláakal le beyka'aj unaj u xupik tia'al le campañae' kun beetbil tia'al u yéeya'al gobernadoro'; bix kun beetbil tia'al u kalaanta'al tu'ux ku taal yéetel bix kun k'a'abetkuunsbil le taak'ino'ob kun yantal ti' le partido político'obo'; yéetel xan u je'ets'el bix kun beetbil u bo'otik u si'ipil máax ma'atan u ts'o'okbesik ba'ax kun a'albil ichil u tsóolnu'uktajt'aanilo'ob.

i) Ka'a táakpajak partido'ob político'ob ti' radio yéetel televisión, bey je'ex jets'a'anil ichil u tsóolnu'ukilo'ob ts'íibta'an te'ej apartado b ti' base III ti' artículo 41 ti' le a'almajt'aana';

j) U je'ets'el bix najmal u beeta'al campaña yéetel precampaña tia'al yéeytáambalo'ob ichil partido político'ob, yéetel xan bix unaj u bo'otik u si'ipil máax ma'aten u ts'o'okbese. Je'e ba'alak k'iine' le campaña tia'al u yéeya'al u noj jala'achil jump'éel petenlu'umilo' ma' unaj u máan ti' noventa k'iino'obi', ba'ale' wa tia'al u yéeya'al diputado'ob local yéetel ayuntamientobe', ma'atan u béeytal u máan ti' óoxk'aal k'iino'ob; le precampaña'obo' ma' unaj u máan ti' ka'ajaats' ti' tu yóoxjaats la campañao';

k) Yaan u beeta'al u tsóolnu'ukilo'ob jach najmal u chíimpolta'al tia'al ka'a béeyak u múul meyaj Instituto Federal Electoral yéetel u jala'achilo'ob yéeytáambal localo'ob tia'al u béeytal u xak'alta'al bix u bin u xuup le partido político'obo', bey je'ex jets'a'anil ichil u ts'ook ka'axóot' u tsóolts'iibil base v ti' le artículo 41 ti' le a'almajt'aana';

l) Ka'a je'ets'ek junjaats tsóolnu'uktajo'ob tia'al bix úuchak u ya'ala'al wa ma' ma'alob beeta'abiki' yéetel bix u je'ets'el bix unaj u p'áatal yéeytáambalo'ob, ba'ale' ka'a ts'o'okbesa'ak yéetel legalidad. Ba'ale' beeyxan ka'a tukulta'ab bix kun beetbil wa ku k'a'abetchajal, ichil ámbito administrativo yéetel jurisdiccionalo'ob, u jel xo'okol tuláakal wa chen junjaats ti' le voto'obo';

m) Ka'a je'ets'ek ba'axo'ob óok'lal kun k'a'abetachajal u ya'ala'al ma' k'ambe'en bix úuchik u yéeya'al u noj jala'achil, diputado'ob localo'ob yéetel ayuntamiento'obi', yéetel xan beyka'aj k'iino'ob yaan ti' máak tia'al u ye'esik ba'axen ku ya'alik ma' k'ambe'eni', ba'ale' ka'alikil u chíimpolta'al principio de definitividad ti' tuláakal u súutukilo'ob u beeta'al yéeytáambal, yéetel

n) Ka'a je'ets'ek ba'axo'ob si'ipilil yaan u cha'a'abal bey ba'al yaan u bo'olil tu yóok'lal yéeytáambale' yéetel xan beyka'aj u bo'olil.

V. U a'almajt'aanilo'ob yéetel u áantaj a'almajt'aanilo'ob petenlu'umo'obe' yaan u páajtalil ti'ob u beetiko'ob tribunalo'ob ti' contencioso-administrativo, máaxo'ob kun ts'áabil u páajtalil u meyaj tu juunal tia'al u káantik u t'aan tu yóok'lal, ka'a p'a'atak tu k'ab u jets'ik bix kun p'áatal tuláakal k'éex óolal kun yantal ichil administración pública estatal yéetel chen kajnáalo'ob, yéetel xan ka' u beet tu juunal u tsóolnu'ukilo'ob bix k'a'ana'an u tsolikuba'ob tia'al u meyaj, bix kun meyaj yéetel chen bix úuchak u kúulpacht'anta'al ba'ax ku jets'ik.

VI. Tia'al u na'ata'al je'e ba'alak tu yóok'lal bix ken u bisilubáa estado'ob yéetel u aj meyajo'ob tu yóok'lal le meyajilo', yaan u k'a'abetkuunsa'al le a'almajt'aano'ob ken u jóok'es legislatura ti' le petenlu'umilo'obo', ba'ale' u tia'al le je'elo' yaan u k'a'abetkuunsa'al ba'ax ku ya'alik artículo 123 ti' le u noj a'almajt'aanil Estados Unidos Mexicanosa' yéetel u áantaj a'almajt'aanilo'ob.

VII. Federacion yéetel petenlu'umo'obe', bey je'ex ku ya'alik a'almajt'aano'obe', je'e u béeytal u beetiko'ob mokt'aan tia'al u p'áatal tu k'ab jump'éel wa u jeele', u ts'o'okbesa'al u meyaj, u beetik wa ba'ax wa u ts'áak áantaj ti' kaaj, le k'iin bey ku k'a'abeetchajal tia'al u táakmuk'ta'al desarrllo económico yéetel sociale'.

Petenlu'umo'obe' ts'a'anti'ob u páajtalil u beetik le mokt'aano'ob yéetel u méek'táankaajilo'obo', tia'al ka'a páatak u p'áatal tu k'ab méekt'aankaajo'ob u beetik le meyajo'ob tia'al le kaajo' wa tia'al u beetik tuláakal le ba'ax ku ch'a'achi'itik le junxóot' ts'íib yaan yóok'ol le je'ela'.

Artículo 117. Méek'táankaajo'obe' jumpuli' ma'atan u béeytal:

I. U much'ikubáa, u beetik mokt'aan wa u yakantáantikubáa yéetel u láak' petenlu'umil mix yéetel jump'éel potencia extranjera;

II. Luk'sa'an.

III. U beetik jump'éel taak'in, u jóok'sik ju'unil taak'ion, estampilla'ob wa ju'un sellado;

IV. U beetik u bo'ota'al patanil tu yóok'lal máako'ob wa ba'axo'ob ku ch'aakat ichil u méek'táanlu'umil;

V. U wet'ik wa u beetik u bo'ota'al patan leti' ka' k'amik wa yaanal máak ka' k'amik tu k'aaba', tu yóok'lal u yoksa'al, wa u jóok'sa'al mix jump'éel ba'al manbe'en nacional wa extanjera;

VI. U beetik u bo'ota'al patan tu u k'ujsa'al wa u ma'anal ba'alob nacional o táanxel lu'umil u taal, wa tumeen chen ja'alil aduana úuchak u ya'alik wa cha'aal u yokol, mix u xak'altik wa u tsóolts'íibtik jayp'éel kuuch ku yokol wa u k'áatik u ju'unil je'e ba'alak mercanciayle';

VII. Mix u jóok'sik wa u ts'o'okbesik a'almajt'aano'ob wa disposiciono'ob fiscalo'ob ka'a u beet u ya'abtal u bo'olil wa u ju'unil tia'al u béeytal u yoksa'al tumeen táanxel lu'umil u taal, kex ka' u ya'al tumeen tu kaajale' yaan xan ku beeta'ali', wa tumeen yaan oli' bey xan te'ej kaajo';

VIII. U beetik mokt'aan wa u k'áatik p'aax leti' wa u beeta'al tu k'aaba', yéetel u láak' u jala'achil noj méek'táanlu'umo'ob, yéetel táanxel mola'ayilo'ob wa chen u kajnáalilo'ob táanxel lu'umil, wa u t'aanil ba'axk'in unaj u yúuchul bo'ol yéetel u taak'in táanxel méek'tanlu'umil.

Petenlu'umo'ob yéetel méek'táankajo'obe' ma'atan u béeytal u beetiko'ob mokt'aanil wa p'aax, chen ja'alil wa le taak'ino' ku bin juntaats' tia'al inversiones públicas productiva'ob, tak le ku beetik organismos descentralizado'ob wa empresa'ob público, bey je'ex jets'a'anil tunmeen legislatura'ob ti' jump'éel a'almajt'aane', tu yóok'lal ba'ax ku ya'alik yéetel tak bajux kun jets'bil ja'abmanja'ab ichil u taak'inil u meyaj jala'ache'. Tuláakal jala'acho'obe' yaan u ya'aliko'ob bix u bin u xuupil, el ken u ts'a'ob ojéeltbil bix u bin u meyaje'.

IX. U beetik u bo'ota'al patan tu yóok'lal u meyajta'al, u líiksa'al wa u ko'onol kúuts kuxa'an, jela'an ti' le bix yéetel le beykaa'aj kun jets'bil tumeen Congreso de la Unión.

Congreso de la Unión yéetel legislatura'ob ti' petenlu'umilo'obe' yaan u jóok'siko'ob a'almajt'aano'ob tia'al u bin u xu'ulsa'al seten káaltalil.

Artículo 118. Ma'atan xan u béeytalo'ob, wa ma' u chíimpolta'al tumeen Congreso de la Unión:

I. Ma'atan u béeytal u jets'ik ka'a bo'ota'ak beyka'aj kuuch ku yokol ti' puerto'ob, mix ka'a úuchuk bo'ol tu yóok'lal ba'alo'ob ku jóoksa'al kombil táanxelil wa ku taasal wey kombile';

II. Ma'atan u béeytal u yantal mix bik'in, tropa'ob mix u cheemil ja' yaaltáambal, mix

III. U líik'il yaaltáambal yéetel jump'éel potencia extranjera, chen ja'alil wa le je'ela' ku yokol ichil k-noj méek'táanlu'umil chen tu t'aan yóolal, ba'ale' beeyxan wa ku chíikpajal nuka'aj loobiltbil k-kaajal yéetel ma'atan u béeytal u páa'ta'al tu jeel k'iin. U tia'al le beya' tu séeblakil yaan u ts'aak ojéeltbil tumeen u noj jala'achil k-noj máak'táanlu'umil.

Artículo 119. Tu yóoxjaatsil Poderes de la Unione' najmal u kalaantik petenlu'umo'ob ma' u táalk'a'ata'al tumeen mix jump'éel táanxel kaajil mix u loobiltik. Tia'al wa ku líik'il u kajnáalilo'ob México ba'ate' ba'ale' beeyxan wa ku yantal x-wo'okin ichilo'one', yaan xan u kalaantik wa tumeen ku ts'a'abal ti' u páajtalil tumeen legislatura wa tumeen u noj jala'acho'ob, wa tumeen leeti'e ma' u much'majubai'.

Tuláakal petenlu'umo'ob yéetel Distrito Federale' najmal u k'ubik tu séeblakil le máaxo'ob líik' ba'atelo', le máaxo'ob taka'an u poolo' wa le ts'o'ok u je'ets'el u bo'otik u si'ipilo', ba'ale' beeyxan yaan u molik yéetel u kaalantik tuláakal nu'ukulo'ob wa ba'alo'ob ku meyaj tia'al u beeta'al loobil, yéetel ma'atan u p'atik paachil u jala'chil je'e máakalmáak jala'achil ken u k'a'abetkuunsej. U máanile' yaan u beeta'al tu táan u procuradurías generalo'ob ti' justica, je'e bix kun jets'bil ichil u mookt'aanilo'ob múul meyaj ken u beet petenlu'umo'obe'. U tia'al xan le beya', le petenlu'umo'ob yéetel Distrito Federalo' je'e u béeytal beetiko'ob u mokt'aanilo'ob múul meyaj yéetel gobierno federale', máax yaan u wa'akuunsik Procuraduría General de la República beetik u beelal.

Tia'al u bisa'al juntúul táanxel méek'táanlu'umil u bo'ot u si'ipil tumeen ku k'áata'al tumeen táanxel jala'achile', yaan u táanalta'al tumeen Ejecutivo Federal, yéetel u yáantaj autoridad judicial bey je'ex jets'a'anil tumeen le noj a'almajt'aana', beeyxan tratado'ob intenacional mokt'anta'an tumeen México yéetel u áantaj a'almajt'aanill. U tia'al le ba'alo'ob beya', chen yéetel ka'a je'ets'ek tumeen juez ka'a beeta'ake' yaan yéetel tia'al ka'a ma'achak juntúul máak tak tu yóok'lal óoxk'aal k'iino'ob.

Artículo 120. U noj jala'achilo'ob petenlu'umo'obe' jaach najmal u ts'áako'ob k'ajóoltbil yéetel u beetiko'ob u ts'o'okbesa'al a'almajt'aano'ob federalo'ob.

Artículo 121. Ti' tuláakal u petenlu'umilo'ob federacione' yaan u chíimpolta'al yéetel u k'a'amal utsil tuláakal acto público, registro yéetel bix u meyaj judicial ichil tuláakal u láako'obo'. Congreso de la Unión, yéetel u yáantaj a'almajt'aano'ob generalo'obe' yaan u jets'ik bix kun beetbil tia'al u yila'al wa ma'alob le meyajo'oba', le registro'ob yéetel bix u beeta'alo', yéetel ba'ax ku taasik tu paach, ba'ale' u tia'al le je'elo' yaan u beetik beya':

I. U a'almajt'aanil jump'éel petenlu'ume' chen ku béeytal u ts'o'okbesa'al ichil u petenlu'umil, leti' beetike', ma'a najmal u chíimpolta'al táanxelili';

II. Tuláakal najo'ob wa je'e ba'alak u ba'alubáa kaaje' yaan u ts'o'okbesa'al tu yóok'ol, u a'almajt'aanil le tu'ux yaano';

III. Le u káantik u tribunalil jump'éel petenlu'umil u t'aan tu yóok'ol derecho'ob real wa ba'alo'ob yaan táanxel petenlu'umilo', chen kun béeytal u ts'o'okbesa'al, wa tumeen bey xan u jets'ik u a'almajt'aanio'obo'.

Tuláakal jets't'aan tu yóok'lal u najmal juntúul máake', chen ku béeytal u ts'o'okbesa'ale', le k'iin, le máax taka'an u poolo' ku k'ubikubáa tu t'aan yóolal, wa tumeen tumeen ti' kaja'ani', ba'ale' ka'abet ts'o'ok u payalt'anta'al ka'a xi'ik ka'a beeta'ak justicia ti';

IV. Tuláakal ba'ax kun beetbil tu yóok'lal estado civil jets'a'an tu a'almajt'aanil jump'éel petenlu'ume' yaan xan u chíimpolta'al ichil u láak'o'ob, yéetel

V. Tuláakal título profesional kun ts'aabil tumeen u jala'achil jump'éel petenlu'ume', yaan xan u chíimpolta'al tumeen u láak' petenlu'umo'ob.

Artículo 122. Bey je'ex jets'a'anil tumeen artículo 44 ti' le a'almajt'aana' u naturaleza jurídica Distrito Federal, u jala'achile' ti' yaan yáanal u t'aan podero'ob federale' yéetel mola'ayo'ob Ejecutivo, Legislativo yéetel Judicial local, bey je'ex jets'a'anil ichil le junxóot' a'almajt'aana'.

U jala'achilo'ob local Distrito Federale', Asamblea Legislativa, jefe ti' gobierno ti' Distrito Federal yéetel Tribunal Superior ti' Justicia.

Asamblea Legislativa ti' Distrito Federale' yaan u beetchajal yéetel le jaytúul diputado'ob kun yéeybil yéetel principio de mayoría relativa yéetel representación proporcional, yéetel u sistemail lista'ob votarta'an ichil jumpet kaaj plurinominale', bey je'ex jets'a'anil tumeen le noj a'almajt'aana' yéetel xan u a'almajt'aanil jala'ache'.

Máax jo'olbesik u noj jala'achil Distrito Federale' leti' kun jo'olbesik ejecutivo yéetel administración pública ti' le petenlu'umilo', lela' chen juntúul máak kun beetik yéetel yaan u yéeya'al yéetel votación libre, directa yéetel secreta.

Tribunal Superior ti' Justicia yéetel Consejo ti' Judicatura, yéetel le u láak' mola'ayo'ob kun jets'bil tumeen u nu'uktajt'aanil jala'acho', yaan u meyaj bey judicial ti' fuero común te'e Distrito Federalo'.

Le ku taala' u tsóolts'íibil bix kun t'oxbil meyaj ichil Poderes de la Unión yéetel autoridado'ob local ti' Distrito Federal:

A. Congreso de la Unióne' yaan u beetik:

I. U legislar tu yóok'lal Distrito Federal, ba'ale' ma'atan u yoksikuba ti' ba'alo'ob p'ata'an tu k'ab Asamblea Legislativa;

II. U jóok'sik u tsóolnu'uktsíibil u jala'achil Distrito Federal;

III. U beetik legislación tu yóok'lal u p'aax Distrito Federal;

IV. U jóok'sik nu'uktajt'aano'ob ken u jets'o'ob jach bixi', ba'ax k'iin yéetel bix kun meyaj ma'alob Poderes de la Unión; yéetel

V. Tuláakal u láak' najmalilo'ob ken u ya'al le noj a'almajt'aana'.

B. Ti u noj jala'achil Estados Unidos Mexicanos yaan u páajtalil:

I. U káajsik a'almajt'aano'ob tu táan Congreso de la Unión tu yóok'lal Distrito Federal;

II. U ya'alik ti' Senado máax unaj u p'áatal tu jeel, wa ku luk'sa'al máax jo'olbesik u jala'achil Distrito Federal;

III. U túuxtik ja'abmanja'ab ti' Congreso de la Unión, u tuukulil tak bajux p'aax k'a'abet tia'al u chúukpajal u taak'inil u meyaj u jala'achil Distrito Federal. U tia'al le je'elo', le máax jo'olbesik u jala'achil Distrito Federalo' yaan u ts'áak u yójéelt u noj jala'achil u noj méek'táanlu'umil Méxicoe' u tsóolts'íibil, bey je'ex ku ya'alik a'almajt'aanilo'obo',

IV. U ts'áak ojéeltbil tumeen esfera administrativa u k'a'abetil u ts'o'okbesa'al a'almajt'aano'ob jóok'sa'al tumeen Congreso de la Unión tu yóok'lal Distrito Federal; yéetel

V. Tuláakal u láak' ba'axo'ob kun jets'bil k'a'abet u beetik jets's'an tumeen noj a'almajt'aan, u tsóolnu'uk jala'ach yéetel áantaj a'almajt'aano'ob.

C. U tsóolnu'ukil u jala'achil Distrito Federale' yaan u ts'o'okbesik le t'aano'oba':

Yáax nu'uktaj. tu yóok'lal Asamblea Legislativa:

I. Le u diputadoilo'ob Asamblea Legislativao' yaan u yéeya'alo'ob láalaj óoxp'éel ja'ab ichil voto universal, libre, directo yéetel secreto bey je'ex ken u jets'il a'almajt'aane', ba'ax unaj u táakbesik tia'al u tso'olol bix kun beetbil yéeytáambale', u k'u'ubul u ju'unil yéetel bix kun k'áatnúukbil, bey je'ex jets'a'anil ichil artículo 41, 60 yéetel 99 ti' le noj a'almajt'aana';

II. U yuumilo'ob tia'al u beetik u diputadoilo'ob Asamblea ti' Distrito Federale' k'a'abet beyo'ob je'ex le ku kaxta'al tia'al u beetik u diputado federalilo'obo'. Lela' yaan u ts'o'okbesa'al tia'al Asamblea Legislativa yéetel máaxo'ob kun táakpajalo'o, beeyxan le ba'ax jets'a'an ti' artículo 51, 59, 61, 62, 64 yéetel 77 Fracción IV ti' le noj a'almajt'aana';

III. Ti' le partido político ken u náajalt tu juunal u ya'abil constancia'ob e'esikk ti' leti' yanchaj u ya'abil voto yéetel kex jach u treinta por ciento ti' tuláakal le voto'ob ti'le Distrito Federalo', yaan u k'u'ubul le jaytúul diputado ti' representación proporcional k'a'abet tia'al u náajaltik mayoría absoluta ti' le asambleao';

IV. Yaan u jets'ik ba'axk'iin ken úuchuk le ka'ap'éel período ti' sesiono'ob ordinario láalaj ja'abo yéetel bix kun tsóolol yéetel ba'ax unaj u beetik le jejelas mola'ayilo'ob u jala'achilo'ob kun meyaj le k'iin táan u je'elel tu báankabilo'. U payalt'anta'al sesiono'ob extraordinarioe' chen kun béeytal u beeta'al tumeen u mola'ayil interno wa tumeen ku k'aata'al tumeen u ya'abil le máaxo'ob táakpaja'ano' wa tumeen máax jo'olbesik u noj jala'achil Distrito Federal;

Le Asamblea Legislativao', bey je'ex jets'a'anil tumeen u tsóolnu'ukilo'ob u jala'achile', yaan u béeytal u beetik:

a) U jóok'sik u tsóolnu'ukil u meyaj, ba'ax kun túuxtbil tumeen u jo'olpo'opil u jala'achil Distrito Federal chen tia'al u beet u ts'a'abal k'ajóoltbil;

b) U xak'altsikbaltik yéetel u jets'ik ja'abmanja'ab u tsóolts'iibil bajux ken u xup jala'ach tia'al u meyaj yéetel u a'almajt'aanil tu'ux kun taal, ba'ale' yáax ken u jets' u tojol bo'ol patanilo'ob tia'al u chúukpajal. Le ken u tsol babajux ken u náajalt' u aj meyajilo'ob jala'ache' k'a'abet u ch'a'ak u tuukulil ti' ba'ax ku ya'alik artículo 27 ti' le a'almajt'aan tu yóok'lalo'.

U mola'ayilo'ob Distrito Federal, Legislativo, Ejecutivo yéetel Judicial, ba'ale' beeyxan le ts'a'an u autonomíao' ichil ts'íibil máax ku tukultik beet éeltumeen u tsóolts'íibil u jala'achile', unaj u táakbesik ichil u tsóolts'íibil bajux ken u xupe', u tsóolts'íibil jach babajux ku ya'ala'al ken u náajalt le aj meyajo'obo'. Le tsóolts'íibo'oba' unaj u beeta'al bey je'ex ku ya'alik u nu'uktajt'aanilo'ob bix kun jets'bil bajux ken u xup u jala'achil Distrito Federale', yéetel u láak' a'almajt'aano'ob yaan ba'al u yili'.

Ichil u a'almajt'aanil tu'ux kun taal u taak'inile', ma'atan u béeytal u ya'abkúunsa'al bajux ken u p'axilubáa ti' le beyka'aj jets'a'anil tumeen Congreso de la Unión tia'al u chúukpajal u taak'inil u meyaj Distrito Federale'.

Chen ja'alil máax jo'olbesik u jala'achil Distrito Federal, yaan u páajtalil ti' u beetik u yáax tsóolts'íibil u a'almajt'aanil yéetel bajux taak'in k'a'abet tia'al u meyaj. Ba'ale' láalaj ja'abe' yaan ti' tak tu k'iinil 30 ti' noviembre tia'al u k'ubik. Chen ja'alil le ja'ab ken yéeya'ak u jala'achil Distrito Federalo', lelo' yaan u k'u'ubul tak 20 ti' diciembre.

Le Asamblea Legislativao' yaan xan u beetik tuláakal ja'aboob u tsóolts'íibil bajux ken u xup tia'al u beetik u meyaj yéetel k'a'abet u túuxtik ti' u jala'achil Distrito Federal tia'al ka'a béeyak u yoksik ichil u yáax tsóolts'íibil u taak'inil u meyaj.

Wa tumeen ma'a tu kúulpacht'antike', yaan u ts'o'okol u t'aan yóokol u Haciendail Distrito Federal yéetel u régimen ti' u jala'achil, tuláakal ba'ax jets'a'an tumeen segundo párrafo ti' inciso c) ti' Fracción IV ti' artículo 115 ti' le noj a'almajt'aana';

c) U mola'ayil u xak'alta'al bix u yúuchul meyaj ti' Asamblea Legislativa ti' Distrito Federale' yaan xak'altik bajux yéetel bix úuchik u xu'upul le taak'in le ja'ab ts'o'ok u máano', bey je'ex jets'a'anil ichil Fracción VI ti' artículo 74, ta'ak tu'ux unaj u náakale'.

U tsóolts'iibil bajux yéetel bix úuchik xuup ti' le ja'ab máaniko', unaj u túuxta'al ti' Asamblea Legislativa ichil u yáax lajun k'iinilo'ob u winalil junio. Le k'iinoob je'ela', bey xan je'ex u k'iinil u k'u'ubul u yáax tsóolts'íibil u a'almajt'aanil tu'ux kun taal u taak'inil u meyaj yéetel bix kun xupbile', chen kun béeytal u ts'a'abal u láak' wa jayp'éel k'iin tia'al u k'u'ubul le k'iin u jala'achil Distrito Federale', ku k'ubik u ju'unil ikil u k'áatik yéetel wa tumeen le asambleao', ku jets'ik jach jaaj yaan ba'ax óok'lal u k'e'exel;

Le máax kun jo'olbesik u mola'ayil u xaka'alta'al bix u meyaj yéetel u xuup u jala'achil Distrito Federalo' yaan u yéeya'al tumeen ka'ajaats ti' tu yóoxjaatsil le máaxo'ob kula'an ti' Asamblea Legislativa le kex xak'alta'ako', yéetel unaj u máan ukp'éel ja'ab táan u meyajtik yéetel k'a'abet ts'o'ok kex jo'op'éel ja'abo'ob káajak u beetik meyajo'ob tu yóok'lal control, auditoría financiera yéetel de responsabilidado'ob;

d) U ts'áak u jeel, wa tumeen ku mina'antal, máax jo'olbesik u jala'achil Distrito Federal;

e) U jóok'sik tuláakal u nu'uktajts'íibilo'ob tia'al u tso'olol Hacienda Pública, u taak'inil u meyaj jala'ach, u tsóolts'íibil bix u bix yúuchul xuup yéetel beka'aj ku xu'upul tumeen Distrito Federal, yéetel le u mola'ayil u xak'alta'al u xuup jala'ach yéetel ka'a yanak ti' autonomía técnica yéetel tia'al u ts'o'okbesi u beelal, beeyxan tia'al u tsolik bix kun meyaj yéetel bix ken u jets'il ba'ax k'a'abéet. U xaak'ale' yaan u beetik bey je'ex jets'a'anil tumeen principio de posteridad, anualidad, legalidad, imparcialidad yéetel confiabilidad.

U jóok'sik u nu'uktajts'íibil ka' u beet u ts'o'okbesa'al Distrito Federal yéeytambal libre yéetel auténtico'ob, yéetel sufragio universal, libre, secreto yéetel directo; ba'ale' yaan u beeta'al bey je'ex ku jets'ik u tsóolnu'uktajil jala'achile', ba'axo'ob yaan u chíimpoltik ba'ax jets'a'an tumeen inciso'ob b) yéetel n) ti' Fracción IV ti' artículo 116 ti' le noj a'almajt'aana', ba'ale' le ba'ax ku ya'alik inciso'ob j) yéetel m) tu yóok'lal jala'acho'ob, diputado'ob local yéetel ayuntamiento'obo' yaan u beeta'al xan u tia'al máax kun jo'olbesik jala'achil, diputado'ob tia'al Asamblea Legislativa yéetel máaxo'ob kun jo'olbesik delegaciono'ob;

g) Yaan u legislar tu yóok'lal administración pública local, bix ken u tsolik u meyaj yéetel bix ken u beetil;

h) U beetik legislación civil yéetel penal; u tsóolnu'uktik u mola'ayil derechos humanos, u táakpajal kaaj ichil u meyaj jala'ach, defensoría de oficio, notariado yéetel Registro Público de la Propiedad yéetel Comercio;

i) U nu'uktik protección civil; justicia cívica tu yóok'ol ba'a ma' nu'uka'an ku beetik policía yéetel buen gobierno; u meyajil u kalaanta'al u kuxtal kaaj tumeen empresa'ob privada; prevención yéetel readaptación social; tooj óolal yéetel u yáanta'al óotsil; yéetel previsión social;

j) U beetik legislación tu yóok'lal planeación tia'al desarrollo; tu yóok'lal desarrollo urbano, particularmente tu yóok'lal uso del suelo; u kalaanta'al yóok'ol kaab yéetel u kalaanta'al k'áax; otocho'ob; u beeta'al najo'ob yéetel u láak' ba'alo'ob; vías públicas, tránsito yéetel estacionamiento'ob; maano'ob yéetel obra pública; yéetel tu yóok'lal explotación, uso yéetel u jóok'sa'al u yutsil u ba'alubáa Distrito Federal;

k) U tsóolnu'uktik prestación yéetel u p'a'atal tu k'aab u láak' máak beetik servicios público'ob; u beetik u tsóolnu'ukil transporte urbano, páak yéetel míis, turismo yéetel u kúuchil tu'ux u yúuchul wenel, mercado'ob, rastro'ob yéetel tu'ux u yúuchul koonol, yéetel u kúuchil u mu'ukul kimeno'ob;

l) U jóok'sik tsolnu'uko'ob tu yóok'lal fomento económico yéetel u kalaanta'al náajal meyaj; desarrollo agropecuario; establecimiento'ob mercantil; u kalaanta'al ba'alche'ob; tsáa cha'ano'ob; fomento cultural, cívico yéetel tu yóok'lal báaxalo'ob; yéetel u noj beelal u yáantaj ka'ansajil bey je'ex jets'a'anil tumeen Fracción VIII ti' artículo 3o. ti' le a'almajt'aana';

m) U jóok'sik u ley organicail le Tribunalo'ob ku meyajo'ob bey Judicial ti' fuero común ti' Distrito Federal, ba'ax k'a'abet xan u táakbesik ba'axo'ob si'ipillil yaan ti' servidores público'ob;

n) U jóok'sik u ley orgánicail Tribunal de lo Contencioso Administrativo ti' Distrito Federal;

ñ) U k'ubiko'ob u yáax ts'íibil a'almajt'aano'ob wa decreto'ob tu yóok'lal Distrito federal, tu táan Congreso de la Unión; yéetel

o) Tuláakal u láak'o'ob kun p'atbil tu k'ab tumeen le a'almajt'aana'.

U ka'ap'éel base.- tu yóok'lal máax jo'olbesik u jala'achil Distrito Federal:

I. Yaan u beetik le k'uben meyaja' yéetel yaan u xáantal wak ja'abo'ob, ba'ax ku káajal 5 ti' diciembre ti' le ja'ab kun yéeybilo', ba'ax kun beetbil bey je'ex jets'a'anil tu a'almajt'aanil yéeytáambale'.

Tia'al u beetikubáa máak u jala'achil Distrito Federale' k'a'abet bey u yumil je'ex ku ya'alik u tsóolnu'ukt'aanil jala'ache', ichilo'obe': chíimpolta'an u sijnalil máak wey Méxicoe' yéetel ma' wet'a'an mix jump'éel u najmalo'obi', yéetel ka'a béeyak u ye'esik kajlaj tu ts'ook óoxp'éel ja'abo'ob tak le k'iin kun yéeybilo', wa tumeen sijnal Distrito Federal, wa tak jo'op'éel ja'abo'ob wa tumeen sijnal táanxel petenlu'umil; k'a'abet ts'o'ok lajun tu ka'ak'aal u ja'abilo'ob tu k'iinil le yéeytáambalo', yéetel mix juntéen u beetuba u jala'achil ti' Distrito Federal. U chíimpolta'al u kajnáalile' ma'atan u xóot'ol wa tumeen ku bin táanxel petenlu'umil u beet jump'éel u k'uben meyaj u noj jala'achil u noj méek'táanlu'umil México.

Tia'al wa ku luk'sa'al máax jo'olbesik u jala'achil Distrito Federale', senadoe' yaan u ts'áak, juntúul máak kun a'albil tumeen u noj jala'achil México, juntúul máak tia'al ts'o'oksik u jala'achjil. Wa ku mina'antal chen tia'al wa jayp'éel k'iine', yaan u k'ubeenta'al jala'achil ti' juntúul aj meyaj bey je'ex jets'a'anil ichil u tsóolnu'ukts'iibil jalache'. Wa ku p'átal jumpuli' mina'ane', tumeen ku p'atik wa tu yóok'lal je'e ba'alake', Asamblea Legislativae' yaan u tsáak u jeel máax ts'o'oksik. Tia'al ka'a u ya'al le máax jo'olbesik u jala'achil Distrito Federal u p'atik u beetik u jala'achile', chen ku béeytal u éejenta'al ti' tu yóok'lal jump'éel jach talam ba'a. tuláakal licencia kun k'aatbile' yaan u nu'uta'al yéetel u a'almajt'aanil.

U jo'olpo'opil u jala'achil Distrito Federale' najmal u beetik yéetel u ts'o'okbesik:

a) U ts'o'okbesik yéetel u beetik tuláakal a'almajt'aan yaan ba'al u yila'a yéetel Distrito Federal kun jóok'sbil tumeen, tak tu'ux unaj u náakal u meyaj u órgano ejecutivo yéetel u jejelas mola'ayilo'ob;

b) U beetik, u ts'áak k'ajóoltbil yéetel u ts'o'okbesik a'almajt'aano'ob ku jóok'sbil tumeen Asamblea Legislativa, yéetel u tsáak ti' tuláakal u administración yaanal u paakat, ikil u jóok'sik reglamento'ob, decreto'ob yéetel mokt'aano'ob. Beeyxan je'e u béeytal u ya'alik ba'ax ku yilik ma' ma'alob ti' la a'almajt'aano'ob ken u túux le Asamblea Legislativa tia'al u tsáa k'ajóoltbilo', ba'ale' ma'atan u béeytal u cha'ak u máan lajun k'iino'ob tia'al u beetik. Wa tumeen kex tu ya'alaj ma' ma'alob u yilik, láayli' ku chíimpolta'al tumeen mayoría calificada ti' ka'ajaats ti' tu yóoxjaatsil le diputado'ob kun kula'antal le ken chíimpolta'ako', lela' yaan ts'a'abal k'ajóoltbil tumeen u jala'achil Distrito Federal;

c) U k'ubik u yáax tsíibil a'almajt'aano'ob wa decreto'ob tu táan Asamblea Legislativa;

d) U tsáak yéetel tselik tu t'aan yóolaj le aj meyajo'ob ku táakpajalo'ob ichil u mola'ayil Ejecutivo local, wa tumeen ma' yaan bix u ts'a'abal yéetel u luk'sa'al tu meyaj ti' le bix u ya'alik le noj a'almajt'aana' yéetel tuláakal áantaj a'almajt'aan yaan ba'al u yila'a yéetel;

e) U jo'olbesik u meyajilo'ob u kalaanta'al u kuxtal kaaj bey je'ex jets'a'anil tumeen u tsóolnu'ukil jala'achile'; yéetel

f) Tuláakal u láak' kun p'atbil tu k'ab tumeen le a'almajt'aana', u tsóolnu'uktaj jala'ach yéetel a'almajt'aano'ob.

U yóoxp'éel base. tu yóok'lal bbix kun tsóolol u yuumil meyajtik administración pública local Distrito Federal:

I. Yaan u jets'ik u nu'uktajtsóolts'íibilo'ob tia'al bix kun t'oxbil bix unaj u múul na'atik u meyaj mola'ayo'ob central, desconcentrado'ob yéetel descentralizado'ob;

II. Yaan u patik ba'ax mola'ayilo'ob político-administrativo'ob kun táanaltik tuláakal le petenkaajilo'ob jatsa'anil Distrito Federalo'.

Beeyxane' yaan u jets'ik u nu'ukt'aanilo'ob tia'al bix táantanjatsbil u noj kaajil Distrito Federal, ba'ax ken u beet le mola'ayo'ob político- administrativo'obo' yaano'obo', bix ken u much'iluba'ob, bix kuno'ob meyaj, yéetel bix ken u na'atiluba' mola'ayo'ob yéetel u jala'achil Distrito Federal.

Le máaxo'ob kun jo'olbesik u mola'ayilo'ob político-administrativo tu petenkaajilo'obo' yaan u páaybesa'alo'ob ichil jump'éel yéeytáambalil universal, libre, secreta yéetel directa, bey je'ex jets'a'anil tumeen a'almajt'aano'obe'.

U kamp'éel base. tu yóok'lal Tribunal Superior ti' Justicia yéetel u láak' u mola'ayilo'ob judicial ti' fuero común:

I. Tia'al u beetik máak u magistradoil ti' Tribunal Superiore' ka'abet bbye u yuumil je'ex ku k'áatik u noj a'almajt'aanil o'ob México tia'al ministro'ob ti' Suprema Corte ti' Justicia; ba'ale' yaan xan u k'a'abetchajal jach chíimpolta'an tu yóok'lal u meyaj ti' ramo judicial, wa tu kaajil Distrito Federale' jach uts. Tribunal Superior ti' Justiciae' yaan u beetchajal yéetel le jaytúul magistrado'ob ken u ya'al u áantaj a'almajt'aanile'.

Tia'al u ts'a'abal u jeel máax kun xu'ulul u meyaj bey magistrado ti' Tribunal Superior ti' Justiciae', máax jo'olbesik u jala'achil Distrito Fedederale' yaan u k'ubik ti' Asamblea Legislativa u k'aaba' máax ku tukultik unaj u ts'a'abali'. Le magistrado'obo' unaj u xáantalo'ob wakja'abo'ob ti' le k'uben meyaja', ku ts'o'okole' je'e u béeytal u ts'a'abalo'ob tu ka'atéen tumeen le asambleao', wa tumeen beyo', chen ku béeytal u luk'sa'alo'ob bey je'ex jets'a'anil tumeen títuLo cuarto ti' le noj a'almajt'aana'.

II. U beeta'al u meyaj, u kalaanta'al yéetel u toj xíimbal Tribunal Superior ti' Justicia, juzgado'ob yéetel u láak' u mola'ayilo'ob judiciale', yaan u p'áatal yáanal u k'ab consejo de la Judicatura Federal. Le Consejo de la Judicaturao' yaan u beeta'al yéetel uktúul máako'ob, juntúul ti' leti'obe' yaan u beetik u jo'olpo'opil ti' Tribunal Superior ti' Justicia, máax yaan xan u jo'olbesik Consejo. U láak' máaxo'ob kun táakpajale'e: juntúul magistrado, juntúul juez de primera instancia yéetel juntúul juez de paz, máaxo'ob kun yéeybil yéetel insaculación; juntúule' yaan u ts'a'abal tumeen u jala'achil

Distrito Federal yéetel u láak' ka'atúulo' yaan u ts'a'abalo'ob tumeen Asamblea Legislativa. Tuláakal le consejero'obo' ka'abet bey u yuumilo'ob je'ex le ku beetik u magistradoilo'obo' yéetel yaan u xáantalo'ob jo'op'éel ja'ab te'ej k'uben meyaja'; jujuntúulil kun bin u ke'exelo'ob yéetel ma'atan u béeytal u ka'a ts'a'abalo'ob u beeto'ob.

Leti' le consejo kun ts'áak le juezo'ob ti' primera instanciao' yéetel tuláakal le kun beetbil Distrito Federalo', kex yaanal bix ka'a k'aaba'ta'ako'ob, ba'ale' yaan u beeta'al bey je'ex jets'a'anil ichi le a'almajt'aano'ob beeta'an u tia'al carrera judiciale';

III. Yaan u je'ets'el ba'axo'ob ken u meyajte yéetel ba'axo'ob ts'óolt'aanil kun nu'uktik u meyaj Consejo de la Judicatura, lela' ti' kun ch'a'abil u tuukulil ti' artículo 100 ti' le noj a'almajt'aana';

IV. Yaan u je'ets'el ba'axo'ob tuukulil kun áantik u áantaj a'almajt'aanil tia'al u jets'ik bix kun ka'ansbil yéetel u túumbenkuunsik u k'ajóolal sáansamal le máaxo'ob kun meyajo'obo'o, yéetel xan bix kun mu'uk'a'ankuunsbil carrera judicial;

V. Yaan u ts'o'okol u t'aan tu yóok'ol máaxo'ob táakpaja'an ichil Consejo de la Judicatura, beeyxan magistrado'ob yéetel juezo'ob, tuláakal ba'ax ku ya'alik artículo 101 ti' le noj a'almajt'aan ma' unaj u beetik wa bix ken u bo'ot u si'ipilil wa ku beetiki'.

VI. Consejo de la Judicaturae' yaan u beetik u tsóolts'íibil bajux kun meyaj ti' tribunalo'ob ti' justicia ti' u mola'ayilo'ob meyaj yéetel ku túuxtik ti' u jala'achil Distrito Federal tia'al ka'a táakbesa'ak ichil u tsóolts'iibil bajux ken u xupe' ka'a k'u'ubuk ti' asamblea legislativa tia'al u chíimpolte.

Jo'op'él base. yaan u yantal jumpéel Tribunal de lo Contencioso Administrativo, ts'a'an u autonomía tia'al u jets'ik bix kun p'áatal tuláakal controversia kun yantal ichil chen kajnáalo'ob yéetel u jala'achilo'ob administración pública local ti' Distrito Federal.

Yaan u je'ets'el u tsóolnu'ukt'aanilo'ob tia'al bix kun beetbil yéetel ba'ax kun u beete, ba'axo'ob kun ts'ok tsolbil ichil u ley orgánica.

D. Le Ministerio Público ti' Distrito Federalo yaan u jo'olbesa'al tumeen juntúul procurador general ti' justicia, máax yaan u ts'a'abal bey je'ex ku jets'ik u nu'uktajt'aanilo'ob jala'achile'; le tsóolnuuka' yéetel u áantaj a'almajt'aanile' yaan u jets'iko'ob bix ken u tsoliluba tia'al meyaj, ba'ax ken u beete, tak tu'ux ku náakal yéetel ba'ax yéetel ken u nu'uktil u meyaj.

E. Tu kaajil Distrito Federale', tu yóok'lal u noj jala'achil u noj méek'táankaajil Estados Unidos Mexicanose' yaan u ts'o'okbesa'al ba'ax ku ya'alik artículo 115 ti' le noj a'almajt'aana'. Tia'al u ts'a'abal wa u lukj'sa'al máax jo'olbesik fuerza públicae' yaan bey je'ex jetsa'anil tumeen u tsóolnu'ukt'aanil jalache'.

F. Cámara ti' senadoro'ob ti' Congreso de la Unione', ba'ale' wa táan u je'elele', Comisión Permanente, je'e u béeytal u tselik u jala'achil Distrito Federal tu yóok'lal jump'éel noj si'ipil ka'a u k'askuuns bix u bisikuba poderes de la unión wa u jéets'kuxtal kaaj Distrito Federale'. Tia'al u k'áata'al ka'a luk'sa'ake' k'a'abet u táakpajal u chúumuk máaxo'ob ku meyaj senadorilo'obo', wa tumeen le Comisión Permanenteo'.

G. Tia'al u béeytal u múul meyaj jejelas petenkaajo'ob local yéetel méek'táankaajo'obe', beeyxan le je'elo'ob yéetel Federación yéetel Distrito Federal yéetel tia'al u beeta'al u tsóolts'íibil ba'ale' beeyxan u ts'o'okbesa'al múulmeyajo'ob tu'ux ku náakal u xuul u kaajil Distrito Federal, bey je'ex u ya'alik artículo 115, Fracción VI ti' le noj a'almajt'aana', ku t'aan tu yóok'al u kaajo'ob; u kalaanta'al yóok'ol kaab, u ts'akbesa'al yéetel u jel mu'uk'a'ankuunsa'al k'aax; transporte, uk'be'en ja' yéetel drenaje; u mo'olol, u meyajta'al yéetel tu'ux ku ts'o'oksa'al u ta' míis yéetel u kaalanta'al kajnáalo'ob, u jala'achilo'obe' je'e u béeytal u beetiko'ob mokt'aano'ob tia'al u beeta'al múul molayil ich lóotennojkaajo'ob tu'ux ka'a múul meyajnako'ob bey je'ex u ya'alik a'almajt'aano'obe'.

Tia'al u beeta'al comisiono'obe' k'a'abet u mokt'anta'al tumeen tuláakal máaxoob ku táakpajali'. Ichil u mokt'aanil u beetchajale' ti' kun jets'bil máaxo'ob kun táakpajali', bix kun tsóolol yéetel ba'ax meyajil ken u beete.

Te'ej comisiono'ob kun jets'bil:

a) Ba'axo'ob tuukulil kun nu'uktik mokt'aano'ob, ichil le comisiono'obo', tia'al u je'ets'el u t'aannil xan tak tu'ux kun náakal u meyaj tuláakal yéetel ba'ax ken u beet ichil tia'al u ts'o'okbesik u beelal yéetel u beetik obra'ob, prestación ti' servicios públicos wa u beeta'al wa máakalmáak ti' le meyajo'ob ch'a'achi'ita'an te'e tu yáax júnxóot' le ts'íiba'.

b) U nu'uktajt'aanil tia'al u múul je'ets'el tumeen tuláakal le mola'ayo'ob táakpaja'ano'o, ja'ach ba'ax ken u beeta tuláakal ichil le ba'ax yaan beetbilo', ba'ale' beeyxan ba'axo'ob ken u ts'a'ob, jaytúul yéetel babajux, k'a'abet tia'al u meyaj ; yéetel

c) Tuláakal u láak' u muulan jets't'aanilo'ob tia'al nu'uktik u tóoch'ta'al u kuxtal lóote'en noj kaajo'ob, u ts'a'abalti'ob ba'ax k'a'abéet yéetel u beeta'al le meyajo'ob ken u jets máaxo'ob kun táakpajal ichil le comisiono'obo'.

H. Tuláakal ba'ax wet'a'an ti' petenlu'umo'ob tumeen le a'almajt'aana' yaan xan u tso'okbesa'al tumeen Distrito Federal.

TÍTULO SEXTO
Tu yóok'lal meyajil yéetel previsión social

Artículo 123. Tuláakal máak u najmalmaj jump'éel ma'alob meyaj yéetel chíimpolta'an tumeen kaaj; u tia'al le je'elo', yaan u kaxanta'al ka'a beeta'ak náajalmeyajo'ob yéetel u much'ikuba máaxo'ob ku meyajo'ob, bey je'ex ku ya'alik a'almajt'aano'obe'.

Congreso de la Unión, ka'alikil u kaalantik ma' u kúulpacht'antik le ba'axo'ob ku tsóolts'íibta'ala', k'a'abet u jóok'sik a'almajt'aano'ob tu yóok'lal meyaj, ba'ax k'a'abet u un'ukta'al beya':

A. Ichil obrero'ob, jornalero'ob máako'ob ku meyaj bey dom´sticoe', artesano'ob yéetel u láak'o'obe', tuláakal u meyaje':

I. Jach u ya'abil kun xáantale' waxak p'isk'iino'ob;

II. Meyaj áak'ab ku beeta'ale', chen ukp'iisil k'iin unaj u xáantal. Jumpuli' wet'a'an: meyajo'ob insalubre yéetel sajbe'entsil, u meyaj máak ti' industria ich áak'ab yéetel tuláakal meyaj wa ts'o'ok u máak diez áak'ab, tia'al máako'ob ma' u ts'áa dieciséis u ja'abilo'obi';

III. Wet'a'an u k'a'abetkuunsa'al u meyaj máak ma' u ts'aa catorce u ja'abilo'obi'. Máako'ob nuuktak yéetel le ma' u ts'aa dieciséis u ja'abilo'obe' chen seis hoas kun béeytal u meyaj;

IV. Tu yóok'lal wak k'iin meyaje', le máax ku meyajo' k'a'abet u je'elel kex jach chen jump'éel k'iin;

V. Ko'olelo'ob ka'alikil yo'omchaja'ane' ma'atan u beetiko'ob mix jump'éel muuk'il meyaj ka'a u tsáa saajkilil ti' u yéemel u chaambal; jach najmal yaan u ts'a'abalti'ob wak p'isk'iinil u bin u yantal u chaambal tia'al u je'elel yéetel wak p'isk'iinil ku ts'o'okol u yantal, ba'ale' ka'abet u k'amik chuka'an u tojol u náajal yéetel ma'atan u béeytal u luk'sa'al meyaj ti' yéetel tuláakal najmal ts'o'ok u náajaltik ikil u meyaj. Ka'alikil táan u ts'aa chu'uche' yaan u ts'a'abal ka'ap'éel súutuk ti' sáansamal de media hora, tia'al u tséentik u paalalo'ob;

VI. Tuláakal u ts'ook u p'íitil unaj u náajaltik máak ku meyaje' yaan u na'ata'al bey generale' wa profesional. Le yáaxo'obo' yaan u ts'o'okbesa'al te'ej petenkaajo'ob kun jets'bile'; le u ka'a jaatso' yaan u ts'o'okbesaa'al tu yóok'lal ba'ax meyajil w profesionil, oficio wa meyaj especial.

Tuláakal salario mínimoe' unaj u chúukpajal tia'al tuláakal ba'ax k'a'abet tia'al u kuxtal juntúul máax jo'olbesik jump'éel kúuchkabal, tia'al u manik u ba'alubáa, social yéetel cultural, yéetel tia'al u beetik u xook tuláakal u paalal. Tia'al u je'ets'el bajux jump'éel salario mínimo profesionale', yaan u táakbesa'al xan, bix le jejelas meyaj ku beeta'alo'.

Le salario mínimoo' yaan u je'ets'el tumeen junjaats máako'ob tu'ux kun táakpajal u representante aj meyajo'obi', máaxo'ob ku bo'ol meyaj yéetel jala'acho'ob, ba'ax xan úuchan u yáantikubáa yéetel mola'ayo'ob especialo'ob, máaxo'ob wa tumeen ku tukulta'al k'a'abete', yaan u k'aata'al u chi'ob tia'al u beeta'al jump'éel no'oja'an meyaj;

VII. Tia'al ka'ap'éel meyaj keete' unaj xan u bo'ota'al keet, mix ba'ati' wa ko'olel wa xiib beetik, mix tu'ux kaajil u taal;

VIII. Jump'éel salario mínimoe' ma'atan u béeytal u tokbesa'al, compensación wa u tse'elel mixba'a ti';

IX. Tuláakal aj meyaje' u najmalmaj u ts'a'abal junjaats ti' le beyka'aj tu náajaltaj le empresa, ba'ax tsóolnu'ukta'an ichil le ts'íibo'ob ku taala':

a) Jump'éel mola'ay nacional kun beetbil yéetel u representante aj meyajo'ob, máaxo'ob ku bo'ol meyaj yéetel jala'ache', leti'ob kun jets'ik bajux u naajal jump'éel empresa kun t'oxbil ichil u aj meyajilo'ob;

b) Le Comisión Nacionala' yaan u k'áatpéeksik yéetel u xak'altik tak le beyka'aj k'a'abet yéetel le bix ka'abete' tia'al u yojéeltik bix u yanil economía nacional. Yaan xan u kalaantik u yaantik ba'ax k'a'abet tia'al u táakmuk'ta'al desarrollo industrial México, ba'ax ku kaxtik máax ku bo'ol meyaj yéetel ka'a yanak jel pulbil yóok'ol meyaji';

c) Le comisiona', úuchak u béeytal u k'exik bajux jets'a'an, le k'iin ku yantal túumben xak'altik e'esik k'a'abet u k'e'exele'.

d) A'almajt'aane' je'e u béeytal u jets'ik ma' u t'oxik u náajal jump'éel túumben empresa tak tu yóok'lal chen wa jayp'éel ja'abo'obe', beeyxan tu yóok'lal meyajo'ob ku beeta'al tia'al exploración yéetel u láak'o'ob, wa tumeen tu yóok'lal ba'ax ku meyajtik wa bix u meyaj;

e) Tia'al u jóok'sa'al sáasilil bajux tu náajaltaj jump'éel empresae' yaan u ch'a'abal bey u baasée' u renta gravable bey je'ex jets'a'anil tumeen u a'almajt'aanil impuesto sobre la renta. Le aj meyajo'obo' je'e u páajtal u kúulpacht'antiko'ob tu najilo'ob Secretaría de Hacienda yéetel Crédito Público tu'ux unaje', tu yóok'lal le ba'axo'ob ku tukultiko'ob ma' nu'uka'an je'etsike'e, ba'ale' u tia'al le je'elo' yaan u beetiko'ob bey je'ex jets'a'anil tumeen a'almajt'aano'obe';

f) U najmalil aj meyajo'ob u k'amiko'ob junjaats ti' u náajal le empresao' ma'atan u ts'áakti'ob u páajtalil u táakpajalo'ob tia'al u jo'olinto'ob mix u adminstrarto'ob.

X. U náajalo'obe' namjal u bo'ota'al yéetel le taak'in chíimpolta'an bejlao', ma'atan u béeytal u bo'ota'al yéetel mercancía, mix vale'ob, ficha'ob wa je'e máakalmáak u láak' ba'alil ka'a ts'a'abak tu jeel le taak'ino';

XI. Le k'iin, tu yóok'lal je'e ba'alak ku k'a'abetchajal u ya'abkuunsa'al u súutukil meyaje', lela' yaan u beetik ka'a bo'ota'ak ti' máax ku meyaj, ka'atéen ti' u tojol le suuk u náajaltik, tu yóok'lal le beyka'aj u láak' meyaj ku beetiko'. Wa ku máan ti' le beyka'aj súutukil unaj u meyaj jump'éel k'iino', lela' mix juntéen unaj u máan ti' óoxp'iisil k'iin u xáantal sáansamal. Máako'ob ma' u chuk dieciséis u ja'abilo'obe' jumpuli' ma'atan u k'a'amalo'ob tia'al meyaj máanja'an ti' le beyka'aj unaj u meyajtik sáansamale';

XII. Tuláakal empresa agrícola, industrial, minera o je'e máaklmáak u láak' meyajile', najmal u ts'áak ti u aj meyajo'ob bey je'ex jets'a'anil tumeen áantaj a'almajt'aano'obe', najo'ob ma'alobtak yéetel ma' éek' tia'al u kajtalo'obi'. Le najmalila' yaan u ts'o'okbesa'al yéetel le taak'in unaj u ts'áak le empresa'ob ti' jump'éel Fondo Nacional de Vivienda, ba'ax kun k'ubbil tu k'aaba' le aj meyajo'obo', ba'ax yéetel xan kun jets'bil jump'éel sistema de financiamiento ka'a u tsáa p'aaxo'ob ma' ko'ojtak yéetel nonoj tia'al u manik u yotocho'ob.

Ku tukulta'al yaan u yutsil úuchak u taasik ti kaaj ka'a jóok'sa'ak jump'éel a'almajt'aan tia'al u beeta'al jump'éel mola'ayil tu'ux ka'a táakpajak u representante gobierno federal, aj meyajo'ob yéetel máaxo'ob ku bo'ol meyajo'ob, tia'al ka' meyajnak yéetel le Fondo Nacional de Viviendao'. Le a'almajt'aana' leti' kun nu'uktik bixi yéetel ba'ax ju'unilo'ob k'a'abet tia'al u manik aj meyajo'ob le naj k'a'abet ti'obo'.

Tuláakal negocio je'ex le ch'a'achi'ita'an te'ej párrafo 1o. ti' le junxóot' a'almajt'aana', ku ts'a'abal náach ti' kaaje', najmal yaan u beetik u najil xook, u najil ts'akyaj yéetel tuláakal áantaj k'a'abet tia'al u kuxtal le kaajo'.

Ku ts'o'okole', te'e tu kúuchilo'ob meyaj beya', wa tumeen ku máan docientos máako'ob kaja'ane'e, yaan u páaybesa'al ichil junxéet' lu'um ma' unaj u yéemel ti' cinco mil metro'obi', tia'al u ts'a'abal mercado público, yéetel u láak' najo'ob k'a'abet tia'al servicios municipalo'ob yéeteltia'al u náaysik u yóol kaaj.

Weta'an u ts'a'abal ichil u kúuchilo'ob meyaj najo'ob tia'al u ko'onol u ja'il káaltal yéetel u najilo'ob buul;

XIII. Le empresa'obo', je'e ba'alak ka'a u meyajto'obe' najmal u tsolik yéetel u ka'ansik le meyajo'. U áantaj a'almajt'aanile' yaan u jets'ik sistema'ob, método'ob yéetel bix kun beetbil tia'al ka'a ts'o'kbesa'ak le ba'alo'ob bey tumeen le patrono'obo';

XIV. Empresario'obe' responsable'ob ti' loobil kun úuchul ti' máak ka'alikil táan u meyaj beeyxan wa ku k'oja'antal máak tu yóok'lal u meyaj bey profesionale', wa tumeen ku yúuchul ti' ka'alikil u meyaj wa tu yóok'lal le meya ku beetiko'; leti' beetike', le máak ku bo'ol meyajo' yaan u bo'otik le indemnización unaje', wa tumeen ku beeti u kíimil máak wa chen ku beetik ma'atan u béeytal u ka'a meyaj máak ichil wa beyka'aj k'iin wa tu yaalab u kuxtal, bey je'ex jets'a'anil tumeen a'almajt'aano'obe'. Le najmala' yaan u ts'o'okbesa'al kex wa tumeen le máax ku yúuchul loobtio' táan u meyaj ti' juntúul máak ku konik u meyaj u láak' máako'ob ti máax ku bo'ol meyaj.

XV. Máax ku b'ol meyaje' jach yaan u ts'o'okbesik, tu yóok'lal ba'ax ku meyajtike', tuláakal a'almajt'aano'ob tu yóok'lal higiene yéetel seguridad ichil tuláakal u kúuchil u meyaj, yéetel u beetik tuláakal ba'ax unaj tia'al ma' u yúuchul loobil tu yóok'lal u meyaj máquina'ob, nu'ukulo'ob yéetel le ba'axo'ob ku k'a'abetkuunsa'alo', beeyxan u ma'alob tsolik u meyaj tia'al u kaalanta'al u tojóolal yéetel u kuxtal aj meyajo'ob, ba'ale' beeyxan u chan j-ma'asíija'anpaal x-yo'om ko'olelo'ob. A'almajt'aano'obe' yaan u ya'alik ba'ax bo'ol si'ipilil yaan wa ku yúuchul je'e máakalmáake';

XVI. Bey je'ex le aj meyajo'obo' beeyxan máaxo'ob ku bo'ol meyaj, yaan u páajtalil u much'ikuba'ob tia'al u kaalantik u ba'aluba'ob, je'e u páajtal u beetiko'ob sindicatoe', mola'ayo'ob ti' profesionalo'ob wa u láak'o'ob.

XVII. A'almajt'aano'obe' yaan u chíimpoltiko'ob huelga yéetel paro'ob bey jump'éel u najmal aj meyajo'ob yéetel máako'ob ku bo'ol meyajo'ob;

XVIII. Le huelga'obo' yaan u chíimpolta'alo'ob le k'iin ku beeta'al tu yóok'lal u kaxanta'al u bin u keettal u náajalil tuláakal máaxo'ob ku táakpajal ichil le meyajo', ka'alikil u najmal aj meyajo'ob yéetel u taak'in máax ku bno'ol meyaj. Wa tu kúuchil u meyajta'al servicios públicose' le aj meyajo'obo' jach tsaj u tsáako'ob u yojéelt' junta de conciliación y arbitraje, tak aljun k'iin u bin, u xu'ulsik u meyajo'ob. Le huelga'obo' yaan k'a'amal bey ma'abeeltajbe'en wa tumeen le aj meyajo'obo' ku loobiltiko'ob máako'ob wa u ba'aluba'ob, tia'al yaaltáambale', wa tumeen le ba'alo'ob ku loobilta'alo' u kúuchil wa u nu'ukulil u meyaj jala'acho'ob.

XIX. Le paro'obo' yaan u k'a'amalo'ob bey ba'al tojbe'ene', le k'iin tu yóok'lal ts'o'ok u jach táaj ya'abtal u yich le meyajo', ku ka'abetchajal u xu'ulsa'al u jóok'ol tia'al ma' u yéemsa'al u tojol ka'a p'áatak ma'atan u jóok'ol mix u tojol u beeta'al le ba'ax ku ko'onolo', ba'ale' yáax k'a'abet u chíimpolta'al tumeen junta de conciliación y arbitraje;

XX. Le k'éexóolalo'ob yéetel k'uuxilil kun yantal ichil u taak'inil yéetel le meyajo' yaan u je'ets'el bix kun ustkiinsbil tumeen Junta de Conciliación yéetel Arbitraje, ba'ax kun beetbil tumeen le jaytúul u representante aj meyajo'obe' beyka'aj xan u represntante'ob máax ku bo'ol meyaj, yéetel juntúul ti' jala'achi';

XXI. Wa le máax ku bo'ol meyaj ma'atan u yóotik u tsikbat u k'éexóolal tu táan arbitrajeo' mix u k'amik u jets't'aan le juntao', yaan u na'ata'ale' ts'oka'an ti' u k'axt'aanil múul meyajile', beytúuno' k'a'abet u mak k'o'ochtik jujuntúulil u aj meyajo'ob yéetel u tojol óoxwinal meyajil, jumpáay ti' le ba'ax ken u taas le ba'atelilo'. Le nu'uktajt'aana' ma'atan u ts'o'okbesa'al wa tumeen le takpoolilo' ku cha'ak u beel ti' ba'ax ku ya'ala'al ti' le junxóot' ts'íib ku taala'. Wa aj meyajo'ob ma'atan u k'amiko'ob ba'ax ku jets'ik le juntao', yaan u na'atal xan ti' ku ts'o'okol u k'axt'aanil múul meyaji';

XXII. Juntúul aj bo'ol meyaj kun luk'sik meyaj ti' juntúul aj meyaj ken mina'an ba'ax óok'lal, wa tumeen ku táakbesikuba ichil jump'éel mola'ayil wa sindicato, wa tumeen ku táakbesikuba ichil jump'éel huegla nojbe'ene', k'a'abet le bix ken u yéeyil le aj meyajo', u ts'o'okbes u k'axt'aanil múul meyaj wa u mak k'o'ochtik aj meyaj yéetel u tojol óoxwinal meyaj.

A'almajt'aan kun jets'ik chen bix je'e u béeytal u sa'atsa'al ti' aj bo'ol meyaj, yéetel u bo'otik mak k'o'och. Ba'ale' láayli' páaybe'en u mak k'o'ochtik aj meyaj yéetel o tojol óoxwinal meyaje', le k'iin ken u p'at u meyaj tumeen ya'ab u tu'utusa'al tumeen máx bo'otik u meyaj wa tumeen jach ku loobiltik, wa tumeen leti' wa tumeen u yatan, u yuumo'ob, u paalal wa u suku'uno'ob. Le máax ku bo'ol meyajo' ma'atan u béeytal u puts'lik u bo'otik u aj meyaj, wa tumeen ku cha'ak u táakpajal u láak' u aj meyajo'ob wa u láak'tsilo'ob tia'al loobiltik aj meyaj;

XXIII. Tuláakal crédito'ob tu favor aj meyajo'ob tu yóok'lal u bo'olil u meyajo'ob wa u náajalo'ob tu ts'ook ja'abo', yéetel tu yóok'lal mak k'o'ochile', yaan u táanilkuunsa'al wa ku ko'onol u kúuchil yéetel u nu'ukulil meyaj beeyxan wa chen ku k'a'alal;

XXIV. Tu yóok'lal u p'aax le aj meyajo'ob ti' le aj bo'ol meyajo', ti' u yet meyajilo'ob, u láak'tsilo'ob wa je'e máaxake', chen ja'alil aj meyaj kun bo'otike', jumpuli' ma'atan u béeytal u táakbesa'al u láak'tsilo'obi', yéetel ma'atan xan u béeytal u ch'a'abalti' máanja'an ti' u náajal ichil junwinal;

XXV. U yáantajil u yoksa'al máak tu jeel meyaje' ma'atan u tojoltik ti', kex meyajta'ak tumeen jump'éel u najil municipio, jump'éel bolsa de trabajo wa tumeen je'e ba'alak mola'ayil ti' jala'ache' wa tumeen chen máak.

Tia'al u ts'a'abal le áantajila' yaan u táakbesa'al máak ichil tuláakal máak ku kaxan meyaj, chen kun táanilkuunsbil máax chen wa ku yantal meyajtie' ku janal u paalal;

XXVI. Tuláakal u k'axt'aanil meyaj kun yantal ichil juntúul mexicano ken u beet u k'axt'aanil meyaj yéetel juntúul empresario táanxel lu'umil u taale' k'a'abet u jaajkuunsa'al tumeen u jala'achil jump'éel méek'táankaaj yéetel tumeen u cónsul le méektáanlu'um tu'ux kun bin le máak meyajo', yéetele', ichil u ts'íibile' yaan u tojol u suut le aj meyaj tu kaajalo' yaan u ts'a'abal tumeen le empresario máax k'axt'antiko';

XXVII. Kex ts'íibta'an lo'obal ichil u k'axt'aanil meyaje', ma'atan u béeytal u ts'o'okbesa'al mix tumeen aj meyaj mix tumeen aj bo'ol meyaj:

a) Wa tumeen ku ts'a'abal máak meyaj bey ba'alche', tumeen jach chika'an píitmáanja'an wa tu yóok'lal ba'ax wa bix u meyajil.

b) Le ken u ya'al Junta de Conciliación yéetel Arbitraje jach ma' chuka'an u bo'ota'ale'.

c) Le kun jets'bil yaan u máan jump'éel semana ken bo'ota'ake'.

d) Le ken u jets' jump'éel u kúuchil báaxal, fonda, café, taberna, cantina wa u najil koonol tia'al u bo'ota'al u náajal máak, chen ja'alil wa ti' ku meyaj te'ej kúuchilo'oba'.

e) Le ken u beet ti' aj meyajo'ob u maanik ba'ax k'a'abet ti' chen ti' wa máakalmáa u kúuchil koonolo'obe'.

f) Le ku cha'ako'ob ma' u bo'ota'al u meyaj máak tu yóok'lal multa.

g) Le ken u beet u beetik aj meyajil u ts'íibil ma'atan u k'áatik u mak k'o'ochil u meyaj wa ku yúuchul loob ti' táan u meyaje', ba'ale' beeyxan wa ku k'oja'antal, tu yóok'lal loobil ken u taas ti' tumeen ma'atan u ts'o'okbesa'al ba'ax jets'a'an ichil u k'axt'aanil u meyaj beeyxan wa tumeen ku jóok'sa'al tu meyaj.

h) Tuláakal u láak' ba'alo'ob ku beetik u xúump'átt'ik aj meyaj wa ba'ax utsil u náajaltmaj chen tu yóok'lal u meyaj yéetel chíimpolta'an ichil a'almajt'aano'ob tia'al u yáanta'al aj meyajo'ob;

XXVIII. A'almajt'aan kun jets'ik ba'ax u ba'alubáa jump'éel kúuchkabal, ba'ax ma'atan u béeytal u luksa'al ti', ma'atan u béeytal u táakbesa'al ichil gravamen real mix embargo, yéetel yaan u máasa'al ti' u ch'i'ilamkabilo'ob bey jump'éel k'an ba'albaile', yéetel yaan u kalaanta'al ma' u jach talamtal u ts'o'okbesa'al;

XXIX. U a'almajt'aanil Seguro Sociale' jump'éel ba'ax jach k'a'ana'an tia'al kaaj, ichile' yaan u táakbesa'al seguro tia'al wa ku p'áatal ma'atan u béeytal u meyaj máak, u ch'íijil máak, wa ku kíimil, wa ku jóok'sa'al tu meyaj, wa ku k'oja'antal yéetel wa ku yúuchul loob ti', u kúuchil tu'ux u p'ati u meyaj paalal yéetel je'e máakalmáak u láak' unaj u kalaantik yéetel u kuxtal ma'alob juntúul aj meyaje', kolnáal, máak ma'atech u náajal wa láak' máako'ob yéetel u kúuchkabalo'ob;

XXX. Yaan xan u k'a'amal bey ba'al ku yáantik kaaje', le mola'ayo'ob cooperativa'ob ku beetiko'ob najo'ob ma' jach ko'oj u tojolo'obi' yéetel ma'alobtak, tia'al ka'a béeyak u p'axmanta'al tumeen aj meyajo'ob ichil wa jayp'éel ja'abo'ob, yéetel

XXXI. U ts'o'okbesa'al ba'ax ku ya'alik u a'almajt'aanilo'ob meyaje' yaan u beeta'al tumeen u jala'achil petenlu'umilo'ob, tak tu'ux ku náakal u meyajo'obe', ba'ale' chen ja'alil autoridado'ob federal úuchak u ts'o'okbesiko'ob tu yóok'lal:

a) Ramas industrialo'ob yéetel u meyajta'al kaaj.

1. Textilo'ob;

2. Eléctrica;

3. Cinematográfica;

4. Hulera;

5. Azucarera;

6. Minera;

7. Metalúrgica yéetel siderúrgica, tu'ux kun táakpajal tak u jóok'sa'al mineralo'ob básico'ob, u yutsil yéetel tak u jo'oyol, beeyxan u jóok'sa'al hierro metálico yéetel tuláakal u jejelasil acero yéetel lija'ob yéetel u beeta'al u laminaylo'ob;

8. Hidrocarburo'ob;

9. Petroquímica;

10. Cementera;

11. Tia'al u beeta'al ta'an;

12. Automotriz, yéetel autopartes mecánico yéetel eléctrica'ob;

13. Química, tak yéetel química farmacéutica yéetel ts'aako'ob;

14. Yóok'lal celulosa yéetel ju'un;

15. Tu yóok'lal aceite'ob yéetel grasas vegetalo'ob;

16. U beeta'al ba'alo'ob janabe'en, tu'ux ku táakpajal tak chen le ku beeta'alo'ob tia'al empacartbilo', anlatado'ob wa envasado'ob, wa leeti' u beelal;

17. Le ku beetiko'ob ba'alo'ob tia'al uk'bil ku envasarta'al wa ku éenlataarta'al, wa leti' u beelal ku beeta'alo';

18. Ferrocarrilera;

19. Tia'al u xo'otol che' tak tu'ux ku meyaj aserradero yéetel u beeta'al triplay yéetel aglutinado'ob yéetel che';

20. Vidriera, chen le ku meyaj tia'al u beeta'al vidrio táax, ts'its'ibkil wa labrado, wa envase'ob beeeta'an yéetel vidrio, yéetel (sic)

21. U meyajta'al k'úuts, tu'ux ku táakpajal u meyajta'al yéetel u beeta'al ba'alo'ob yéetel k'úuts;

22. U meyaj banca yéetel u ts'a'abal p'aax;

b) Empresa'ob:

1. Tuláakal le ku administrarta'al juntaats' wa descentralizado tumeen Gobierno Federalo';

2. Tuláakal le kun meyajo'ob tu yóok'lal jump'éel u k'axt'aanil meyaje' wa le ku ts'a'abal ti' wa máax tumeen gobierno federale' yéetel industria'ob u yet meyajo'obe', yéetel

3. Le ken u beeto'ob meyajo'ob ichil zona federalo' wa yáanal u t'aan Federación yano'ob, le ku meyajo'ob ichil u k'áak'náabil k-méek'táanlu'umilo'ob wa ti' yaan ichil u lu'umilo'ob Méxicoe'.

Láayli xan chen ti' jala'acho'ob federal yaan u páajtalil u ts'o'okbasik tuláakal u tsolnu'ukt'aanil meyaj tu yóok'lal u je'ets'el bix kun p'áatal ba'atelil wa ka'a u loobilt ka'ap'éel wa u láak' u petenlu'umilo'ob Méxicoe'; u k'axt'aanilo'ob meyaj ku beeta'al ti' ka'ap'éel wa u láak' petenlu'umo'ob; ba'ax unaj u beetik máax ku bo'ol meyaj tu yóok'lal u xook u paalal aj meyajo'ob, bey je'ex jets'a'anil tumeen a'almajt'aano'obe'; yéetel xan tu yóok'lal ba'ax unaj u beetik máax ku bo'ol meyaj tu yóok'lal u ka'ansa'al yéetel u nu'ukta'al aj meyajo'ob, ba'ale' beeyxan tu yóok'lal u kalaanta'al yéetel higiene tu kúuchil meyaj, ba'ale' u tia'al le je'elo' le jala'acho'ob federalo' yaan u yáanta'alo'ob tumeen jala'ach estatal, le k'iin le meyajo' táakpaja'an ichil u meyaj estatal, yéetel bey je'ex ku ya'alik u áantaj a'almajt'aanile'.

B. Ichil Podero'ob de la Unión, u jala'achil Distrito Federal yéetel u aj meyajilo'obe':

I. U jach ya'abil kun xáantal u meyaj máake' waxak p'íisil k'iin wa ich k'iin yéetel ukp'iisil k'iin wa áak'ab. Wa ku máane' yaan u cha'abal bey extraordinariae' yéetel yaan u bo'ota'al ka'aten ti' u tojol chen meyaj. Mixjuntéen unaj u máan ti' óoxp'íisilk'iin u meyaj máak máanja'an le beyka'aj unaj u meyaje', yéetel ma'atan xan u máan ti' óoxp'éel k'iin ji'ijinak;

II. Tu yóok'lal wak k'iino'ob kun meyaje' le aj meyajo' yaan u je'elel kex jump'éel k'iin yéetel yaan u bo'ota'al chuka'an;

III. Tuláakal aj meyaje' yaan u ts'a'abal u vacaciono'ob, ba'ax ma'atan u yéemel ti' junk'aal k'iino'ob láalaj ja'ab;

IV. La bajux ken u náajalt juntúul máako' yaan u je'ets'el ichil u tsóolts'íibil xuup yéetel jumpuli' ma'atan u béeytal u yéemsa'al, bey je'ex u ya'alik artículo 127 ti' le noj a'almajt'aana' yéetel tu áantaj a'almajt'aanil.

Tu yóok'lal mixba'al ku béeytal u yéemsa'al u náajal máak ti' le beyka'aj ku ya'ala'al unaj u náajaltik máak Distrito Federal yéetel tu láak' u petenlu'umilo'ob Méxicoe';

V. Ti juntakáalili' meyaje', juntakáalili' xan u bo'olil, kex wa ko'olel wa xiib beetik;

VI. Chen ku béeyta'al u ma' u séeb k'u'ubul u náajal máak, u luk'sa'al wa bajuxi', u beeta'al deducciono'ob wa u p'áatal ma' u k'ubul jumpuli' le bix jets'a'anil tumeen a'almajt'aanilo'obe';

VII. Tia'al y ts'a'abal juntúul máak meyaje' yaan u kalaanta'al u yila'al wa tumeen u yojel yéetel ba'ax úuchak u béeytal u beetik. Jala'achile' yaan u beetik u najilo'ob tu'ux u kaanal administración pública;

VIII. Tuláakal aj meyaje' u náajaltmaj u bin u ka'antal u meyaj tia'al ka'a béeyak u bin u ma'alobtal u náajal tu yóok'lal ba'ax u yojel, ba'ax ku beetik yéetel beyka'aj k'iin okok meyaj. Tumeen tuláakal máak yaan u páajtalil u ma'alobtal u náajale', lela' yaan u ts'a'abl ti' máak chen tu meyaj ku taal ba'al tia'al u tséentik u paalale';

IX. Tuláakal aj meyaje' chen yaan u béeytal u beeta'al u xu'ul u meyaj wa jayp'éel k'iin wa u luk'sa'al tu meyaj, bey je'ex ku ya'alik a'almajt'aano'obe'.

Wa ku luk'sa'al juntúul máak tu meyaj kex mixba'al óok'lale' yaan u páajtalil u yéeyik wa ku k'amik ka'a ka'a ts'a'abak tu meyaj wa ku k'amik le beyka'aj mak k'o'ochil unaj le ken ts'o'okok u xak'ata'al ma'alob bey je'ex ku ya'alik a'almajt'aane'. Le tu'ux ku luk'sa'al u plaza'ob aj meyajo'obe', leti'obe' u náajaltmajo'ob u ts'a'abal u jeel ti'ob bey je'ex le tse'elti'obo' yéetel u ts'a'abal u mak k'o'ochil;

X. Tuláakal aj meyajo'obe' yaanti'ob u páajtalil u much'ikuba'ob tia'al u kaalantik u meyajo'ob. Beeyxan je'e u páajtal u ts'o'okbesiko'ob u páajtalilo'ob tia'al u beetiko'ob huelga tu táan jumpéel wa u láak' u mola'ayilo'ob u meyaj jala'ach, ba'ale' yáax k'a'abet u ts'o'okbesiko'ob a'almajt'aano'ob, le k'iin ku nuumsa'al le páajtalil chíimpolta'an ti' le artículoa';

XI. Seguridad Sociale' yaan u ts'o'olol bey je'ex ku ya'alik le bases minimasa':

a) Yaan u ts'aatáantik loobilo'ob yéetel k'oja'anilo'ob profesionalo'ob; k'oja'anilo'ob ma' profesionali' yéetel maternidad; jubilación, u p'áatal ma'atan u béeytal u meyaj máak, u ch'íijil máak yéetel kíimil.

b) Wa ku yúuchul loob wa ku k'o'oja'antal máake' ma'atan u béeytal u jáan tse'elel u meyaj máak, tak le beyka'aj k'iin ken u jets' a'almajt'aane'.

c) Ko'olelo'ob ka'alikil yo'omo'obe' ma'atan u beetiko'ob muuk'il meyajo'ob ka'a u taas sajakil yóok'ol u toj óolalil yo'omchaja'anil; yaan u ts'a'abal ti' junwinal ma'ayli' k'uchuk tu k'iin u síijil u chaambale' tia'al u je'elel yéetel u láak' ka'ap'éel winal le ken ts'o'okok u yóolintikubáa, ba'ale' yaan u k'amik chuka'an u tojol u meyaj yéetel ma'atan u tse'elel tu meyaj mix ba'axo'ob utsil ku k'amik tu yóok'lal u meyaj. Ka'alikil táam u ts'aa chu'uche', yaan u cha'abal u je'elel ka'atéen media hora sáansamal tia'al u tséentik u paalal. Ku ts'o'okole' yaan u táanalta'alo'ob tumeen ts'akyaj yéetel obstetricia, yaan u ts'a'abal ts'aak ti', áantaj tia'al u ts'aa chu'uch yéetel beeyxan tu'ux u p'atik u paalal tia'al u bin tu meyaj.

d) U láak'tsil aj meyaje' yaan xan u kaalanta'al u tojóolal yéetel u ts'a'bal ts'aak ti', tu yóok'lal le ba'ax k'oja'anil yéetel le beyka'aj ken u jets' le a'almajt'aano'obo'.

e) Yaan u beeta'al kúuchilo'ob tia'al u bin u je'elsubáa yéetel u ch'a'a u yóol aj meyajo'ob yéetel u kúuchil koonol ma' ko'oj tia'al u yáantikuba aj meyajo'ob yéetel u láak'tsilo'obi'.

f) Yaan u ts'a'abal ti' aj meyajo'ob najo'ob ma'a ko'ojtak tia'al u mano'ob wa u rentarto'ob bey je'ex kun jets'bil tumeen u péektsilo'obe'. Yéetele', jala'acho'obe' yaan u ts'aako'ob taak'in tia'al u beeta'al jump'éel Fondo Nacional ti' Vivienda ba'ax kun ts'aabil tia'al u yáanta'al aj meyajo'ob yéetel u beeta'al jump'éel meyaj tia'al u ts'a'abal p'aax nonoj yéetel ma' ko'oj tia'al u manik u yotocho'ob ma'alob yéetel higiénico, wa ma'e', tia'al u beetik, u yutskiinsik, u ma'alobkuunsik wa u bo'otik u p'aax tia'al u beetik wa máakalmáak ti' le ba'alo'oba'. Le taak'in kun ts'aabil tia'al le je'ela' yaan u k'u'ubul ti' le mola'ay beeta'an u tia'al Seguridad Socialo', ba'ax yaan u un'uktikubaa yéetel u a'almajt'aanil yéetel u láak'o'ob yaan ba'al u yila'a yéetel, bixi' yéetel ba'axo'ob ju'unilo'ob k'a'abet tia'al u meyajta'al le taak'ina' yéetel bix kun ts'aabil le p'aaxo'oba';

XII. Tuláakal kéexóolal kun yantal ichil jujuntúulil, ya'ab máak wa ichil jejelas mola'ayilo'obe' yaan u p'a'atal tu k'ab jump'éel Tribunal Federal ti' Conciliación yéetel Arbitraje, ba'ax kun beetbil bey je'ex jets'a'anil ichil u áantaj a'almajt'aanilo'.

K'uuxilo'ob ichil Poder Judicial de la Federación yéetel u aj meyajilo'obe' yaan u je'ets'el bix kun p'áatal tumeen consejo de la Judicatura Federal; le kun yantal ichil Suprema Corte de Justicia yéetel u aj meyajo'obe' yaan u yutskiinsa'al tumeen le u ts'ooka'.

XIII. Militaro'ob, marino'ob, u aj meyajilo'ob servicio exterior, agente'ob ti' Ministerio Público, perito'ob yéetel máaxo'ob yaan ichil u mola'ayilo'ob policiae', yaan u nu'uktik u meyajo'ob yéetel u a'almajt'aanilo'ob.

U agenteilo'ob Ministerio Público, perito'ob yéetel máaxo'ob ku meyajo'ob ichil u mola'ayilo'ob policía ti' Federación, ti' Distrito Federal, ti' petenlu'umo'ob yéetel méek'táankaajo'obe', je'e u béeytal u luk'sa'alo'ob tu meyajo'ob wa m'a bey u yuumilo'ob bey je'ex ku k'áatik le a'almajt'aano'ob ku chíimpolta'al ti' le súutuk tia'al ka'a béeyak u p'áatal ichil le mola'ayil le k'iin ken úuchuk le takpool, beeyxan ku béeytal u luk'sa'alo'ob wa tumeen ku lúubulo'ob ti' si'ipilil ka'alikil u beetik u meyajo'ob. Wa le autoridad jurisdiccional ku jets'ik jach jaaj yaan ba'ax óok'lal ku ts'e'elel, ku luk'sa'al, ku jóok'sa'al wa je'e bixak ka' u k'a'aba'te', jala'ache' chen k'a'abet u bo'otik u mak k'o'ochil yéetel u láak' ba'alo'ob u náajaltmaj le aj meyajo', ba'ale' jumpuli' ma'atan u béeytal u ka'a ts'a'abal u beet le meyajo', je'e bixak ka'a jóok'ok ti' u ta'akal u poole' yéetel je'e bixak ka' u tokbesubáe'.

Tuláakal jala'ach federal, estatal wa ti' Distrito Federale wa municipale', tia'al u kaxantik u mu'uk'a'antal Sistema de Seguridad Social ti' tuláakal máak ku meyaj Ministerio Público, u mola'ayilo'oib policía yéetel sevicio'ob pericial, ti' u kúuchkabalo'obe' yéetel máax yaan yáanal u t'aano'obe', yaan u beetiko'ob u láak' u meyajilo'ob Seguridad Social.

Jala'acho'obe' yaan u ts'áak ti' tuláakal máak táan u meyaj ich ejercito, fuerza aérea yéetel armada, tuláakal le áantaj ku cha'achi'itik inciso f) ti' Fracción XI ti' le junxóot'a', yéetel, láayli' bey je'ex ti' u láak'o'obo' yéetel xan u yáantaj jumpéel u mola'ayil Seguridad Social ti' le instituciono'oba'.

XIII *bis*. Banco central yéetel u mola'ayil administración pública federal kun táakpajal ichil sistema bancario mexicanoe' yaan u nu'uktik bix u bisikuba yéetel u aj meyajilo'ob yéetel le ba'ax jets'a'an ichil le junxóot' a'almajt'aana'.

XIV. A'almajt'aan kun jets'ik ba'ax meyajilo'ob kun na'atbil bey de confianzae'. Le máaxo'ob kun ts'aabil meyajtiko' yaan u náajaltik u kalaanta'al u náajal yéetel yaan u k'amik u yáantaj seguro social.

Título séptimo
Tuláakal u láak' ba'ax najmal u kalaanta'al

Artículo 124. Tuláakal ba'ax ma' t'áalkab jets'a'an u ts'a'abl ti' le funcionarios federalo'ob tumeen le a'almaj t'aana', yaan u na'ata'al p'ata'an tu k'ab petenlu'umo'ob.

Artículo 125. Mix juntúul máak kun béeytal u beetik ka'ap'éel meyaj federal jumpáak wa yéebil beeta'anil, mix wa jumpéele' federal yéetel estatal u láak' wa tumeen tu ka'ap'éelal yéeybil beeta'an u tia'al; ba'ale' máax kun yéeybil beya' je'e u béeytal u yéeyik máakalmáak ti' tu ka'ap'éelal u k'áat u meyajte'.

Artículo 126. Ma'atan u béeytal u beeta'al mix jumpéel bo'ol wa ma' táakbesa'an ichil u tsóolts'íibil xuup yéetel wa ma' jets'a'an tumeen a'almajt'aano'obi'.

Artículo 127. Tuláakal u aj meyajilo'ob Federación, petenlu'umilo'ob, Distrito Federal yéetel méek'táankaajo'obe', ichil u mola'ayil wa u najil u meyajo'obe', ba'ale' beeyxan ti' u administración paraestatal, fideicomiso'ob público, instituciono'ob yéeyel organismo autónomo yéetel je'e máakalmáak u láak' mola'ayil públicoe', yaan u k'amik jump'éel ma'alob bo'olil míxmáak unaj u tselik ti' tu yóok'lal le meyaj ku beetiko', le ba'ax ku jo'olbesiko', le k'uben meyaj wa le tusbejil ku beetiko', ba'ax unaj le beyka'aj meyajo' beyka'aj xan taak'in ken u k'am tu yóok'lal.

I. Yaan u na'ata'al bey bo'ol wa náajal tuláakal ba'ax, taak'in wa u jeel ba'alo'ob, ken u k'am máak, tuúx kun táakpajal dieta'ob, aguinaldo'ob, gratificacion'ob, premio'ob, recompensa'ob, bon'on, estímulo'ob, comisiono'ob, compesaciono'ob yéetel je'e máakalmáak u láak', ba'ale' ma'atan u táakbesa'al apoyo'ob yéetel je'e ba'alak xuupil k'a'abet u comprobarta'al yéetel yaan ba'al yil yéetel u meyaj beeyxan u xuupilo'ob tusbel meyaj.

II. Mix juntúul aj meyaj unaj u béeytal u k'amik jump'éel bo'olil bey je'ex le táant u ya'ala'ala', tu yóok'lal u beetik le meyaj, náajal meyaj, jo'olpo'opil wa tusbel meyaj ts'a'an u beeto', ka'a máanak ti' le beyka'aj jets'a'an u tia'al u noj jala'achil u méek'táankaajil México ichil u tsóolts'íibilo'.

III. Mix juntúul aj meyaj kun páajtal u náajaltik le beyka'aj wa máanja'an ti' máax jo'olbesik u meyajo'; chen ja'alil wa le u máanlilo' ku taal ti' u láak' meyajo'ob ku beetik, wa u láak' u bo'olilo' ku taal tu yóok'lal bix le meyaj ku beetiko', wa ku taal tumeen jump'éel jach noj meyaj ku beetik, ma' tuláakal máak u yojel u beti', ba'ale', tuláakal le u láak' u náajalo', ma' unaj u máan ti' u chúumuk ti' le ku náajaltik u noj jala'achil u noj méektáalu'umil México ichil u tsóolts'íibilo'.

IV. Ma'atan u béeytal u bo'ota'al jubilaciono'ob, pensiono'ob wa je'e ba'alak tu yóok'lal u p'atik u meyaj máak, mix liquidación tu yóok'lal k'uben meyaj, mix majan taak'in wa p'aax ma' jets'a'an tumeen a'almajt'aano'obi', decreto legislativo, contrato colectivo wa bix jets'a'anil ichil u k'axt'aanil le meyajo'. Le ba'alo'ob je'ela' ma'atan u xook bey u bo'olil máake'. Ma'atan xan u xo'okol tuláakal u bo'olil u kalaanta'al aj meyaj tu yóok'lal u ts'o'okbesik u meyaj.

V. Tuláakal bo'olil yéetel u tsóolts'íibile' je'e u béeytal u k'ajóolta'al tumeen je'e máaxake', yéetel k'a'abet u táanjatstik yéetel u t'áalkabkuunsik beyka'aj tuláakal le ku táats' náajalta'alo' yéetel beyka'aj chen u láak' áantajo'ob ken u k'am máak yéetel taak'in wa láak' bixi.

VI. Congreso de la Unión, legislatura'ob ti' petenlu'umilo'ob yéetel Asamblea ti' Distrito Federal, tak tu'ux ku náakal u meyajo'obe', yaan u jóok'siko'ob a'almajt'aano'ob tia'al u ts'o'okbesa'al tuláakal ba'ax ku ya'alik le artículo je'ela' yéetel tuláakal le yaan ichil le noj a'almajt'aana', ba'ale' beeyxan tuláakal si'ipilil yéetel bo'ol si'ipilil penal wa yéetel taak'in tu yóok'lal ba'ax ma'aten u beet bey je'ex jets'a'anile', ba'ale' beeyxan wa chen ku beetik bey táan u beetike'.

Artículo 128. Jach tuláakal aj meyajo'ob, ma'ayli' u k'am le noj k'uben kun beetbil ti'o', yaan u káantik u ts'o'okbesik bey je'ex ku ya'alik le noj a'almajt'ana' yéetel tuláakal u áantaj a'almajt'aanilo'ob ken u taase'.

Artículo 129. Tu k'iinilo'ob jets'óolale', mix juntúul jala'ach militar úuchak u béeytal u beetik u láak' meyaj wa mixba'al yaan u yila'a yéetel disciplina militar. Chen yaan u yantal comandancia'ob militar mantats' ti' castillo'ob, fortaleza'ob yéetel tu'ux ku líik'sa'al u ba'aluba gobierno de la unión; wa ti' campamento'ob, cuartelo'ob wa depósito'ob, kun ts'aabilo'ob paach kaaj tia'al u kulkiinsikuba u mola'ayil militaro'ob.

Artículo 130. U noj úuchben t'aanil jatsa'anil estado yéetel u mola'ayil k'ujile', leti' ku nu'uktik u tsóolt'aanilo'ob le artículoa'. K'ujnajo'ob yéetel u láak' u mola'ayilo'ob kujile' yaan u chíimpoltiko'ob a'almajt'aan.

Chen ja'alil Congreso de la Unión je'e u béeytal u beetik legislación tu yóok'lal k'ujil, u najilo'ob k'uj yéetel u mola'ayilo'ob k'ujil. U áantaj a'almajt'aanil, úuchaka u béeytal u k'ajóolta'al tumeen je'e máaxake', yaan u tsolik yéetel jets'ik tu yóok'lal le t'aano'oba':

a) Tuláakal najil k'uj yéetel u mola'ayil k'ujile' chen p'el u k'amik u registroe' yaan u yantal u responsabilidad jurídica. Yáanal A'almajt'aan kun bin u máan u kuxtal le mola'ayo'oba' yéetel xan kun jets'ik chen bixi yéetel ba'axo'ob ju'unilo'ob k'a'abet tia'al ka' ts'a'abak u ju'uno'ob ikil u beetchajal bey mola'aye'.

b) Jala'acho'obe' ma'atan u yoksikuba'ob ichil u kuxtal u mola'ayilo'ob k'ujil;

c) Tuláakal u kajnáalilo'ob Méxicoe' je'e u béeytal u táakpajal ichil le k'ujil u k'áate'. U tia'al le je'elo' máako'ob sijnalo'ob weye' yéetel le ku taalo'ob táanxel lu'umilo' k'a'abet u ts'o'okbesiko'ob ba'ax ku yaalik a'almajt'aan;

d) Bey je'ex jets'a'anil tumeen u áantaj a'almajt'aanile', tuláakal máaxo'ob jo'olbesik jump'éel cultoe' ma'atan u béeytal u jo'olbesiko'ob mix jump'éel cargo público. Tumeen leti'obe' sijnalo'ob yéetel kajnálo'ob ichilo'one' yaan u páajtalil u votaro'ob, ba'ale' ma'atan u béeytal u votaarta'al. Máax ku k'uchul u p'at u beetik u ministroil bey je'ex yéetel el beyka'aj k'iino'ob ken u jets' a'almajt'aano'obe', úuchak u béeytal u votarta'alo'ob.

e) Mix juntúul ministro kun béeytal u much'ikuba tia'al u meyajo'ob tu yóok'lal política mix u t'aan uts wa k'aas tu yóok'lal wa máakalmáak candidato'il, partido wa u mola'ayil político'ob. Ma'atan xan u béeytal, le ken u much'uba'ob wa le ken u beeto'ob culto, wa yéetel u ts'albilju'uno'obe', u líik'ilo'ob tu contra u a'almajt'aanilo'ob México wa u mola'ayilo'ob, mix u nuumsiko'ob je'e bixake', mix jump'éel símbolos patrios.

Jumpuli' wet'a'an u beeta'al jump'éel mola'ayil político ka' u bis tu k'aaba' jump'éel t'aan wa je'e ba'alak ka'a u ts'áa na'atbil lela' taabal u síijil yéetel wa máakalmáak k'ujilaankil. Ma'atan u béeytal u beeta'al ichil jumpéel k'ujnaj múuch' tsikbalo'ob tu yóok'lal política.

Chen tu yóok'lal u je'echi'itik juntúul máak yaan u ya'alik u jaajil le ken t'aanake', ku k'axik máax ku t'aan yéetel u k'a'abetil u ts'o'okbesik u t'aan, yéetel wa ma'a tu ts'o'okbesike', yaan u bo'otik u si'ipilil bey je'ex jets'a'anil tumeen a'almajt'aano'obe'.

Tuláakal máax jo'olbesik k'ujlaankil, u yuumo'ob, u paalao'ob, u suku'uno'ob wa u yatan, ba'ale' beeyxan le u mola'ayilo'ob k'ujil tu'ux ku táakpajalo'obo', jumpuli' wet'a'an u k'amik u ba'alubáa, kex beeta'an u ju'unil, wa máax yanchaj yáanal u t'aan tu yóok'lal k'ujil beeyxan wa chen tu yáantaj tia'al u líik'es u yóol u pixan wa tumeen ma' táakpaja'an ichil u ch'i'ibal tak tu yóok'ol x-kan áabilile'.

Tuláakal ba'ax yaan ba'al u yila'a yéetel u estado civil juntúul máake', chen ja'alil autoridado'ob administrativa kun béeytal u jets'ik u k'expajale', ba'ale' lela' yaan u beetchajal bey je'ex jets'a'anil tumeen a'almajt'aano'obe', yéetel yaan u yantal u muuk' yéetel u chíimpolta'al bey je'ex ken u jets'ile'.

Tuláakal jala'ach federal, ti' petenlu'umo'ob yéetel méek'táankaajo'obe', chen kun béeytal u táakpajal ichil le ba'alo'ob beya', bey je'ex u jets'ik le a'almajt'aanoobo'.

Artículo 131. Chen ja'alil ti' u jala'achilo'ob federación yaan u páajtalil u jets'ik u bo'ota'al patan tu yóok'lal ba'alo'ob kun bisbil kombil táanxelile' wa ku taasbil kombil weye', wa tak chen lu ku máano'ob ichil u lu'umilo'ob México, ba'ale' beeyxan u jets'ik u tsóolnu'ukil mantats' tak u wet'ik, tu yóok'lal u tooj kuxtal kaaj wa tu yóok'lal policía, u ko'onol ichil k-noj méek'táanlu'umil tuláakal efecto'ob, je'e tu'uxak ka'a taalake'; ba'ale' le federaciono' ma'atan u béeytal u jets'ik, mix u jóok'sik tia'al ts'o'okbesbil tumeen Distrito Federal bo'ol patano'ob yéetel le a'almajt'aano'ob ku ya'alik Fracción VI yéetel VII ti' artículo 117.

Ejecutivoe' je'e u béeytal u k'amik páajalil ti' Congreso de la Unión tia'al u na'aksik, u yéensik wa u tselik le bo'olil ku beeta'al tu yóok'lal exportación wa importación jóok'sa'an tumeen Congreso, ba'ale' beeyxan tia'al u beeta'al u jeelo'ob, ba'ale' beeyxan tia'al u p'itkuunsik wa u tselik u bo'olil patan tu yóok'lal u taasa'al, u bisa'al wa u máansa'al ba'alo'ob mambe'en ichil k-noj lu'umil, le k'iin ken u tukult bey unaje', tia'al u béeytal u kaalanta'al ba'ax ku taasa'al kombil weye', u kaalanta'al u taak'in kaaj, u kalaanta'al ma'alob tsoololil ba'ax ku meyajta'al wey Méxicoe', wa u beetik je'e ba'alak u láak' tia'al u yutsil Méxicoe'. U noj jala'achil México tia'al u k'ubik u ts'óolts'íibil bajux ken u xup ti' le ja'abo', yaan xan u k'ubik u t'aanil bix kun ts'o'okbesbil le k'uben meyaja.

Artículo 132. Tuláakal fuerte'ob, cuartelo'ob, almaceno'ob tia'al depósito yéetel u láak' najo'ob ts'a'an tumeen gobierno de la unión tia'al u meyajta'al kaaj wa tia'al meyaj ti' kaaje', yaan u p'áatal yáanal u t'aan poderes federales bey je'ex ken u ya'alik a'almajt'aano'ob kun jóok'sbil tumeen Congreso de la Unión; ba'ale' beeyxan le u láak'o'ob kun manbil tu paachil k'iin ichil tuláakal u lu'umil wa máakalmáak petenlu'umilo', k'a'abet u ts'a'abal u páajtalil tumeen legislatura local.

Artículo 133. Le a'almajt'aana', u a'almajt'aanilo'ob Congreso de la Unión ku jóok'ol ti'e' yéetel tuláakal tratado'ob chíimpolta'an tumeene', mokt'anta'an wa kun mokt'aantbil tumeen u noj jala'achil u noj máak'táanlu'umil México yéetel chíimpolta'an tumeen senadoe', yaan u p'áatal u beet u noj a'almajt'aanil ichil tuláakal México. Tuláakal juezo'ob ti' petenlu'umo'obe' yaan u meyajo'ob yéetel le noj a'almajt'aana', áantaj a'almajt'aano'obe' yéetel tratado'ob, kex ka'a yanak nu'uktajt'aano'ob u kúulpacht'antik ti' le a'almajt'aano' wa yéetel u a'almajt'aanil petenlu'umo'ob.

Artículo 134. Tuláakal taak'in kun yantal ti' federación, petenlu'umil, méektáankajil, Distrito Federal yéetel mola'ayilo'ob político-administrativo ichil tak tu'ux ku náakal u meyajo'obe', yaan u meyajta'al ma'alob, je'ex unaje', kalaantbil, t'aalkab tu yich kaaj yéetel u toojil óol tia'al u ts'o'okbesik u beelalo'ob.

Tuláakal u yich le meyajo'ob kun beetbil yéetel le taak'ino' yaan u p'isxak'alta'al tumeen le mola'ay técnica ku ts'aabil tumeen Federación, petenlu'umilo'ob yéetel Distrito Federal, tia'al u kaxanta'al ka'a ts'a'abak le taak'ino'ob tia'al u meyajo'ob bey je'x u ya'alik le junxóot a'almajt'aan yaan yóok'ol le je'ela'.

Tuláakal le je'ela', mixba'ati' le ba'ax jets'a'an ti' artículo 74, Fracción VI yéetel artículo 79.

Tuláakal maan, arrendamiento yéetel u ko'onol je'e ba'alak ti' u ba'alubáa, u beeta'al je'e ba'alak áantaj meyajil ti' kaaje' yéetel u bo'otik ka'a beeta'ak wa ba'ax meyajil, yaan u ts'a'abal beetbil yéetel yaan u beeta'al yéetel licitación pública ba'ax kun payalt'antbil tu táan kaaj tia'al ka'a béeyak u k'ubik u meyaj je'emáaxak ti' jumpéel k'albil ju'une', ba'axo'ob kun je'ebil tu táan kaaj, tia'al ka'a béeyak u kaxanta'al jump'éel meyaj jach ma'alob u tojol, u meyajil, u xuupil, u k'iinil u ts'o'okol yéetel u láak' ba'alo'ob k'a'abéet.

Wa tumeen ichil le meyajo'ob kun k'ubbil mix jump'éel ku ye'esik je'e u jóok'ol bey je'ex ku k'áata'alo', a'almajt'aano'ob yaan u jets'iko'ob bixi, bix kun beetbil, ba'ax yéetel nu'uktajt'aanil, ba'ax ju'unilo'ob k'a'abeet u k'u'ubul yéetel tuláakal u láak' ba'alo'ob k'a'abet tia'al u jóok'ol le bajux, le bix unaje', ka'a ojéelta'ak tumeen kaaj yéetel tojil óol ka'a béeyak u jóok'ol yéetel uts tia'al kaaj.

Tia'al u meyajta'al u taak'inil Federación tumeen petenlu'umilo'ob, méek'táankajo'ob, Distrito Federal yéetel u mola'ayil político-administrativo ichil tak tu'ux ku náakal u meyaje', yaan nu'ukbesa'al tumeen le ba'ax jets'a'an ichil le a'almajt'aana' yéetel u áantaj a'almajt'aanil. U xak'alta'al bix úuchik u beeta'al u meyaj le taak'ino' yaan u beeta'al tumeen le mola'ayo'ob ténicas tu petenlu'umilo'ob México, ch'a'achi'ita'an ichil u ka'axóot' le artículo je'ela'.

Le aj meyajo'obo' leti'ob unaj u ts'o'okbesiko'ob tuláakal ba'ax ku ya'ala'al ichil le título cuarto ti' el noj a'almajt'aana'.

Tuláakal u aj meyajilo'ob federación, petenlu'umilo'ob yéetel méek'táankaajo'obe', ba'ale' beeyxan Distrito Federal yéetel u delegaciono'obe', yaanti'ob mantats' u noj k'ubenil u ts'o'okbesa'al nu'uka'an u meyajta'al tuláakal le u taak'in kaaj ts'a'an tu k'abo'obo', ba'ale' ma' najmal u yokbesikuba ichil bix u t'o'oxol ti' partido político'obi'.

Tuláakal péektsil, je'e bixak ka'a kaxanta'ak u yojéeltik kaaj, ken u ts'áa ojéeltbil tuláakal poderoob público, le mola'ayo'ob autónomo, u kúuchilo'ob wa u najilo'ob u meyaj jala'ach yéetel je'e máakalmáak u láak' u mola'ayil ti' tu yóoxjaats'il jala'ache', ma' unaj u jóok'ol ti' ba'ax u beelal le mola'ayo' yéetel tia'al u ts'aa ojéetbil, u kaambes wa u nu'ukt kaaj tu yóok'lal wa ba'ax. Ti' mix jump'éel la péektilo'oba', unaj u jóok'sa'al u k'aaba', u yoochel, u t'aan wa u chíikul ka'a u beet u na'ata'al táan u ts'áakuba k'ajóoltbil je'e máaxak aj meyajile'.

A'almajt'aano'ob, tak chen jach tu'ux úuchak u k'uchul u meyaje', yaan u jach kaalantik u ts'o'okbesa'al bey je'ex unaj, tuláakal ba'ax jets'a'an ichil le ka'axóot' táant u ts'íibta'ala' pa'te' yéetel bix kun beetbil u bo'otik u sipipil máax ma'aten u ts'o'okbese.

TÍTULO OCTAVO
Tu yóok'lal ba'axo'ob ku k'e'exel ti' noj a'almajt'aan

Artículo 135. Le nooj a'almajt'aana' je'e u béeytal u tsa'ayal wa u k'e'exele'. Tia'al ka'a páatak u chíimpolta'al le ba'axo'ob ku ts'a'ayal wa le ku k'e'exel ichilo', k'a'abet xan u chíimpolta'al tumeen ka'ajaats ti' tu yóoxjaatsil máaxo'ob kun kula'antal ichil le Congreso de la Unión le k'iin ken je'ets'ek bix kun p'áatale' yéetel xan ka'a chíimpolta'ak tumeen u ya'abil legislatura'ob ti' u petenlu'umilo'ob México.

Congreso de la Unión yéetel Comisión Permanente wa leti' kun meyajtike', leti'ob kun xokik tuláakal voto'ob tia'al legislatura'ob tu yóok'lal yéetel u ts'áako'ob k'ajóoltbil ts'o'ok u je'ets'el u tsa'ayal wa u k'e'exel.

Título noveno
Tu yóok'lal u noj be'enil yéetel mixmáak najmal u nuumsik le noj a'almajt'aana'

Artículo 136. Le noj a'almajt'aana' ma'atan u sa'atal u múuk' yéetel u páajtalil, kex wa ku ján xóot'ol u chíimpolta'al tumeen jump'éel x-wo'okin. Wa tu yóok'lal je'e ba'alak x-wo'okinil ku kulkiinsa'al jumpéel jala'achil ku kúulpacht'antik le ba'ax ku jets'ike', chen p'el u ka'a ch'a'ak u beel u kuxtal kaaje', ku ka'a káajal u ts'o'okbesa'al, yéetel xan u ts'o'okbesa'al a'almajt'aano'ob tu yóok'ol ba'ax tu beetaj je'e máaxak ichil le x-wo'okino' ba'ale' beeyxan tu yóok'ol tak máax chen áantajaj yéetal.

Transitorios

Artículo 1. Le Noj a'almajt'aana' yaan u ts'a'abal k'ajóoltbil ku ts'o'okole' ichil jump'éel noj chíimpolile' yaan u káantik máak u ts'o'okbesik yéetel u beetik u ts'o'okbesa'al ichil tuláakal u méek'táanlu'umil México; ba'ale' kex ma'atan u táakpajal ichil tuláakal tsóolnu'ukt'aano'ob beeta'an tu yóok'lal yéeytáambal tu'ux ku jóok'sa'al máaxo'ob kun jo'olbesik supremos poderes federales yéetel ti' petenlu'umilo'obe', ba'ax k'a'abet u káajal u chíimpolta'al tu seebalkile', ma'atan u káajal u ts'o'okbesa'al tak 1 ti' mayo tu ja'abil 1917, tumeen ti' le k'iin je'el unaj u kulkiinsa'al Congreso Constitucional yéetel u káantik u ts'o'okbesiko'ob tia'al je'e ba'alak yéeyt'aambalil le ken yéeya'ak u noj jala'achil Méxicoe'.

Tia'al le yéeytáambalil kun payalt'antbil bey je'ex ku ya'alik le artículo ku taal táanila', ma'atan u k'a'abetkuunsa'al le Fracción v ti' artículo 82o'; yéetel kex táan u meyaj máak ejercitoe' je'e u béeytal u beetik u diputadoil wa senadorile', chen k'a'abet mina'an mando ti' ichil le súut kaajil tu'ux kun úuchul le yéytáambalo'; láayli' xan mina'an ba'ax wet'ik u páajtalil u yéeya'al tia'al le Congreso de la Unión ku taalo', le secretari'ob yéetel subseceetario'ob de estado, chen k'a'abet u p'atik u meyaj jumpakili' le k'iin kun jóok'ol u payalt'aanil le yéeytáambalo'.

Artículo 2. Le máax jo'olbesik Poder Ejecutivo ti' u noj méek'táalu'umil Méxicoe', chen p'el u ts'a'abal k'ajóoltbil le noj a'almajt'aana' yaan u beetik u payalt'aanil yéeytáamabal ichil poderes federales, ba'ale' yaan u kaalantik u beeta'al tu'ux ka'a ila'ak u béeytal u yantal Congreso le k'iin k'a'abete', tu yóok'lal beyo' le ken ts'o'okok u xo'okol tuláakal voto'ob yanchaj tia'al u yéeya'al u noj jala'achil Méxicoe', je'e u béeytal u ts'a'abal ojéeltbil máax kun p'áatal u beet u noj jala'achile', tia'al ka'a ts'o'okbesa'ak ichil le artículo yaan tu yóok'ol le je'ela'.

Artículo 3. Le túumben jala'achjilo' yaan u káajal u xook, u tia'al diputado'ob yéetel senadoro'ob, tu yáax k'iinil le septiembre ku taalo', yéetel u tia'al u noj jala'achil Méxicoe' tu yáax k'iinil diciembre tu ja'abil 1916.

Artículo 4. Le senadoro'ob kun ts'aabilo'ob ti' le yéeytáambal yéetel ken u biso'ob xokp'éelal pare', chen ka'ap'éel ja'ab ken u beeto'ob ti' le meyaja', u tia'al beyo' le Cámara ti' Senadoro'obo' yaan u túumbenchajal u chúumuk láalaj ka'ap'éel ja'ab.

Artículo 5. Congreso de la Unióne' yaan u yéeyik Magistrado'ob *(sic)* ti' Suprema Corte de Justicia de la Nación, ti' le u winalil mayo ku taala', tu yóok'lal beyo' le u mola'ayil meyaja' ku ki'i kulkiinsa'alo'ob tu winalil junio.

Tia'al le yéeytáamabalo'oba' ma'atan u ts'o'okbesa'al artículo 96 tu yóok'lal propuestas tia'al máax kun báaxal tia'al legislatura localo'ob; ba'ale' le máaxo'ob kun ts'aabilo' chen kun meyajo'ob tia'al le yáax ka'ap'éel ja'ab je'ex ku jets'ik artículo 94.

Artículo 6. Congreso de la Unione' yaan u meyaj ti' jump'éel período extraordinario kun káajal 15 ti' abril ti' 1917, tia'al u beetikubáa u mola'ayil yéeytáambal, u xokik voto'ob yéetel u ya'alik wa uts beeta'abik u yéeytáambalil u noj jala'achil México, ba'ax yaan u ts'áak ojéeltbil; ba'ale' beeyxan, tia'al u jóok'es u Ley Orgánica Tribunalo'ob ti' Circuito yéetel Distrito, u Ley Orgánica Tribunalo'ob ti' Distrito Federal yéetel territorio'ob, tia'al ka'a páatak u k'u'ubul u ju'un magistrado'ob ti' circuito yéetel juezo'ob tumeen Suprema Corte de Justicia de la Nación, yéetel xan Congreso de la Unión ka'a u chíimpolt u yéeya'al magistrado'ob, juezo'ob de Primera Instancia ti' Distrito Federal yéetel territorio'ob; ba'ale' yaan xan u jóok'sik tuláakal a'almajt'aano'ob kun chíimpoltbil tumeen u noj jala'chil México. Tuláakal Magistrado'ob ti' Circuito yéetel juezo'ob ti' Distrito, yéetel magistrado'ob yéetel u juezilo'ob Distrito Federal yéetel u territori'obe', yaan u káajsik u meyajo'ob tu yáax k'iinil julio tu ja'abil 1917, tu jeel le máaxo'ob ts'a'abo'ob tumeen u noj jala'achil México.

Artículo 7. Chen tia'al le k'iin je'ela' u xo'okol jayp'éel voto tia'al u yéeya'al senadoro'obe' yaan u beeta'al tumeen junta computadora ti' yáax distrito tia'al yéeytáambal ti' jujump'éelil petenlu'umo'ob wa ti' Distrito Federal, ba'ax kun beetbil tia'al u xo'okol voto'ob tia'al diputado, yéetel leti' xan le junta kun k'ubik u credencial le senadoro'ob kun yéeybilo'.

Artículo 8. Suprema Corte de Justicia de la Nación kun ts'o'okbesik amapro'ob kun yantal, ba'ale' yaan u nu'uktikubáa yéetel le a'almajt'aano'ob ku chíimpolta'al bejlao'.

Artículo 9. Le yáax máak ken u beet u yáax jo'olpo'opil ti' Ejército Constitucionalistao', máax kun jo'olbesik Ejecutivo de la Unión, ku p'áatal yéetel u páajtalil u jóok'sik u a'almajt'aanil yéeytáambal, bey je'ex unaj u beeta'al bejla'a yéeytáambal tia'al u pa'atal poderes de la unión.

Artículo 10. Je'emáaxak ka'a chíikpajak u k'aaba' ichil jump'éel jala'achil sinjal tu yóok'lal wa ichil x-wo'okin tu contra u jala'achil Méxicoe', wa áantajnaj ichil x-wo'okin, wa tu ba'ate'taj jala'ach wa tu yáantaj máako'ob ku ba'ate'tik jala'ache' ts'a'an tumeen la noj a'almajt'aanta', yaan u máansa'alo'ob tu táan justicia, wa tumeen ma'aj sa'atasa'ab u si'ipil tumeen le a'almajt'aano'obo'.

Artículo 11. Ka'alikil le Congreso'ob de la Unión yéetel le petenlu'umo'ob ma' u beeto'ob legislación tu yóok'lal talamilo'ob agrario yéetel obreroe', yaan u ts'o'okbesa'al u chuunt'aanil ba'ax jets'a'an ichil le a'almajt'aan tu yóok'lalo' yéetel yaan u ts'o'okbesa'al tuláakal México.

Artículo 12. Tuláakal mexicano xíimbalnaj yéetel Ejército Constitucionalista, u paalal, u yatano'ob, wa u láako' máako'ob meyajnajo'ob tu yóok'lal revolucione' wa ka'ansaje' yaan u táanilkuunsa'al tia'al u maniko'ob xóoxot' lu'umo'ob bey je'ex u ch'a'achi'itik artículo 27 yéetel u najmalajo'ob u yéensa'al u tojolti'ob bey je'ex ku ja'alik a'almajt'aano'obe'.

Artículo 13. Bejlae' ku mina'antal je'e ba'alak p'aaxil yanchaj ti' je'e máaxak aj meyajil yéetel u ts'uulilo'ob, u láak'tsilo'ob wa u láak' máak, tak le k'iin ka'aj ts'íibta'ab le noj a'almajt'aana'.

Artículo 14. Ku mina'ankuunsa'al Secretaría de Justicia.

Artículo 15. Ku ts'a'abal u páajtalil ti' máax jo'olbesik Ejecutivo de la Unión tia'al u jóok'sik u a'almajt'aanil responsabilidad civil ba'ax kun ts'o'okbesbil tu yóok'ol máax beetik loobil, máax áantik yéetel máax ta'akiko'ob yéetel le loobil tu beetajo' kex táan u kúulpacht'antik u nu'uktaj le noj a'almajt'aan tak tu winalil febrero tu ja'abil 1913 yéetel tu contra le jala'ach ts'a'an yéetel le noj a'almajt'aana'.

Artículo 16. Le Congreso Constitucional ichil u meyajo'ob bey je'ex jets'a'anil kun káajal tu yáax k'iinil septiembre ti' le ja'aba', yaan u jóok'sik tuláakal u a'almajt'aanil orgánica le noj a'almajt'aan wa ma' jóok'sa'ak tak bejla' ichil le sesiono'ob extraordinario ku ch'a'achi'ita'al tumeen artículo 6 transitorioo', yéetel yaan u táanilkuunsik a'almajt'aano'ob yaan ba'al u yila'a yéetel u najmal wíinik tu juunal ba'ale' beeyxan yéetel artículos 30, 32, 33, 35, 36, 38, 107 yéetel u ts'ook junxóot' artículo 111 ti' le noj a'almajt'aana'.

Artículo 17. Tuláakal k'ujnaj yéetel u láak' u ba'alubáa, bey je'ex u ya'alik artículo 27 ti' Estados Unidos Mexicanos ku k'e'exel yéetel le decretoa', u tia'al u noj méek'táanlu'umil México, yéetel bey kun p'áatalo'.

Artículo 18. Tsela'an.

Artículo 19. Tsela'an.

Beeta'ab tu kúuchil Salón de Sesiones ti' Congreso Constituyente tu kaajil Querétaro, tu k'iinil treinta y uno ti' enero tu ja'abil mil novecientos diecisiete.- noj jala'ach: Luis Manuel Rojas, diputado ti' u petenlu'umil Jalisco.- primer vice-presidente: Gral. de División Cándido Aguilar, diputado ti' u petenlu'umil Veracruz.- segundo vice-presidente: Gral. Brigadier Salvador González Torres, diputado ti' u petenlu'umil Oaxaca.- diputado ti' u petenlu'umil Aguascalientes: Daniel Cervantes.- diputado ti' u petenlu'umil Baja California: Ignacio Roel.- diputados ti' u petenlu'umil Coahuila: M. Aguirre Berlanga, José Ma. Rodríguez, Jorge E. Von Versen, Manuel Cepeda Medrano, José Rodríguez González (suplente).- diputado ti' u petenlu'umil Colima: Francisco Ramírez Villarreal.- diputados ti' u petenlu'umil Chiapas: Enrique Suárez, Lisandro López, Daniel a. Cepeda, Cristóbal Ll. yéetel Castillo, J. Amilcar Vidal.- diputado ti' u petenlu'umil chihuahua: Manuel M. Prieto.- diputados ti' u petenlu'umil Distrito Federal: Gral. Ignacio L. Pesqueira, Lauro López Guerra, Gerzayn Ugarte, Amador Lozano, Félix F. Palavicini, Carlos Duplan, Rafael L. de los Ríos, Arnulfo Silva, Antonio Norzagaray, Ciro B. Ceballos, Alfonso Herrera, Román Rosas y Reyes (suplente), Lic. Francisco Espinosa (suplente).- diputados ti' u petenlu'umil Durango: Silvestre Dorador, Lic. Rafael Espeleta, Antonio Gutiérrez, Dr. Fernando Gómez Palacio, Alberto Terrones B., Jesús de la Torre.- diputados ti' u petenlu'umil Guanajuato: Gral. Lic. Ramón Frausto, Ing. Vicente M. Valtierra, José N. Macías, David Peñaflor, José Villaseñor, Santiago Manrique, Lic. Hilario Medina, Manuel G. Aranda, Enrique Colunga, Ing. Ignacio López, Dr. Francisco Díaz Barriga, Nicolás Cano, Tte. Crnl. Gilberto N. Navarro, Luis Fernández Martínez, Luis M. Alcocer (suplente), Ing. Carlos Ramírez Llaca.- diputados ti' u petenlu'umil Guerrero: Fidel Jiménez, Fidel Guillén, Francisco Figueroa.- diputados ti' u petenlu'umil Hidalgo: Antonio Guerrero, Leopoldo Ruiz, Lic. Alberto M. González, Rafael Vega Sánchez, Alfonso Cravioto, Matías Rodríguez, Ismael Pintado Sánchez, Lic. Refugio M. Mercado, Alfonso Mayorga.- diputados ti' u petenlu'umil Jalisco: Marcelino Dávalos, Federico E. Ibarra, Manuel Dávalos Ornelas, Francisco Martín del Campo, Bruno Moreno, Gaspar Bolaños B., Juan de Dios Robledo, Ramón Castañeda y Castañeda, Jorge Villaseñor,

Gral. Amado Aguirre, José I. Solórzano, Francisco Labastida Izquierdo, Ignacio Ramos Praslow, José Manzano, Joaquín Aguirre Berlanga, Gral. Brigadier Esteban B. Calderón, Paulino Machorro yéetel Narváez, Crnl. Sebastián Allende, Jr.- diputados ti' u petenlu'umil México: Aldegundo Villaseñor, Fernando Moreno, Enrique O'farril, Guillermo Ordorica, José J. Reynoso, Antonio Aguilar, Juan Manuel Giffard, Manuel A. Hernández, Enrique A. Enríquez, Donato Bravo Izquierdo, Rubén Martí.- diputados ti' u petenlu'umil Michoacán: José P. Ruiz, Alberto Peralta, Cayetano Andrade, Uriel Avilés, Gabriel R. Cervera, Onésimo López Couto, Salvador Alcaraz Romero, Manuel Martínez Solórzano, Martín Castejón, Lic. Alberto Alvarado, José Álvarez, Rafael Márquez, José Silva Herrera, Amadeo Betancourt, Francisco J. Múgica, Jesús Romero Flores.- diputados ti' u petenlu'umil Morelos: Antonio Garza Zambrano, Álvaro L. Alcázar, José L. Gómez.- diputados ti' u petenlu'umil Nuevo León: Manuel Amaya, Nicéforo Zambrano, Luis Ilizaliturri, Crnl. Ramón Gámez, Reynaldo Garza, Plutarco González, Lorenzo Sepúlveda (suplente).- diputados ti' u petenlu'umil Oaxaca: Juan Sánchez, Leopoldo Payán, Lic. Manuel Herrera, Lic. Porfirio Sosa, Lic. Celestino Pérez Jr., Crisóforo Rivera Cabrera, Crnl. José F. Gómez, Mayor Luis Espinosa.- diputados ti' u petenlu'umil Puebla: Dr. Salvador R. Guzmán, Lic. Rafael P. Cañete, Miguel Rosales, Gabriel Rojana, Lic. David Pastrana Jaimes, Froylán C. Manjarrez, Tte. Crnl. Antonio de la Barrera, Mayor José Rivera, Crnl. Epigmenio A. Martínez, Pastor Rouaix, Crnl. De ings. Luis T. Navarro, Tte. Crnl. Federico Dinorin, Gral. Gabino Bandera Mata, Crnl. Porfirio del Castillo, Crnl. Dr. Gilberto de la Fuente, Alfonso Cabrera, José Verastegui.- diputados ti' u petenlu'umil Querétaro: Juan N. Frías, Ernesto Perrusquia.- diputados ti' u petenlu'umil San Luis Potosí: Samuel M. Santos, Dr. Arturo Méndez, Rafael Martínez Mendoza, Rafael Nieto, Dionisio Zavala, Gregorio A. Tello, Rafael Curiel, Cosme Dávila (suplente).- diputados ti' u petenlu'umil Sinaloa: Pedro R. Zavala, Andrés Magullón, Carlos M. Ezquerro, Cándido Avilés,

Emiliano C. García.- diputados ti' u petenlu'umil Sonora: Luis G. Monzón, Ramón Ross.- diputados ti' u petenlu'umil Tabasco: Lic. Rafael Martínez de Escobar, Santiago Ocampo, Carmen Sánchez Magallanes.- diputados ti' u petenlu'umil Tamaulipas: Crnl. Pedro A. Chapa, Ceferino Fajardo, Fortunato de la Hijar, Emiliano Próspero Navarrete.- diputados ti' u petenlu'umil Tepic: Tte. Crnl. Cristóbal Limón, mayor Marcelino Sedano, Juan Espinosa Bavara.- diputados ti' u petenlu'umil Tlaxcala: Antonio Hidalgo, Ascensión Tepal, Modesto González y Galindo.- diputados ti' u petenlu'umil Veracruz: Saúl Rodiles, Enrique Meza, Benito Ramírez B., Eliseo L. Céspedes, Adolfo G. García, Josafat F. Márquez, Alfredo Solares, Alberto Román, Silvestre Aguilar, Ángel S. Juarico, Heriberto Jara, Victorio N. Góngora, Carlos L. Gracidas (suplente), Marcelo Torres, Juan de Dios Palma, Galdino H. Casados, Fernando A. Pereyra.- diputados ti' u petenlu'umil Yucatán: Enrique Recio, Miguel Alonso Romero, Héctor Victoria A.- diputados ti' u petenlu'umil Zacatecas: Adolfo Villaseñor, Julián Adame, Jairo R. Dyer, Samuel Castañón, Andrés L. Arteaga, Antonio Cervantes, Crnl. Juan Aguirre Escobar.- secretario: Fernando Lizardi, diputado ti' u petenlu'umil Guanajuato.- secretario: Ernesto Meade Fierro, diputado ti' u petenlu'umil Coahuila.- secretario: José M. Truchuelo, diputado ti' u petenlu'umil Querétaro.- secretario: Antonio Ancona Albertos, diputado ti' u petenlu'umil Yucatán.- prosecretario: Dr. Jesús López Lira, diputado ti' u petenlu'umil Guanajuato.- prosecretario: Fernando Castaños, diputado ti' u petenlu'umil Durango.- prosecretario: Juan de Dios Bohórquez, diputado ti' u petenlu'umil Sonora.- prosecretario: Flavio A. Borquez, diputado ti' u petenlu'umil Sonora.

Tu yóok'lale' ku túuxta'al ka' jóok'sa'ak u ju'unil, ka'a t'o'oxok yéetel ts'a'abak k'ajóoltbil yéetel jumpéel noj tse'e'kil beeyxan ka'a k'a'ayta'ak ichil tuláakal u lu'umil México tia'al ka'a ts'o'okbesa'ak.

Beeta'ab Palacio Nacional ti' u noj kaajil Querétaro, jo'op'éel u k'iinil u winalil febrero ti' 1917.- V. Carranza.- Rúbricas.

Artículos Transitorios ti' ba'axo'ob k'exa'an ti' u noj a'almajt'aanil México. Ti' artículo 100, ts'a'an k'ajóoltbil 11 ti' junio ti' u ja'abil 1999

Artículo primero. Le ts'e'ekt'aana' yaan u káajal u chíimpolta'al le k'iin kun ts'aabil k'ajóoltbil tumeen Diario Oficial ti' Federación.

Artículo segundo. Le máaxo'ob ku meyajo'obe' bejla'a bey Consejero ti' Judicatura Federal, ba'ale' ma' tak máak jo'olbesik le Consejo, yaan u ts'o'okol u meyajo'ob le k'iin ken káajak u chíimpolta'al le a'almajt'aana'.

Tu báankabil Suprema Corte ti' Justicia, Senado yéetel u noj jala'achil u noj méek'táanlu'umil Méxicoe' yaan u ts'áako'ob máax ken u beet u Consejeroil ti' Judicatura Federal, bey je'ex ku ya'alik le artículo 100 k'exa'ano', jach u xaanile' tak treinta u k'iinilo'ob káajak u chíimpolta'al.

Chen ti' le juntéen je'ela', le Cosejero'ob ts'a'ano'ob tumeen Suprema Corte ti' Justiciao' yaan u xu'ulul u meyajo'ob tu ts'ook u k'iinil noviembre tu ja'abil 2002, tu ja'abil 2004 yéetel 2006; ba'ale' le ts'a'abo'ob tumeen Senadoe' tu ts'ook u k'iinil noviembre ti' u ja'abil 2003 yéetel 2007; le kun ts'aabil tumeen Ejecutivo Federale', tu ts'ook u k'iinil noviembre tu ja'abil 2005. Le ku ts'a'abak le Consejero'obo' unaj u ya'ala'al ichil máakalmáak unaj u táakpajal.

Artículo tercero. Ka'alikil u kulkiinsa'al u yuumilo'ob Consejo ti' Judicatura Federal, bey je'ex jets'a'anil ichil le artículo yaan yóok'ol le je'ela', yaan u majan meyaj jump'éel comisión temporal kun beetbil tumeen máax jo'olbesik Consejo yéetel tumeen junjaats funcionario'ob kun p'áatalo'ob yáanal u k'ab le Consejo. Le Comisiona' leti' kun beetik u máanil tuláakal ba'alo'ob administrativo tu táan notaría kun x-chukul k'a'abetchajal, ba'ale' ma'atan u béeytal u beetik nombramiento'ob, adscripción, ratificación mix u tselik juezo'ob yéetel magistrado'ob. Chen p'el u kulkiinsa'al le

Consejo, yaan u k'ubik tu táan tuláakalo'ob nu'uktaj meyaj tu beetaj tia'al ka' u jets' ba'ax kun ts'o'okbespajal.

Artículo cuarto. Le meyajo'ob ku ch'a'achi'itik le artículo'ob ku k'e'exelo', ba'ax káaj le k'iin ka'aj káaj u chíimpolta'al le junxóot' a'almajt'aana', ma'atan u xu'ulul u chíimpolta'al bey je'ex kun bin u je'ets'el tumeen u nu'uktajt'aanilo'ob ku beetbil le ken k'a'abetchajake'.

U kúuchil u much'ikubáa mantats' honorable Congreso de la Unión.- México, D. F., tu bolon k'iinil u winalil junio tu ja'abil 1999.- Sen. María de los Ángeles Moreno Uriegas, máax jo'olbesik.- Sen. Francisco Xavier Salazar Sáenz, U no'oj k'abil.- Dip. A. Mónica García Velázquez, U x-no'oj k'abil.- Rúbricas.

Tia'al u ts'o'okbesa'al ba'ax jets'a'an ichil fracción I ti' artículo 89 ti' u noj a'almajt'aanil Estados Unidos Mexicanos, yéetel tia'al ka'a ts'a'abak k'ajóoltbil yéetel tia'al ka'a ts'o'okbesa'ake', kin jóok'sik le a'almajt'aana' tu noj najil Poder Ejecutivo Federal, tu noj kaajil México, Distrito Federal, tu lajun k'iinil u winalil junio tu ja'abil mil novecientos noventa y nueve.- Ernesto Zedillo Ponce de León.- Rúbrica.- El Secretario de Gobernación, Diódoro Carrasco Altamirano.- Rúbricas.

Artículos Transitorios de la Reforma Constitucional del artículo 113, publicada el 14 de junio del 2002

Artículo único. Le a'almajt'aana' yaan u káajal u chíimpolta'al tu yáax k'iinil enero tu ka'ap'éel ja'abil ts'a'abak k'ajóoltbil ti' Diario Oficial ti' Federación.

Federación, u petenlu'umilo'ob u noj méek'táanlu'umil México yéetel méek'táankaajo'obe' yaan u yantal ti'ob le k'iino'ob yaan ichil le ken ts'a'abak k'ajóoltbil le a'almajt'aan tak le ken káajak u chíimpolta'alo', tia'al u jóok'siko'ob u áantaj a'almajt'aanil yéetel u k'exik xan u a'almajt'anilo'ob k'a'abet, tia'al u beetiko'ob u ts'o'okbesa'al, ba'ale' beeyxan u táakbesiko'ob ichil u tsóolts'íibil bajun kun k'a'abetchajal tia'al u ts'o'okbesik u beelalo'ob.

U chíimpolta'al u k'e'exel le a'almajt'aana' jach tsaaj yaan u taasik tu paach u k'e'exel xan tuláakal u áantaj a'almajt'aanilo'ob, bey ti' nivel federal yéetel local, bey je'ex ku tso'olol kaabala':

a) U bo'ota'al makk'o'oche' chen yaan u beeta'al tak ken ts'o'okok u beeta'al tuláakal u xaak'alil tia'al u je'ets'el jach jaaj leti' máak' u yuumil ba'ax k'a'abet u bo'ota'al, yéetel

b) Tia'al u bo'ota'al makk'o'oche' yáax k'a'abet u yila'al wa yaan taak'in ku p'áatal ichil le jóok'sa'an tia'al meyaj ti' le ja'ab je'elo'.

Tia'al u jóok'sa'al a'almajt'aano'ob wa u beeta'al tuláakal ba'ax k'a'abet tia'al u kalaanta'al u ts'o'okbesa'al le a'almajt'aana', yaan tak le jayp'éel k'iino'ob yaan ichil le k'iin kun ts'aabil k'ajóoltbilo' yéetel u káajal u ts'o'okbesa'al. Ichil u chíimpolta'al le a'almajt'aan tak u jóok'sa'al k'ajóoltbilo' ma'atan u béeytal u cha'abal u máan, ka'aja'ab bey je'ex ts'ook u ch'a'achi'ita'alo'.

SALÓN DE SESIONES DE LA COMISIÓN PERMANENTE DEL HONORABLE CONGRESO DE LA UNIÓN.- México, D. F., tu k'iinil 15 ti' mayo ti' 2002.- Sen. Diego Fernández de Cevallos Ramos, U jo'olpo'opil.- Dip. Manuel Añorve Baños, U no'oj k'abil.- Rúbricas.

Tia'al u ts'o'okbesa'al ba'ax ku ya'alik Fracción I ti' artículo 89 ti' u noj a'almajt'aanil Estados Unidos Mexicanos, yéetel tia'al u ts'a'abal k'ajóoltbil yéetel u ts'o'okbesa'ale', kin jóok'sik le a'almajt'aana' tu najil Poder Ejecutivo Federal, tu' noj kaajil México, Distrito Federal, tu óoxlajun k'iinil u winalil junio ti' dos mil dos.- Vicente Fox Quesada.- Rúbrica.- Secretario ti' Gobernación, Santiago Creel Miranda.- Rúbricas.

Artículos Transitorios de la Reforma Constitucional a los artículos 3 y 31, publicada el 12 de noviembre de 2002

Artículo primero. Le a'almajt'aana' yaan u káajal u ts'o'okbesa'al tu jo'oloj ts'a'abak k'ajóoltbil ti' Diario Oficial ti' Federación.

Artículo segundo. U jo'olpo'opilo'ob u mola'ayil xookil federale' yaan u beetik, chen p'el u káajal u ts'o'okbesa'al le a'almajt'aana', le comisiono'ob técnica yéetel tia'al consulta pa'te' yéetel u láak' jala'acho'ob tia'al ka'ansajil k'a'abet u táakpajale'e, tia'al u káajsa'al tuláakal u meyajil k'a'abet tia'al u p'éelili'kuunsa'al u ts'óolmeyajil, ba'ax ken u ka'ansej yéetel máaxo'ob kun meyajtik tu yóox jaatsil u meyajil ka'ansaj tak u súutul chen jump'éelili' educación básica.

Artículo tercero. U jo'olpo'opil xookil federale' chen p'el u káajal u ts'o'okbesa'al le a'almajt'aana', k'a'abet u beetik le comisiono'ob técnico yéetel tia'al consulta pa'te' yéetel u láak' u jala'achilo'ob ka'ansajilo', le k'a'abet tia'al u káajal u meyajil u xak'alta'al tuláakal plano'ob, programa'ob yéetel u áanalte'ilo'ob tia'al le ka'ansajilo', tia'al u jets'iko'ob, bey je'ex ts'a'anil u páajtalil ti'obe', tuláakal u túumben tuukulilo'ob ka'ansajil preescolar ba'ax kun k'ambil jach najmal u xo'okol tumeen tuláakal u paalalil México, ba'ale' beeyxan u ka'ansa'al tuláakal máax kun beetik le ka'ansaja' yéetel xan máax kun jo'olbesik, bey je'ex ku je'ets'el ti' le a'almajt'aana'.

Artículo cuarto. Tia'al u kalaanta'al ma' u p'a'atal paachil mixmáak ichil u yúuchul ka'ansaje' ich preescolar wey Méxicoe', u jo'olpo'opile' ka'ansaje' k'a'abet u beetik tuláakal ba'ax k'a'abet tia'al u ts'o'okbesik le ba'ax jets'a'an ichil artículo 2. ti' u áantaj a'almajt'aanil artículo 5o. ti' le noj a'almajt'aana', ku t'aan tu yóok'lal profesiono'ob, tumeen k'a'abet u na'ata'al tia'al u yúuchul ka'ansaj preescolare' lela' jump'éel profesión k'a'abet yaan u título máak tia'al u ts'o'okbesik, ba'ale' lela' ma' u k'áat u ya'al wa najmal u luk'sa'al meyaj ti' máaxo'ob táanili' u meyajtiko'obe'e.

Artículo quinto. U xookil preescolare' jach najmal u xo'okol tumeen tuláakal paalal beya': tercer año ti' preescolare' yaan u káajal tu ja'abil xook 2004-2005; segundo añoe' tu ja'abil 2005-2006; u yáax ja'abil xooke' tak tu ja'abil 2008-2009. Ichil le ja'abo'ob je'ela' u jala'achil Méxicoe' yaan u k'ujsik le meyajil ichil tuláakal k-noj lu'umile', yéetel yaan u beetik le meyaja', jach ma'alob.

Artículo sexto. Tuláakal u tsóolts'íibil u taak'inil meyaj federal, estatal, ti' Distrito Federal yéetel méek'táankaajo'obe' yaan u yoksiko'ob bajux k'a'abet tia'al: u beeta'al, u nojochkuunsa'al yéetel u ts'a'abal u nu'ukulil chuka'an tia'al u k'ujsa'al ti' tuláakal kaajo'ob u meyajil preescolar; ba'ale' beeyxan u tsóolts'íibil bix kun ka'ansbil le máaxo'ob kun meyajtiko' yéetel xan u ts'a'abal tuláakal u áanalte'ilo'ob x-ma' bo'olil tia'al aj ka'ansajo'ob yéetel xookil paalal. Tia'al le mejen kaajo'ob náachtak yaan ti' noj kaajo'ob tak tu'ux ma'atan u béeytal u k'uchul ts'áabil u nu'ukulil u xookil preescolare', u jala'achilo'ob u noj méek'táanlu'umil México yéetel u jala'achilo'ob méek'táankaajo'obe' yaan u beetiko'ob mokt'aano'ob tia'al u k'ujsa'al le meyaj kun k'a'abetchajal tia'al u yila'al u ts'o'okbesa'al u najmalil tuláakal paalal tia'al ka'a béeyak u xokik u primaria.

Artículo séptimo. U jala'achilo'ob petenlu'umo'ob yéetel ti' Distrito Federale' yaan u beetiko'ob mokt'aano'ob yéetel u noj jala'achil u noj méek'táanlu'umil México tia'al ka'a béeyak u múul meyajo'ob tia'al u ts'o'okbesa'al u k'a'abetil u xokik paalal u preescolar bey je'ex jets'a'anil tumeen le artículo'ob yaan yóok'ol le je'ela'.

Artículo octavo. Le ken káajak u chíimpolta'al le a'almajt'aan bey je'ex jets'a'anilo', yaan u k'e'exel wa u chúukbesa'al u noj a'almajt'aanil Ley General ti' Educación yéetel je'e máakalmáak nu'uktaj a'almajt'aanil yaan ba'al u yila'a yéetele'.

SALÓN DE SESIONES DE LA COMISIÓN PERMANENTE DEL HONORABLE CONGRESO DE LA UNIÓN.- México, D. F., 15 ti' mayo tu ja'abil 2002.- Sen. Diego Fernández de Cevallos Ramos, U jo'olpo'opil.- Dip. Manuel Añorve Baños, U no'oj k'abil.- Rúbricas.

Tia'al u ts'o'okbesa'al ba'ax jets'a'an ichil Fracción I ti' artículo 89 ti' u noj a'almajt'aanil Estados Unidos Mexicanos, yéetel tia'al u ts'a'abal k'ajóoltbil yéetel u ts'o'okbesa'ale', kin jóok'sik le a'almajt'aana' tu najil u noj jala'achil México, tu noj kaajil México, Distrito Federal, tu waxak k'iinil u winalil noviembre tu ja'abil dos mil dos.- Vicente Fox Quesada.- Rúbrica.- El Secretario de Gobernación, Santiago Creel Miranda.- Rúbrica.

Transitorios

PRIMERO. Le ba'ax ku k'e'exela' yaan u káajal u chíimpolta'al tu jo'oloj ts'a'abak k'ajóoltbil ti' Diario Oficial de la Federación.

SEGUNDO. Cámara ti' Senadoro'obe' yaan u jets'iko'ob ichil junjaats meyaj ku k'aaba'tik período ordinario ti' sesiono'ob kun káajal chen p'el u ts'a'abal k'ajóoltbil le a'almajt'aana', tak tu'ux ku náakal u xuul u petenlu'umilo'ob México, ba'ax yaan u pa'atal yéetel u meyaj bey je'ex ku jets'ik le a'almajt'aano'ob kun beetbil u tia'ale', ba'ale' beeyxan je'e ba'alak a'almajt'aanil kun ts'aabil tumeen Ley Orgánica ti' Congreso General ti' Estados Unidos Mexicanos yéetel u áantaj a'almajt'aanil tia'al u kuxtal.

TERCERO. Le k'éex óolalo'ob ken u taas u káajal u chíimpolta'al le a'almajt'aana' yaan u xak'alta'al tumeen Suprema Corte de Justicia de la Nación tu yóok'lal tak tu'ux unaj u náakal tuláakal petenlu'umile', tu séeblakil yaan u máansa'al yéetel tuláakal u ju'unilo'ob ti' Cámara ti' Senadoro'ob, tia'al ka'a páatak bey je'ex jets'a'anile' ichil u meyaje', u jets' u t'aanil u meyajta'al mantats'.

México, D. F., 3 ti' noviembre ti' 2005.- Sen. Enrique Jackson Ramírez, U Jo'olpo'opil.- Dip. Heliodoro Díaz Escárraga, U jo'olpo'opil.- Sen. Yolanda E. González Hernández, Secretaria.- Dip. Patricia Garduño Morales, Secretaria.- Rúbricas.

Transitorios

PRIMERO. Le decreto je'ela' yaan u káajal u chíimpolta'al óoxp'éel winal ts'a'abak k'ajóoltbil tumeen Diario Oficial ti' Federación.

SEGUNDO. U Petenlu'umilo'ob México yéetel Distrito Federale' yaanti'ob tak wak winalo'ob tak tu k'iinil ts'a'abak k'ajóoltbil, tia'al u beetiko'ob tuláakal a'almajt'aano'ob, mola'ayilo'ob yéetel le ba'ax k'a'abet tia'al u ts'o'okbesa'al ba'ax ku jets'ik'.

Federacióne', le k'iin ken ts'a'abak k'ajóoltbil le a'almajt'aana' yaan u yantal ti' tak jump'éel ja'ab tia'al u jóok'sik a'almajt'aano'ob yéetel u beetik le mola'ayo'ob k'a'abet tia'al u ts'o'okbesa'al ba'ax k'a'abet u beeta'al ti' orden federal tia'al u beeta'al jump'éel Sistema de Justicia Integral tia'al paalal máako'ob.

TERCERO. Tuláakal ba'ax táan u xak'alta'al ken káajak u chíimpolta'al le a'almajt'aan yéetel ken beeta'ak u mola'ayil u ts'o'okbesa'al ku ch'a'achi'ita'al tumeen le transitorio yaan yóok'ol le je'ela', yaan u ts'o'oksa'al yéetel a'almajt'aan yaan ka'aj káaj u meyajta'alo'. Le ba'alo'ob ma' je'ets'ek bix kun p'áatal ken káajak u meyajta'al le túumben sistemao' yaan u máansa'al tu k'ab le jala'ach kun beetbilo', tia'al ka'a páatak u ts'o'okbesik u meyajil.

México, D. F., 8 ti' noviembre ti' 2005.- Dip. Heliodoro Díaz Escárraga, U jo'olpo'opil.- Sen. Enrique Jackson Ramírez, U jo'olpo'opil.- Dip. Ma. Sara Rocha Medina, Secretaria.- Sen. Yolanda E. González Hernández, Secretaria.- Rúbricas.

Tia'al u ts'o'okbesa'al ba'ax jets'a'an ichil fracción I ti' artículo 89 ti' u noj a'almajt'aanil Estados Unidos Mexicanos, yéetel tia'al u ts'a'abal k'ajóoltbil yéetel u ts'o'okbesa'ale', kin jóok'sik le a'almajt'aana' tu najil u noj jala'achil México, tu noj kaajil México, Distrito Federal, tu yáax k'iinil u winalil diciembre tu ja'abil dos mil cinco.- Vicente Fox Quesada.- Rúbrica.- El Secretario de Gobernación, Carlos María Abascal Carranza.- Rúbrica.

Transitorios

Primero. Le a'almajt'aana' yaan u káajal u chíimpolta'al tu jo'oloj ts'a'abak k'ajóoltbil tumeen Diario Oficial de la Federación.

Segundo. Ka'alikil u jóok'sa'al le a'almajt'aan general ku ch'a'achi'itik le apartado B ti' artículo 26 ti' le noj a'almajt'aana', xuulul láayli' yaan u chíimpolta'al u a'almajt'aanil Información Estadística yéetel Geografía, yéetel u láak' áantaj a'almajt'aano'ob yéetel disposiciono'ob administrativo yaano'. Beeyxan láayli' yaan u p'áatal tu meyajo'ob máako'ob ts'a'an meyaj podero'ob, mandato'ob, comisiono'ob, yéetel tuláakal delegación yéetel facultado'ob ts'a'an ti' tuláakal u aj meyajilo'ob Instituto Nacional de Estadística, Geografía yéetel Informática.

Tercero. Le ken káajak u chíimpolta'al le a'almajt'aan ku ch'a'achi'ita'al ichil apartado B ti' le artículo 26 ti' le a'almajt'aana', tuláakal u taak'inil yéetel u ba'alubáa, beeyxan le aj meyajo'ob yaano'ob te'e Instituto Nacional ti' Estadística, Geografía yéetel Informática, bey órgano desconcentrado ti' Secretaría ti' Hacienda yéetel Crédito Público, yaan u máansa'al ti' le mola'ayil kun beetbil bey je'ex ku jets'ik le a'almajt'aana'. Tuláakal le aj meyajo'ob kun máan meyaj te'ej túumben mola'ayo' xuulul yaan u p'áatalo'ob yaanal u t'aan ba'ax ku ya'alik apartado B ti' artículo 123 ti' le noj a'almajt'aana', ku ts'o'okole' jumpuli' ma'atan u sa'atal u najmalo'ob tu yóok'lal u meyajo'ob mix u sa'atal u seguro social.

Cuarto. Bey je'ex jets'a'anil ichil u a'almajt'aanilo'obe', u meyajta'al u taak'inil u meyaj le túumben mola'ay kun beetbilo', k'a'abet u je'ets'el u meyaj tu t'aan yóolaj, bey je'ex jets'a'anilo', ma'atan u páajtal u máansa'al táanxelil yéetel ka'a ts'a'abak taak'in chuka'an tia'al u ts'o'okbesik u beelal. Tuláakal le je'ela' tia'al ka'a béeyak u ts'o'okbesik le mola'aya' tuláakal ba'ax u jets'maj u beetik le bix ku ya'ala'al xan tumeen a'almajt'aano'ob ku ya'alik apartado B ti' artículo 26 ti' le noj a'almajt'aana'.

Quinto. Tuláakal ba'ax ma' je'ets'ek bix kun p'áatal yéetel táan u meyajta'al le ken káajak u chíimpolta'al le a'almajt'aana', xuulul láayli' yaan táanalta'al tumeen Instituto Nacional de Estadística, Geografía e Informática, ba'ale' ku ts'o'okole' tumeen le mola'ay kun beetbil je'ex u ya'alik le a'almajt'aana'.

Sexto. Tak ichil 180 k'iino'ob ts'o'ok káajak u chíimpolta'al le a'almajt'aana', Congreso de la Unióne' yaan u jóok'sik le áantaj a'almajt'aan ku ch'a'achi'itik apartado B ti' le artículo 26 ti' le Noj A'almajt'aana'.

Séptimo. Ku tse'elel tuláakal áantaj a'almajt'aano'ob ku kúulpacht'antik le a'almajt'aan je'ela'.

México, D. F., 16 ti' marzo ti' 2006.- Sen. Enrique Jackson Ramírez, U Jo'olpo'opil.- Dip. Marcela González

Salas P., U Jo'olpo'opil.- Sen. Saúl López Sollano, Secretario.- Dip. Patricia Garduño Morales, Secretaria.- Rúbricas.

Tia'al u ts'o'okbesa'al ba'ax ku ya'alik fracción I ti' artículo 89 ti' u noj a'almajt'aanil Estados Unidos Mexicanos, yéetel tia'al ka'a ts'a'abak k'ajóoltbil yéetel ka'a ts'o'okbesa'ake', kin jóok'sik le a'almajt'aana', tu najil Poder Ejecutivo Federal, tu noj kaajil México, Distrito Federal, tu jo'op'éel k'iinil abril ti' u ja'abil dos mil seis.- Vicente Fox Quesada.- Rúbrica.- El Secretario de Gobernación, Carlos María Abascal Carranza.- Rúbricas.

Transitorios

Primero. Le a'almajt'aana' yaan u káajal u chíimpolta'al tu jo'oloj ts'a'abak k'ajóoltbil tumeen Diario Oficial de la Federación.

Segundo. Federación, petenlu'umilo'ob yéetel Distrito Federal, tak tu'ux ku náakal u meyajo'obe', yaan u jóok'siko'ob u a'almajt'aanil tu yóok'lal u béeytal u yojéelta'al tumeen tuláakal máak ba'ax ku meyajtik jump'éel mola'ay yéetel transparencia, wa k'a'abete' chen u k'exik le yaano', jach u xaanile' tak ichil junja'ab jóok'sa'ak le a'almajt'aana'.

Tercero. Federación, petenlu'umilo'ob yéetel Distrito federal, unaj u yantalti'ob sistema'ob electrónico tia'al beyo' je'e máaxak yéetel je'e tu'uxak ka'a yanake', je'e u béeytal u yojéeltik ba'ax yéetel bix u meyaj jump'éel mola'ayil, bey je'ex u ch'a'achi'itik le junxóot' a'almajt'aana', lela' yaan u ts'o'okbesa'al jach u xaanile' tak ichil ka'ap'éel ja'ab jóok'sa'ak. A'almajt'aano'ob locale' yaan u beetiko'ob tuláakal ba'ax k'a'abet u tia'al xan tuláakal le méek'táankaajo'ob máanja'an setenta mil u kajnáalilo'obe' yéetel le yaano'ob tu súutpach Distrito Federalo', ka'a xan u ts'o'okbeso'ob le a'almajt'aana', ichil le beyka'aj k'iino'ob jets'a'ano'.

México, D. F., a 13 de junio de 2007.- Sen. Manlio Fabio Beltrones Rivera, Presidente.- Sen. Javier Orozco Gómez, Secretario.- Rúbricas.

Tia'al u ts'o'okbesa'al ba'ax ku ya'alik Fracción I ti' artículo 89 ti' u noj a'almajt'aanil Estados Unidos Mexicanos, yéetel tia'al ka'a ts'a'abak k'ajóoltbil yéetel ka'a ts'o'okbesa'ake', kin jóok'sik le a'almajt'aana', tu najil Poder Ejecutivo Federal, tu noj kaajil México, Distrito Federal, tu waxak lajun k'iinilo'ob u winalil junio ti' u ja'abil dos mil siete.- Felipe de Jesús Calderón Hinojosa.- Rúbrica.- El Secretario de Gobernación, Francisco Javier Ramírez Acuña.- Rúbricas.

Transitorios

Artículo Primero. Le a'almajt'aana' yaan u káajal u chíimpolta'al tu jo'oloj ts'a'abak k'ajóoltbil tumeen Diario Oficial de la Federación.

Artículo segundo. Chen juntéene' Instituto Federal Electorale', yaan u jets'ik, bey je'ex ken u ya'alik a'almajt'aano'ob kun jóok'sbil tu yóok'lale', tak jach bajux ken u xupbil tia'al campaña presidencial tu ja'abil 2008, chen tia'al u je'ets'el tak bajux úuchak u béeytal u ts'áak financiamiento privado, ti' partido político'ob.

Artículo tercero. Congreso de la Unióne' unaj u k'exik tuláakal a'almajt'aano'ob federal k'a'abete' jach u xaanile' tak ichil junwinal ti' le k'iin kun ts'aabil k'ajóoltbil le a'almajt'aana'.

Artículo cuarto. Tia'al u ts'o'okbesa'al ba'ax ku ya'alik tercer párrafo ti' base V ti' artículo 41 ti' la noj a'almajt'aana', tak ichil jach u xaanil 30 k'iino'ob káajak u chíimpolta'al le a'almajt'aana', Cámara ti' Diputado'obe' yaan u tsolik u yuumilo'ob máax kun beetik Consejo General ti' Instituto Federal Electoral, bey je'ex ku ya'ala'ala':

a) Yaan u yéeyik u túumben Jo'olpo'opil, máax kun p'áatal tak 30 ti' octubre tu ja'abil 2013; le ken ts'o'okok u ts'a'abale', wa tumeen ku ka'a k'a'abetchajale', je'e u béeytal u ka'a yéeya'al u beet chen tak u láak' juntéene', bey je'ex jets'a'anil ichil le párrafo tercero ti' artículo 41 ti' la a'almajt'aan ts'o'ok u yáax ch'a'achi'ita'alo';

b) Yaan u yéeyik ka'atúul túumben consejero'ob, máaxo'ob kun meyaj tak 30 ti' octubre ti' 2016.

c) Yaan u yéeyik ichil le waxaktúul consejero electoralo'ob táanili' u meyajo'ob le ken káajak u chíimpolta'al le a'almajt'aana', óoxtúul kun xu'ulul u meyajo'ob tak 15 ti' agosto ti' 2008 yéetel u láak' óoxtúul kun p'áatal tak 30 ti' octubre ti' u ja'abil 2010;

d) Jach u xaanile' tak tu k'iinil 15 ti' agosto ti' 2008e' yaan u yéeyik le óoxtúul consejero electoralo'ob kun ts'o'okol u meyajo'ob tak 30 ti' octubre ti' 2013o'.

Le consejero electoralo'ob yéetel le consejero Presidente ti' Consejo General ti' Instituto Federal Electoral, táanili' u meyaj ken káajak u chíimpolta'al le a'almajt'aana', yaan u p'áatal tu meyaj tak ken ts'o'okbesa'ak tumeen Cámara ti' Diputado'ob le ba'ax ku ya'alik le artículo je'ela'. Ba'ale' ku p'áatal mixba'al u beelal tuláakal nombramiento ts'a'an ti' consejero'ob electoral suplente'ob ti' Consejo General ti' Instituto Federal Electoral jets'a'an ka'ach tumeen le a'almajt'aan ts'a'ab k'ajóoltbil tumeen Diario Oficial ti' Federación tu k'iinil 31 ti' octubre tu ja'abil 2003.

Artículo quinto. Tia'al u túumbenkuunsa'al jujump'íitil máaxo'ob ku beetik u Magistrado electoralilo'ob ti' Sala Superior yéetel salas regionalo'ob ti' Tribunal Electoral ti' Poder Judicial ti' Federación ku ch'a'achi'ita'al tumeen artículo 99 ti' le noj a'almajt'aana', yaan u chíimpolta'al ba'ax ku jets'ik Ley Orgánica ti' Poder Judicial ti' Federación.

Artículo sexto. Legislatura'ob ti' petenlu'umo'ob yéetel Asamblea Legislativa ti' Distrito Federale', k'a'abet u k'exik u a'almajt'aanil bey je'ex jets'a'anil tumeen la a'almajt'aan je'ela', jach u xanile' tak ichil junja'ab le k'iin ken káajak u chíimpolta'ale'; wa ku k'a'abetchajale', yaan u chíimpolta'al ba'ax ku ya'alik artículo 105, Fracción II, párrafo cuarto ti u noj a'almajt'aanil Estados Unidos Mexicanos.

Tuláakal petenlu'umilo'ob ts'o'ok u káajsik u beetiko'ob yéeytáambal ken káajak u chíimpolta'al le a'almajt'aana' wa kex chen jach ta'aytak u káajsiko'obe', yaan u ts'o'okbesiko'ob yáanal u t'aan le a'almajt'aan ku chíimpolta'al tak ti' le k'iino', ba'ale' chen p'el u ts'o'okol le yéeytáambalo' yaan u k'exiko'ob tuláakal le ba'ax k'a'abet bey je'ex ku ya'alik le junxóot' a'almajt'aana', tak le beyka'aj k'iin ku ya'ala'al unaj u beetchajale', ba'ale' yaan u káajal u xookil u k'iinilo'ob jach tu jo'oloj ts'o'okok le yéeytáambalo'.

Artículo séptimo. Ku tse'elel tuláakal ba'ax kúulpacht'antik le túumben a'almajt'aana'.

México, D. F., 6 ti' noviembre ti' 2007.- Dip. Ruth Zavaleta Salgado, Presidenta.- Sen. Santiago Creel Miranda, Presidente.- Dip. Antonio Xavier López Adame, Secretario.- Sen. Adrian Rivera Pérez, Secretario.- Rúbricas.

Tia'al u ts'o'okbesa'al ba'ax jets'a'an ichil fracción I ti' artículo 89 ti' u noj a'almajt'aanil Estados Unidos Mexicanos, tia'al u ts'a'abal k'ajóoltbil yéetel ts'o'okbesa'ale', ku jóok'sik le a'almajt'aana' tu noj najil Poder Ejecutivo Federal, tu noj kaajil México, Distrito Federal, tu buluk' k'iinil noviembre tu ja'abil dos mil siete.- Felipe de Jesús Calderón Hinojosa.- Rúbrica.- El Secretario de Gobernación, Francisco Javier Ramírez Acuña.- Rúbrica.

Transitorios

PRIMERO. Le a'almajt'aana' yaan u káajal u chíimpolta'al tu jo'oloj ts'a'abak k'ajóoltbil ti' Diario Oficial de la Federación, ba'ale' ma' tak le ba'ax ku ya'alik le transitorio tercero ku taala'.

SEGUNDO. Congreso de la Unión, yéetel Legislatura'ob ti' petenlu'umo'ob yéetel ti' Distrito Federale', k'a'abet u jets'iko'ob a'almajt'aano'ob, wa u k'exiko'ob le k'a'abet tia'al u ts'o'okbesa'al ba'ax ku ya'alik le a'almajt'aana', jach u xaanile' tak ichil junja'ab kun káajal u xo'okol chen p'el u ts'a'abal k'ajóoltbil, ba'ale' ma' bey le ba'ax ku ya'alik artículo 74, Fracción IV ti' le a'almajt'aana'.

TERCERO. Le k'iino'ob jets'a'an tia'al u k'u'ubul u tsóolts'íibil bix xu'upik u taak'in kaaj tumeen jala'ache' yéetel u ya'ala'al wa ku k'a'amal utsile', yaan u káajal u ts'o'okbesa'al chen p'el u je'ets'el cuenta pública tia'al u ja'abil meyaj 2008.

CUARTO. Tuláakal u tsóolts'íibil xuup ti' le ja'abo'ob ts'o'ok u máano' ti' u ja'abil 2008 yaan u xak'alta'al beya':

I. Cámara ti' Diputado'ob, ichil 180 k'iino'ob káajak u chíimpolta'al le a'almajt'aana', k'a'abet u ts'o'oksik u xak'altik tuláakal le Cuenta Pública ti' u ja'abilo'ob 2002, 2003, 2004 yéetel 2005.

II. Le Cuenta Pública tia'al u ja'abilo'ob 2006 yéetel 2007o' yaan u xak'alta'al bey je'ex jets'a'anil tak le k'iino'ob ma'ayli' káajak u chíimpolta'al le a'almajt'aana'.

III. Cámara ti' Diputado'obe' yaan u ts'o'oksik u xak'altik le Cuenta Pública ti' u ja'abil meyaj 2006o', ichil u ja'abil 2008.

IV. Le Cuenta Pública ti' u ja'abil meyaj 2007o', k'a'abet u k'u'ubul jach u xaanile' tak 15 ti' mayo ti' u ja'abil 2008, u ts'íibil wa ku k'a'amal utsile' tak 15 ti' marzo tu ja'abil 2009 yéetel xan k'a'abet u ts'o'okol u xak'alta'al tu ja'abil 2009.

México, D. F., a 19 de febrero de 2008.- Sen. Santiago Creel Miranda, Presidente.- Dip. Ruth Zavaleta Salgado, Presidenta.- Sen. Gabino Cué Monteagudo, Secretario.- Dip. Esmeralda Cárdenas Sánchez, Secretaria.- Rúbricas.

Tia'al u ts'o'okbesa'al ba'ax jets'a'an ichil Fracción I ti' artículo 89 ti' u noj a'almajt'aanil Estados Unidos Mexicanos, tia'al u ts'a'abal k'ajóoltbil yéetel ts'o'okbesa'ale', kin jóok'sik le a'almajt'aana' tu noj najil Poder Ejecutivo Federal, tu noj kaajil México, Distrito Federal, tu wak k'iinil mayo tu ja'abil dos mil ocho.- Felipe de Jesús Calderón Hinojosa.- Rúbrica.- El Secretario de Gobernación, Juan Camilo Mouriño Terrazo.- Rúbricas.

Transitorios

Primero. Le a'almajt'aana' yaan u káajal u chíimpolta'al tu jo'oloj ts'a'abak k'ajóoltbil ti' Diario Oficial de la Federación, ba'ale' ma' tak le ba'ax ku ya'alik le transitorio ku taala'.

Segundo. Le sistema procesal penal acusatorio ch'a'achi'ita'an ti' artículo'ob 16, párrafo segundo yéetel decimotercero; 17, párrafo tercero, cuarto yéetel sexto; 19, 20 yéetel 21, párrafo séptimo ti' le noj a'almajt'aana', yaan u káajal u chíimpolta'al le beeta'an u legislación secudaariaile', ba'ale' lela' ma' unaj u máan ti' waxak ja'abo'ob tia'al u beeta'ali', ku xo'okol tu jo'oloj ts'a'abak k'ajóoltbil le a'almajt'aana'.

Tu yóok'lal lelo', le Federación, le petenlu'umo'ob yéetel Distrito Federal tak tu'ux ku náakal u meyajo'obe', yaan u jóok'siko'ob yéetel u beetiko'ob u chíimpolta'al tuláakal ba'ax k'exa'an yéetel túumben a'almajt'aan k'a'abet tia'al u ts'o'okbesa'al le nu'ukbesaj ti' sistema penal acusatorioo'. Federación, petenlu'umo'ob yéetel Distrito Federale' yaan u meyajo'ob yéetel el sistema penal acusatorio, le bix ken u jets'ilo'obe', wa regional wa tu yóok'lal ba'ax delitoil ku beeta'al.

Ti' le súutuk ken ts'a'abak k'ajóoltbil le áantaj a'almajt'aan ku ch'a'achi'ita'al te'e junxóot' ka'anala', le podero'ob yéetel órgano legislativo yaan ba'al u yilo'ob k'a'abet u jóok'siko'ob xan, jump'éel tsolt'aan kun ts'aabil k'ajóoltbil ti' órgano de difusión oficial, tu'ux k'a'abet u t'áalkab a'ala'al ts'o'ok u táakbesa'al sistema procesal penal acusatorio tia'al u nu'ukta'al meyaj yéetel túune', tuláakal najmalo'ob chíimpolta'an tumeen le noj a'almajt'aana' yaan u káajal u nu'uktik bixi' yéetel ba'axten bey kun ts'o'okbesbil procedimientos penalo'obo'.

Tercero. Kex tu yóok'lal ba'ax ku ya'alik artículo transitorio segundoe', le sistema procesal penal acusatorio jets'a'an ti' le artículo'ob 16, párrafos segundo yéetel decimotercero; 17, párrafos tercero, cuarto yéetel sexto; 19, 20 yéetel 21, párrafo séptimo, ti' le noj a'almajt'aana', yaan u káajal u chíimpolta'al tu jo'oloj ts'a'abak k'ajóoltbil ti' Diario Oficial de la Federación, ti' le petenlu'umilo'ob ts'o'ok u táakbesiko'ob ichil u a'almajt'aanilo'obo', tu yóok'lale' tuláakal xaak'al kun beetbil yéetel le nu'uktaja' yaan u ch'a'abal utsil, kex je'e ba'alak k'iin ka'aj káaj u chíimpolta'ale'. U tia'al le je'elo', yaan u yantal u ts'a'abal k'ajóoltbil bey je'ex jets'a'anil ichil artículo transitorio segundoe'.

Cuarto. Tuláakal procedimiento penal káajsa'an u meyajta'al tak le k'iino'ob ma'ayli' káajak u chíimpolta'al le sistema procesal penal acusatorio ch'a'achi'ita'an tumeen artículo 16, párrafo segundo yéetel decimotercero; 17, párrafo'ob tercero, cuarto yéetel sexto; 19; 20 yéetel 21, párrafo séptimo ti' le noj a'almajt'aana', yaan u ts'o'okbesa'al le bix u ya'alik le a'almajt'aan yaan ka'aj káajsa'ab u meyajta'alo'.

Quinto. Le túumben nu'uktajil tia'al u ka'a k'a'amal máak ich kaaj jets'a'an ichil párrafo segundo ti' artículo 18, ba'ale' beeyxan le régimen de modificación yéetel u xáantal u bo'otik u si'ipil máak jets'a'an párrafo tercero ti' artículo 21, yaan u káajal u chíimpolta'al le k'iin ken u jets'il u legislación secundariayle', ba'ale' lela' ma'atan u béeytal u máan ti' óoxp'éel ja'ab, ku káajal u xo'okol tu jo'oloj ts'a'abak k'ajóoltbil la a'almajt'aana'.

Sexto. Tuláakal legislación tu yóok'lal delincuencia organizada beeta'an tumeen petenlu'umo'obe', xuulul yaan u chíimpolta'al tak ken ts'o'okbesa'ak tumeen congreso de la Unión le páajtalil jets'a'an tumeen artículo 73, Fracción XXI, ti' le noj a'almajt'aana'. Tuláakal proceso penal káajsa'an yéetel u nu'uktaj le úuchben a'almajt'aano', ba'ale' beeyxan le bix ts'oka'an u je'ets'elo', ma'atan u k'a'abetchajal u k'e'exel tumeen u káajal u chíimpolta'al le a'almajt'aan federalo'. Le tun beetike' k'a'abet u nu'up'ul yéetel u ts'o'okbesa'al ba'ax ku jets'ik, bey je'ex u ya'alik la a'almajt'aano'ob ku chíimpolta'al ma'ayli' ts'a'abak meyaj le je'ela'a.

Séptimo. Congreso ti' Unión, jach u xaanile' tak ichil wak winalo'ob ts'a'abak k'ajóoltbil le a'almajt'aana', yaan u jóok'sik u a'almajt'aanil tia'al u beeta'al Sistema Nacional de Seguridad Pública. Petenlu'umilo'obe' yaan u jóok'siko'ob tak jach u xaanil ichil junja'ab kun káajal u xook le ken ts'a'abak k'ajóoltbil le je'ela', le a'almajt'aan tia'al nu'uktiko'.

Octavo. Congreso de la Unión, u lagislatura'il petenlu'umo'ob yéetel órgano legislativo ti' Distrito Federale', k'a'abet u ts'áako'ob le beyka'aj taak'in k'a'abet tia'al u k'e'exel sistema de justicia penalo'. Unaj u ya'ala'al jach bajux kun xupbil tia'al u jejelas meyajil ichil u tsóolts'íibil u taak'inil meyaj kun k'áatbil chen p'el u káajal u chíimpolta'al le a'almajt'aana', ba'ale' beeyxan tia'al u láak' ja'abo'obo'. Le taak'ina' yaan u k'a'abetkuunsa'al tia'al u beeta'al u tsóolts'íibil ba'ax kun k'exbil ich a'almajt'aano'ob, bix kun tsolbil u yuumilo'ob, u beeta'al u najil yéetel tuláakal u ba'alubáa, yéetel le ka'ansaj k'a'abet u ts'a'abal ti' juezo'ob, agente'ob ti' Ministerio Público, policía'ob, aj tokbesajo'ob, parito'ob yéetel abogado'ob.

Noveno. Ichil le ka'ap'éel winalo'ob káajak u chíimpolta'al le a'almajt'aana' yaan u beeta'al jump'éel mola'ay tia'al múulmeyaj tu'ux kun táakpajal máax taasik u t'aan Podero'ob Ejecutivo, Legislativo yéetel Judicial, ba'ale' beeyxan sector académico yéetel chen kaaj, ba'ale' beeyxan Conferencia de Seguridad Pública, Procuraduría ti' Justicia yéetel máax jo'olbesik Tribunalo'ob, ba'ax yaan u yantal ti' jump'éel secretaría técnica, tia'al múulmeyaj yéetel u yáant jala'acho'ob local yéetel federalo'ob, le k'iin ken u k'áato'obe'.

Décimo. Federacione' yaan u ts'áak junjaats táak'in jach chen tia'al u meyaj le secretaría técnica ku ch'a'achi'ita'al tumeen le artículo transitorio octavo. Le taak'ino'obo' yaan u ts'a'abal wa tumeen táan u ts'o'okbesa'al le ba'axo'ob jets'a'an ichil le a'almajt'aano'.

Décimo tercero. Ka'alikil u káajal u chíimpolta'al le sistema procesal acusatorio, le agente'ob ti' Ministerio Público ku jets'bil tumeen u a'almajt'aanilo' je'e u béeytal u k'áatiko'ob ti' juez ka'a ts'a'abak u t'aanil ma'atan u cha'abal u jóok'ol le máax taka'an u poolo', tak ichil ka'ak'aal k'iino'ob, wa tumeen nojoch loob u beetmaj.

Le je'ela' chen kun béeytal wa tumeen ku yila'al chen ja'alil bey úuchak u ts'o'okbesa'al yéetel uts le xaak'al ku beeta'alo', wa u kalaanta'al máax taakpaja'an ichil, wa u ba'alubáa, ba'ale' beeyxan wa ku yila'al yaan bix u puts'ik u bo'otik u si'ipil máax taka'an u pool.

México, D. F., 28 ti' mayo ti' 2008.- Sen. Santiago Creel Miranda, Presidente.- Dip. Susana Monreal Ávila, Secretaria.- Rúbricas.

Tia'al u ts'o'okbesa'al ba'ax jets'a'an ichil fracción I ti' artículo 89 ti' u noj a'almajt'aanil Estados Unidos Mexicanos, yéetel tia'al u ts'a'abal k'ajóotbil yéetel u ts'o'okbesa'ale', kin jóok'sik le a'almajt'aana' tu najil Poder Ejecutivo Federal, tu noj kaajil México, Distrito Federal, tu diecisiete k'iinilo'ob junio tu ja'abil dos mil ocho.

Felipe de Jesús Calderón Hinojosa.- Rúbrica.- El Secretario de Gobernación, Juan Camilo Mouriño Terrazo.- Rúbricas.

Transitorios de 18 de junio de 2008. Texto anterior de los artículos 16, 17, 18, 19, 20, 21 a la reforma del 18 de junio de 2008

Artículo 16. Mixmáak úuchak u nuumyajta'al tu wíinklal, u kúuchkabal, tu najil, yéetel u ju'uno'ob wa u ba'alubáa, wa tumeen ma' beeta'an u ts'íibil tumeen juntúul jala'ach yaan le páajtalilti'o', yéetel ka'a u jach jets' ba'ax yóok'lal ku ts'o'okbesa'al ba'ax ku ya'alik.

Ma'atan u béeytal u je'ets'el u ma'achal máak k'albil wa ma' judicial a'aliki', mix xan wa mina'an jump'éel takpoolil wa jump'éel ba'al jets'a'an tumeen a'almajt'aano'ob yaan u si'ipil yéetel ku ya'alik k'a'abet u k'a'alal máak tu yóok'lal yéetel xan yaan ba'ax e'esik jach jaaj yaan u si'ipil yéetel k'a'abet u bo'otik máax beetmajil.

Le jala'ach máax kun machik máax taka'an u poolo' unaj u máansik máax u machmaj, tu k'ab juez, tu séeblakil ka'alikil u kalaantik. Wa ma'atan u ts'o'okbesa'al beya', a'almajt'aan kun beetik u bo'otik u si'ipil máax ma'atan u ts'o'okbesik.

Wa ku chu'ukul máak táan u beetik jump'éel ba'al ma' unaje'e, je'e máaxake' je'e u béeytal u machike', ba'ale' tu séeblakile' k'a'abet u k'ubik ti' jala'acho'ob, máax xan tu séeblakil k'a'abet u máansik tu k'ab Ministerio Público.

Chen wa jach x-chukul k'a'abete', yéetel wa jump'éel jach nojoch loobil le ku beeta'alo', ku ts'o'okole' táan u yila'al jach yaan tu'ux u puts'lik u bo'otik u si'ipil máax beetike', yéetel wa tumeen ma'atan u béeytal u jáan t'a'anal juntúul jala'ach tu yóok'lal u súutukil, tu'ux wa bix u yúuchule', Ministerio Público yáanal u responsabilidade', je'e u páajtal u beetik u ma'achale', chen k'a'abet u jach jets'ik yéetel u ya'alik ba'axten ku beetik.

Wa ku chu'ukul máak, beeyxan wa jach k'a'abet u x-chukul ma'achale', le juez máax kun k'amiko' k'a'abet u beetik u ju'unil tu séeblakil u k'a'alal wa u cha'abal le máax macha'ano', bey je'ex ku ya'alik le a'almajt'aano'obo'.

Mixmáak ka'a ta'akak u pool unaj u máan ka'ap'éel k'iin k'ala'an tumeen Ministerio Público, ichil le beyka'aja' unaj u jáalk'a'ata'al wa u máansa'al tu k'ab autoridad judicial; ba'ale' wa tu yóok'lal delincuencia organizada ku ma'achal máake' je'e u béeytal u chukik tak kamp'éel k'iin tia'al u je'ets'el ba'ax kun úuchul yéetel le máak macha'ano'. Tuláakal máax ma'atan u ts'o'okbesik beya' yaan u beeta'al u bo'otik u si'ipilil tumeen a'almajt'aano'ob.

Tia'al u je'ets'el u xak'alta'al jump'éel naje', chen ja'alil autoridad judicial úuchak u beetik u ju'unil tia'al ka'a beeta'ake', yéetel k'a'abet u ya'alik jach ba'ax kúuchil le kun xak'albilo', le máax wa máaxo'ob k'a'abet u ma'achalo' wa le ba'ax ku kaxanta'alo', yéetel jach chen leti' xan unaj u beeta'al le ken ts'o'okbesa'ak le ts'íibo', ku ts'o'okole' jach najmal u tsóolts'íibta'al tu táan ka'atúul máax kun t'anbil tumeen u yuumil le kúuchil xak'alta'abo', tia'al u yila'a bix beeta'abik, ba'ale' wa mixmáak ku yóotik beeyxan wa mina'an máax ilike', yaan u beeta'al tumeen le máax beetik le xaak'alo'.

Wet'a'an u yojéelta'al ba'ax ku tsikbatik máak. A'almajt'aane' yaan u machik tia'al u k'al máax beetik je'e ba'alak ka' u nuumyaj yéetel ka' u yokbesubáa tia'al u yojéeltik ba'ax ku tsikbatik máak wa ma' unaji'. Chen ja'alil ti' autoridad federal yaan u páajtalil u beetik ba'ax k'a'abet tia'al u yojéeltik ba'ax ku tsikbaltik máake', ba'ale' beeyxan wa ku k'áatik ti' wa máax ka' u beete. U tia'al le je'elo', le máax autoridadil yaan ti' u páajtalilo', unaj u beetik u ts'íibil tu'ux ku ya'alik ba'axten ku líik'il u beete wa ba'ax a'almajt'aanil ts'áakti' u páajtalil u k'áatik ka'a beeta'ak, k'a'abet xan u jets'ik jach ba'ax le kun beetbilo', tu yóok'ol máaxo'ob kun beetbil yéetel tak beyka'aj kun xáantal. Juntúul autoridad judicial federale' ma'atan u béeytal u ya'alik ka'a u'uya'ak ba'ax ku tsikbata'al tu yóok'lal yéeytáambalil, wa fiscal, mercantil, civil, laboral wa administrativo, ba'ale' mix xan le ken tsikbalnak juntúul máak macha'an yéetel máax tokbesik.

Le intervenciono'ob ku ts'aabil u páajtalilo' k'a'abet u ts'o'okbesa'al le bix yéetel le beyka'aj u páajtalil ku ts'a'abal tumeen la a'almajt'aano'obo'. Le tsikbalo'ob kun grabatbil ba'ale' wa ma'a beeta'ab bey je'ex ku ya'ala'ala'a, ma'atan u k'a'am utsil.

Le autoridad administrativo' je'e u béeytal u bin u xíimbal le najo' chen tia'al u yilik wa táan u ts'o'okbesa'al reglamento sanitario yéetel de policía; ba'ale' beeyxan u k'áatik ka'a e'esa'ak ti' u áanalte'ilo'ob yéetel u ju'unilo'ob tu'ux ku ye'esa'al ts'o'okbesa'ab tuláakal ba'ax jets'a'an tu yóok'lal disposiciono'ob fiscal, ka'alikil u ts'o'okbesa'al ba'ax ku ya'alik a'almajt'aano'ob tia'al u xak'alta'al jump'éel naj.

Tuláakal pik'ilju'un k'ala'an ku túuxta'al yéetel estafetae' jumpuli' ma'atan u béeytal u xak'alta'al, a'almajt'aane' u jets'maj u bo'ol si'ipilil wa ma'atan u ts'o'okbesa'al beya'.

Tu k'iinilo'ob yaan jets'óolale' mix juntúul máax táakpaja'an ichil ejército kun béeytal u k'ubeentikubáa tu yotoch mixmáax wa u yuumil naj ma' u k'áati', mix u yaanyantik ka'a ts'a'abak wa ba'ax ti'. Tu k'iinilo'ob yaaltáambale' tuláakal militare' je'e u béeytal u k'áatik ti' wa máax ka'a u'ulabta'ake', beeyxan ka'a ts'a'abak bagaje, janal yéetel u láak' áantajo'ob, bey je'ex jets'a'anil tumeen a'almajt'aane'.

Artículo 17. Mixmáak unaj u beetik tu k'abil ka' u bo'ot u si'ipil u láak' máak, mix u loobiltik mixmáak tia'al u ts'o'oksa'al u najmal.

Tuláakal máak u najmalmaj ka'a beeta'ak justicia ti' tumeen tribunalo'ob yéetel k'a'abet mina'an mixba'al ka u k'atuba tu beel tia'al ka'a ts'o'okbesa'ak ichil le k'iino'ob yéetel le bix unaj tumeen bey jets'a'anil ich a'almajt'aano'obe', k'a'abet u séeb je'ets'el bix kun p'áatal, chuka'an yéetel ma' u ch'éebel tu tséel mixmáak. U meyaje' ma'atan u tojoltik, leti' beetike' wet'a'an u ts'a'abal wa ba'ax tu yóok'lal u meyaj judicial.

A'almajt'aano'ob federal yéetel localo'obe' yaan u jets'ik ba'axo'ob kun meyaj tia'al u ts'o'okbesa'al u páajtalil u meyaj tu juunal tribunalo'ob yéetel u ts'o'okbesa'al ba'ax ku jets'ik.

Mixmáak kun béeytal u k'a'alal tu yóok'lal u p'aax wa ma' jo'olka'ani'.

Artículo 18. Chen wa ku beetik máak' jump'éel si'ipilil ku k'a'abetchajal u k'a'alal máak tu yóok'lale', ku béeytal u chu'ukul máak. U kúuchil tu'ux kun majank'albil máake' k'a'abet jumpáay yanil yéetel jela'an ti' le tu'ux ku k'a'alal máak ts'o'ok u je'ets'el yaan u si'ipilo'.

Jala'acho'ob federal yéetel ti' petenlu'umo'obe', yaan u tsolik sistema penal, ichil u méek'táanlu'umil tak tu'ux ku náakal u meyajo'ob, tu yóok'lal meyaj, u ka'ansa'al, yéetel u ka'ansa'al tia'al u kaxanta'al u ka'a kanik aj si'ipil máak kuxtal ich jets'óolal yéetel kaaj. Ko'olelo'obe' yaan u k'a'alalo'ob jumpáayil ti' xiibo'ob tia'al u bo'ot u si'ipilo'ob.

U jala'achilo'ob petenlu'umilo'obe', ka'alikil u chíimpoltiko'ob ba'ax jets'a'an tumeen le a'almajt'aanilo'ob local nu'uktiko', je'e u béeytal u beetik mokt'aan general yéetel federación tia'al u beeta'al u bo'ota'al si'ipilo'ob ti' orden común ti' kúuchilo'ob yaan yáanal u t'aan Ejecutivo Federal.

Federación, petenlu'umilo'ob yéetel Distrito Federale', yaan u jets'iko'ob, tak tu'ux ku náakal u meyajo'obe', jump'éel sistema integral ti' justicia ba'ax kun ts'o'okbesbil yóok'ol máax ken u beet jump'éel ba'ax jets'a'an tumeen a'almajt'aano'ob penal, yaan u si'ipilil yéetel wa tumeen ts'o'ok ka'alajun ba'ale' ma' u chuk 18 u ja'abilo'obi', tu'ux yaan u kalaanta'al u ts'o'okbesa'al xan le najmalo'ob chíimpolta'an ti' juntúul wíinik tumeen le a'almajt'aana', ba'ale' beeyxan tuláakal u láak' najmalo'ob chíimpolta'anti' tumeen ma' u chuk u nojoch máakili'. Tuláakal máak ma' u chuk ka'alajun u ja'abilo'ob ka'a u beet jump'éel ba'al jets'a'an tumeen a'almajt'aan yaan u si'ipilile', chen yaan u yáanta'alo'ob tia'al u kanik kuxtal ich kaaj.

Je'e bixak u láak' ka'a beeta'ak justiciae' k'a'abet u yila'al u ts'o'okbesa'al le sistema, wa táan u yila'al nu'uka'an ku jóok'ole'. Tia'al tuláakal xaak'al ka'a beeta'ak tu yóok'lal paalal máake' yaan u yila'al u ts'o'okbesa'al u páajtalil ka'alikil u meyajta'al, ba'ale' beeyxan u páajtalil le jala'acho'ob kun máansik yéetel le máax kun beetik u bo'otik u si'ipil, tia'al u meyajtiko'ob tu juunalo'ob ma' u táakbesikubáa mixmáak ichil tia'al ka' u nu'ukto'ob bix kun beetbil. Lela' k'a'abet beyka'aj u si'ipilile' beyka'aj xan u bo'olil yéetel chen yaan u kaxantik u ka'a kanik máak kuxtal yéetel jets'óolal ich kaaj beeyxan yéetel u kúuchkabal, ba'ale' beeyxan u no'oja'antal u kuxtal yéetel u kaambal. Chen wa jach k'a'abete' ku k'a'alal máak ba'ale' yaan u kalaanta'al ma' u jach xáantal, yéetel chen kun béeytal u k'a'alal máak ts'o'ok kanlajun u ja'abilo'ob, wa tumeen ku beetiko'ob jump'éel noj si'ipil tu táan kaaj.

Tuláakal máak sijnal wey México k'ala'an táanxel noj méek'táanlu'umil u bo'ot u si'ipile', je'e u béeytal u taasa'al wey México tia'al u ts'ok bo'otik bey je'ex jets'a'anil tumeen le sistemas ti' readaptación social jets'a'an tumeen le artículo je'ela', beeytun xan le máako'ob táanxel noj lu'umilo'ob k'ala'an u bo'ot u si'ipil tu yóok'lal si'ipil de orden federal wey Méxicoe', wa tu yóok'lal fuero común tu kaajil Distrito Federale', je'e u béeytal u bisa'al tu kaajale', u tia'al le je'elo' yaan u ts'o'okbesa'al Tratado Internacionalo'ob mokt'anta'an tumeen. U jala'achilo'ob petenlu'umilo'obe' je'e u béeytal u k'áatik ti' Ejecutivo Federal, yéetel u yáantaj u a'almajt'aanilo'ob locale', ka'a táakbesa'ak máako'ob k'ala'an tu yóok'lal si'ipil ti' orden común ichil le tratado'obo'. Ba'ale' chen ku béeytal u bisa'al wa u taasa'al juntúul máak k'ala'an wa tumeen leti' ku éejentik.

Máako'ob ts'o'ok u je'ets'el u k'a'alale', tu yóok'lal yéetel el bix jets'a'anil tumeen a'almajt'aano'obe', úuchak u béeytal u k'a'alal u bo'ot u si'ipilo'ob tu kúuchil k'alab yaan naats' ti' u kaajale', tia'al u yila'al u ka'a kanik kuxtal ich kaaj yéetel u ka'a k'a'amal xan.

Artículo 19. Mix juntúul máak ka'a ma'achak tumeen autoridad judicial, unaj u máan ti' setenta y dos horas k'ala'an, wa ma'atan u beeta'al u ju'unil tu'ux kun a'albil: ba'ax si'ipilil ku ts'a'abal u kuch máax taka'an u pool; tu'ux, ba'axk'inje yéetel jach bix úuchik, ba'ale' beeyxan tuláakal u tsóolts'íibil tu'ux ku ya'ala'al ba'ax yáax xaak'alil beeta'ab ka'a tu beetaj u jach chíikpajal jaaj yaan u si'ipil máak, yéetel ba'ax tu beetaj yéetel bix u ts'a'abal u kuche.

Le beyka'aj k'iina' je'e u béeytal u ya'abkúunsa'ale' wa tumeen ku k'áata'al tumeen le máax taka'an u poolo', bey je'ex ku ya'alik le a'almajt'aano'obo'. Wa ku máan ti' le beyka'aj unaj k'a'alal k'ala'ano', yaan u bo'otik u si'ipilil máax beetik. Le máax jo'olbesik le kúuchil tu'ux k'ala'an le máak taka'an u pool, wa ku máan ti' le beyka'aj jets'a'an ma' tu k'amaj u ju'unil copia autorizada tu'ux ku je'ets'el yaan u k'a'alal wa tu'ux ku k'áata'al ka'a ya'abkúunsa'ak u k'iinil k'ala'ane', k'a'abet u ya'alik ti' juez ts'o'ok u máan tu k'iin, yéetel wa ma' tu k'amaj u ju'unile', ichil óoxp'éel hora k'a'abet u cha'ak le máak k'ala'ano'.

Tuláakal procesoe' yaan u meyajta'al tu yóok'lal le si'ipil wa le si'ipililo'ob ts'íibta'an tu ju'unil auto de formal prisión wa de sujeción a proceso. Wa ka'alikil u xak'alta'al ku chíikpajal yaan u láak' jump'éel si'ipil jela'an ti' le ku xak'alta'alo', lela' yaan xak'alta'al jumpáayil, kex tumeen wa tu ts'ooke' ku nu'upul beyka'aj u si'ipilil, wa tumeen k'a'abéet.

Tuláakal loobil kun beetbil ti' máak ka'alikil u ma'achal, wa ka'alikil k'ala'ane', tuláakal chi'ichnakil kun beetbil u máansik máak wa mina'an u beelal legalmente; tuláakal taak'in wa contribución kun k'áatbil ti' máak ichil u kúuchil k'alabe', yaan u ch'a'abal bey abuso ba'ax yaan u yutskiinsa'al bey je'ex u ya'alik a'almajt'aane' yéetel yaan u beeta'al u xu'ulul tumeen jala'acho'ob.

Artículo 20. Tia'al je'e ba'alak meyajil ka'a beeta'ak ichil orden penale', le máax taka'an u pool, le máax loobilta'an wa nuumsa'ano' yaanti'ob le najmalo'oba':

A. Le máax taka'an u poolo':

I. Chen p'el u k'áatike', le juezo' unaj u k'amik u majan bo'olil yéetel u cha'ak u jóok'ol, wa tumeen le ba'ax u beetmajo' ma' jump'éel nojoch loobil, jets'a'an tumeen a'almajt'aan ma'atan u béeytal u jóok'ol yéetel u majan bo'olile'. Tia'al jump'éel si'ipil ma' jach nojoche', Ministerio Públicoe' je'e u béeytal u k'áatik ti' juez ma' u cha'ak u jóok'ol máax taka'an u pool yéetel majan bo'olile', wa tumeen le máax taka'an u poolo', ts'o'ok u yáax k'a'alal tu yóok'lal jump'éel noj si'ipil tu táan a'almajt'aan, ba'ale' beeyxan wa Ministerio Público ku ye'esik wa ku cha'abal le máax taka'an u poolo', tu yóok'lal ba'ax ku beetik, wa bix ucha'anil le ba'ax beetik u yúuchul takpoolo', úuchak u taasik saajkilil ti' le máax ku takpoolo' wa ti' kaaj.

Le bajux yéetel bix kun bo'ol le máak taka'an u pool tia'al u majan jóok'olo' k'a'abet tu p'iis tia'al u béeytal u bo'otik. Chen tia'al le bix ku je'ets'el tumeen a'almajt'aano'obe', je'e u béeytal u k'e'exel bajux ken u bo'ot le máak taka'an u poolo'. Tia'al u je'ets'el bajux yéetel bix kun bo'otbil tia'al u majan cha'abal máak k'ala'ane', le juezo unaj u tuukul tu yóok'lal ba'ax si'ipilil yaan, bix úuchik yéetel ba'ax beet u yúuchul; bix le máax beet le loobilo' yéetel wa chika'anti' je'e u ts'o'okbesik ba'ax ku je'ets'ele'; ba'ax loobil yéetel k'aasil beeta'ab ti' le máak ku takpoolo'; ba'ale' beeyxan bajux k'a'abet u bo'otik le máak taka'an u pool, wa k'a'abeto'.

A'almajt'aan kun jets'ik ti' ba'ax si'ipililo'ob je'e u béeytal u ya'alik juez ma'atan u béeytal u jáalk'a'atik máak taka'an u poole'.

II. Ma'atan u béeytal u beeta'al u káantik u t'aan wa ma' u k'áati'.

Jumpuli' wet'a'an yéetel yaan u beeta'al u bo'otik u si'ipil máax kun beetik, ma' u cha'abal u t'aan máax k'ala'an yéetel u láak'o'ob, u sajbesa'al wa u loobilta'al. Je'e ba'alak t'aanil ka' u káant máax ku ma'achal, tu táan je'e ba'alak jala'achil ma' Ministerio Público mix juez, wa ma'aj láak'inta'ab tumeen juntúul defensore', mina'an u beelal tia'al u je'ets'el wa yaan u si'ipil.

III. Ichil cuarenta y ocho horas wa'akuunsa'ak tu táan justiciae', tu táan kaaje' yaan u ts'a'abal u yojéelt u k'aaba' máax takik u pool yéetel ba'axten ku ta'akal u pool wa bix le takpoolil ku ts'a'abal yóok'olo', tia'al ka'a béeyak u k'ajóoltik ma'alob ba'ax si'ipilil ku ya'alal yaanti' yéetel beyo' ka'a béeyaj xan u núukik ma'alob le kuuch ku ts'a'abal tu yóok'olo', chen ja'alil bey kun béeytal u yáax káantajt'aano'.

IV. Le ken u k'áate', yaan u wa'akuunsa'al tu táan, aktáan xan ti' juez, le máax takik u poolo', chen ma'atan u beeta'al le ba'ax ku ya'alik Fracción v ti' apartado B ti' le artículo je'ela'.

V. Yaan u k'a'amal tuláakal testigo yéetel tuláakal prueba ka u bis tia'al u ye'esik mina'an u kuuch, yaan xan u ts'a'abal ti' le beyka'aj k'iin ku jets'ik a'almajt'aan tia'al u beetike', yéetel yaan u yáanta'al tia'al u bin u káant u t'aan máak ku ya'alik úuchak u t'aan tu yóok'lal, wa tumeen ti' yaan te'ej kaaj tu'ux ku beeta'al le juicio.

VI. Yaan u beeta'al justicia ti' tu táan kaaj tumeen juntúul juez wa jurado beeta'an tumeen kajnáalo'ob u yojelo'ob xook yéetel ts'íib, kaja'ano'ob te'ej kaajo', yéetel táaka'an ichil u méek'táankaajil tu'ux beeta'an le loobilo', wa tumeen lela' yaan u máan junja'ab k'ala'an tia'al u bo'otik u si'ipil. Tuláakal si'ipil kun yantal ti' prensa tu yóok'lal orden público, seguridad exterior wa interior ti' Méxicoe' yaan u bo'ol si'ipilil.

VII. Yaan u ts'a'abal ti' tuláakal ba'ax ken u k'áat tia'al u yáantikubáa u tokbesubáa tu yóok'la ba'ax taka'an u pool.

VIII. Yaan u juzgarta'al ma'ayli' u ts'áa kamp'éel winal wa le ba'ax u beetmajo' ma'atan u máan ti' ka'ap'éel ja'ab k'ala'an tia'al u bo'otik u si'ipil, yéetel ma'ayli' u ts'áa jump'éel ja'ab wa tumeen u bo'ol si'ipile' yaan u máan ti' le beyka'aj k'iina', ba'ale' beey xan wa leti' ku k'áatik u láak' k'iin tia'al u tokbesikubáa.

IX. Ken ya'al u káajal u xak'alta'al u si'ipile' yaan u ya'ala'al ti' tuláakal u najmal jets'a'an tumeen le a'almajt'aana' yéetel u najmal u tokbesikubáa, u ts'a'abal tumeen juntúul abogado, wa tumeen juntúul máak u k'ub óolal. Wa ma' u k'áat wa ma'atan u béeytal u jets'ik máax kun tokbesik, le ken ts'o'okok u k'áata'al ti' ka' u beete', le juezo' yaan u ts'áak ti' juntúul defensor de oficio. Láayli' yaanti' u najmalil u láak'inta'al je'e jaytéen ka'a k'a'abetchajak tumeen u defensore' ku ts'o'okole' letie' jach k'a'abet xan u bin je'e jaytéen ka'a k'a'abetkuunsa'ake'; yéetel

X. Jumpuli' ma'atan u béeytal u p'a'atal k'ala'an chen tumeen ma' tu bo'otik u náajal u aj tokbesaj wa tu yóok'lal je'e ba'alak yaan ba'al u yila'a yéetel taak'ine', tu yóok'lal responsabilidad civil wa tu yóok'lal je'e ba'alak motivo análogo.

Ma'atan xan u béeytal u máan ti' le beyka'aj k'iin jets'a'an tumeen a'almajt'aan unaj u k'a'alal máak tu yóok'lal jump'éel si'ipilo'.

Tuláakal k'iin ken je'ets'ek u k'a'alal máak tu yóok'lal jump'éel si'ipile', yaan u xo'okol tak le k'iin ka'aj ma'ache'.

Tuláakal najmalil jets'a'an ichil Fracciono'ob I, V, VII, yéetel IX yaan xan u ts'o'okbesa'al ka'alikil táan u beeta'al u yáax xaak'alilo'ob, bey je'ex jets'a'anil tumeen a'almajt'aano'obe', yéetel le ba'ax, tak le tu'ux unaj u náakal ku ya'alik a'almajt'aane'; le ba'ax ku ya'alik fracción II ma'atan u béeytal u ts'a'abal mix jump'éel condición ti'.

B. Ti' máax loobilta'an wa nuumsa'an.

I. U k'amik nu'uktaj jurídica; u ts'a'abal u yojéelt ba'axo'ob najmalil jets'a'an tu yóok'lal tumeen le noj a'almajt'aana' yéetel, le ken u k'áate', yaan u ya'alal ti' bix u bin u meyajil u takpool;

II. U yáantik Ministerio Público; ka'a k'a'amak ti' tuláakal ba'ax ken u k'ub tia'al meyaj ichil le xaak'alilo', bey je'ex tia'al u beeta'al yáax xaak'alil wa ichil tuláakal le xaak'alo', yéetel ka'a beeta'ak tuláakal u máanil tia'al u je'ets'el bix kun p'áatal.

Wa Ministerio Público ku ya'alik ma' k'a'abet u beta'al le máan ku k'áatik tia'al le xaak'alo', k'a'abet u p'atik jach t'áalkabil ba'axten ma'atan u beetik;

III. U k'amik, chen p'el u beeta'al le loobil wa le nuumsajil tu'ux táakbesa'abo', u yáantaj aj ts'akyaj yéetel psicológica wa ku k'a'abetchajal.

IV. Ka'a utskiinsa'ak le u ba'alubáa k'askuusa'abo' wa ka'a su'utuk u jeel ti'. Tuláakal tu'ux kun k'a'abetchajale' Ministerio Públicoe' yaan u k'áatik ka'a utskiinsa'ak u ba'alubáa k'askuunsa'ab ti' le máax ku takpoolo', yéetele' wa ku je'ets'el beyka'aj bo'ol si'ipil ken u bo'ote' ma'atan u tse'elel ti'.

A'almajt'aan kun jets'ik bix kun séeb ts'o'okbesbil bix kun sutbil u jeel ba'ax loobilta'an;

V. le k'iin ku yúuchul le máax loobilta'an wa nuumsa'al ma' u chuk u nojoch máakile'e, ma'atan u béeytal u beeta'al u wa'atal tu táan máax loobilte wa tumeen le ba'ax beeta'abo' yáan violación wa secuestro. Tia'al le beya' yaan u beeta'al le xaak'alilo' chen yéetel declaraciono'ob bey je'ex kun jets'bil tumeen a'almajt'aano'obe', yéetel

VI. U k'áatik tuláakal kananil yéetel u yáantaj a'almajt'aano'ob tia'al u seguridad yéetel tia'al u yáanta'al.

Artículo 21. Chen ti' autoridad judicial ts'a'an u páajtalil yéetel chen ja'alil leti' úuchak u béeytal je'e u béeytal u jets'ik beyka'aj bo'ol si'ipilile'. U xak'alta'al yéetel u ch'a'apachta'al jump'éel ba'al yaan u si'ipilile', chen ja'alil Ministerio Público kun beetike', máax ken u yáantubáa yéetel jump'éel policía kun p'áatal chen yáanal u t'aan. Ti' autoridad administrativa k'ubeenta'an u k'amik u bo'olil je'e jaytéen ma'atan u ts'o'okbesa'al tuláakal u a'almajt'aanil jala'achil yéetel policía, ba'axo'ob kun ts'o'okbesbil chen ja'alil yéetel multa, wa u k'a'alal máak tak tu yóok'lal treinta y seis horas; ba'ale' wa le máax ku ma'achal ma'atan u bo'otik le multa je'ets' tu yóok'olo' yaan u p'a'atal k'aalalil yéetel le beyka'aj k'iin unaje', ba'ale' jumpuli' ma'atan u máan ti' treinta y seis horas.

Wa la máax ku yantal u si'ipil chen jornalero, obrero wa aj meyajo', ma'atan u béeytal u beeta'al u bo'otik multa máanja'an ti' le beyka'aj ku náajaltik ti' jumpuul meyajil wa le ku náajaltik jump'éel k'iino'.

Wa le máax ku multarta'al ma'atan u náajalo', le je'ela' ma'atan u máan ti' le beyka'aj ku náajaltik máak tu yóok'lal jump'éel k'iin meyaje'.

Le ba'ax ken u jets' Ministerio Público tu yóok'lal ma' u ts'o'okbesa'al wa u p'áatal ma' u k'a'alal máake', je'e u béeytal u impugnaarta'al por vía jurisdiccional je'e bix ku jets'ik la a'almajt'aano'obo'.

Ejecutivo Federale', úuchak u béeytal, wa tumeen ku chíimpolta'al ti' tumeen Sanadoe', u chíimpoltik u Jurisdicción Corte Penal Internacional.

U kalaanta'al u kuxtal kaaj ich jets'óolale' u meyaj Federación, Distrito Federal, Petenlu'umilo'ob yéetel Méek'táankaajo'ob, tak tu'ux ku náakal u meyajo'ob bey je'ex jets'a'anil tumeen le a'almajt'aana'. U meyaj u mola'ayilo'ob policíae' yaan u nu'ukta'al yéetel principio de u toojil wíinik, eficiencia, profesionalismo yéetel noj tsiikil.

Federación, Distrito Federal, petenlu'umilo'ob yéetel méek'táankaajo'obe', yaan u múul meyajo'ob, bey je'ex jets'a'anil ich a'almajt'aano'obe', tia'al u beetiko'ob jump'éel sistema nacional tia'al u kalaanta'al u kuxtal kaaj ich jets'óolal.

U NOJ A'ALMAJT'AANIL U NOJ
MÉEKTÁANLU'UMIL
(Constitución Política de los Estados Unidos Mexicanos
traducida al maya), coedición de Siglo XXI Editores
y el Senado de la República
se terminó de imprimir en Impresora Gráfica Hernández,
Capuchinas 378, col. Evolución, 57700, Estado de México,
en el mes de diciembre de 2010.
El tiraje consta de 1000 ejemplares.